《世界减贫背景下的昆明市脱贫模式》编委会

顾　问：石玉林（中国工程院院士）

　　　　刘彦随（发展中国家科学院院士，中国科学院精准扶贫评估研究中心主任）

　　　　程连元（中共云南省委常委，中共昆明市委书记，昆明市农村扶贫开发工作领导小组组长）

　　　　王喜良（昆明市人民政府市长，昆明市农村扶贫开发工作领导小组组长）

主　编：杨子生（云南财经大学精准扶贫与发展研究院院长，二级教授，博导）

　　　　刘　智（中共昆明市委副书记，昆明市农村扶贫开发工作领导小组常务副组长）

　　　　拉玛·兴高（昆明市人大常委会主任）

　　　　熊瑞丽（昆明市政协主席）

　　　　赵学农（昆明市人民政府副市长，昆明市农村扶贫开发工作领导小组副组长）

副主编：周开龙（昆明市人民政府党组成员，昆明市人民政府扶贫开发办公室主任，

　　　　　　　　昆明市农村扶贫开发工作领导小组办公室主任）

　　　　何艳波（中共昆明市委农村工作领导小组办公室副主任）

　　　　陆崇慧（中共昆明市委农村工作领导小组办公室政策督查处副处长）

编　委：（按姓氏拼音排名）

蔡贵蓉　陈朝海　陈　俊　戴正红　董玉婷　杜婉莹　段廷祥　方健良

付兴龙　付秀美　盖文博　高宇明　郭成荣　合成富　何健升　何　松

何艳波　何志明　贺一梅　胡江辉　吉冠秋　姜　萌　焦　林　拉玛·兴高

李德鸿　李建华　李开德　李鹏飞　李琪彬　李秋德　李顺朝　李　雄

刘承志　刘凤莲　刘涵懿　刘　静　刘秋河　刘　智　龙蕾瑾　娄　毅

陆崇慧　路辰皓　马　郡　潘德才　彭海英　皮耀韩　钱贵学　秦　霁

邱　峰　饶　凯　邵美琪　苏　畅　田开波　妥国辉　王春林　王　佳

王开富　王绍明　王淑静　吴明新　熊瑞丽　熊　瑛　徐学成　闫国勋

严芝清　杨培伟　杨全智　杨人懿　杨诗琴　杨子生　余洁芳　张博胜

张海涛　张进松　张俊梅　张连荣　张世斌　张　伟　张震鸿　赵开忠

赵学农　周开龙　周　林　朱　恩　朱建春　朱　洁　朱石祥　朱尤睿

"十三五"国家重点图书出版规划项目

中国减贫研究书系／**案例研究**

CHINA'S POVERTY ALLEVIATION SERIES

世界减贫背景下的
昆明市脱贫模式

THE POVERTY ALLEVIATION MODEL OF
KUNMING IN THE CONTEXT OF
WORLD POVERTY REDUCTION

杨子生　刘　智　拉玛·兴高　熊瑞丽　赵学农／主编

社会科学文献出版社
SOCIAL SCIENCES ACADEMIC PRESS (CHINA)

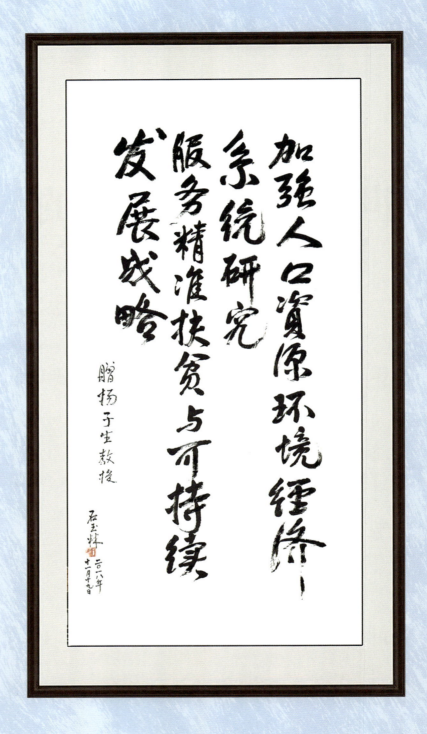

加强人口资源环境经济
系统研究
服务精准扶贫与可持续
发展战略

赠扬子生教授

石玉林
二○一六年
十一月十九日

我国著名自然资源科学家、中国工程院院士　石玉林先生　题词

序

贫困是全球面临的最严峻的挑战之一，反贫困是世界人民肩负的一项共同历史任务。2015 年 9 月，联合国召开的可持续发展峰会上通过了《变革我们的世界：2030 年可持续发展议程》（简称 2030 议程），设定了 2030 年的可持续发展目标（SDGs），提出到 2030 年在世界各地"消除一切形式和表现的贫困"。我国是世界上最大的发展中国家，同样面临严峻的农村贫困问题，肩负着反贫困的重大使命和艰巨任务。2014 年以来，我国开始实施精准扶贫战略，制订了精准脱贫中国方案。《中共中央 国务院关于打赢脱贫攻坚战的决定》（中发〔2015〕34 号）和《"十三五"脱贫攻坚规划》明确提出了脱贫攻坚的总体目标，即到 2020 年，稳定实现（现行标准下）农村贫困人口不愁吃、不愁穿，义务教育、基本医疗和住房安全有保障……确保我国现行标准下农村贫困人口实现脱贫，贫困县全部摘帽，解决区域性整体贫困。这也是《中国落实 2030 年可持续发展议程国别方案》中关于消除贫困目标的落实方案。

昆明市不仅是我国省会城市中有国家级贫困县的 9 个省会城市（石家庄市 4 个、哈尔滨市 1 个、太原市 1 个、呼和浩特市 1 个、兰州市 1 个、南宁市 3 个、昆明市 3 个、西宁市 2 个、拉萨市 8 个）之一，而且昆明所辖的三个国家级贫困县（区）（东川区、寻甸县、禄劝县）贫困面广、贫困程度深、扶贫难度大、减贫任务艰巨。全市三个国家级贫困县（区）2014 年建档立卡贫困乡 18 个，占三个县（区）乡镇（街道）总数（40 个）的 45.00%；三个国家级贫困县（区）共有贫困村（社区）308 个，占三个县（区）行政村（社区）总数（528 个）的 58.33% 和有扶贫开发任务的村委会（社区）总数（508 个）的 60.63%，扶贫任务较重。近年来，尤其是 2017 年 5 月昆明市脱贫攻坚指挥部成立以来，昆明市委、市政府深入贯彻落实党中央精准扶贫精准脱贫方略和重大政策，紧紧围绕"扶持谁、谁来扶、怎么扶、如何退"这四个核心问题，切实做到"六个精准"（扶持对象精准、项目安排精准、资金使用精准、措施到户精准、因村派人精准、脱贫成效精准），大力实施"五个一批"（发展生产脱贫一批、易地搬迁脱贫一批、生态补偿脱贫一批、发展教育脱贫一批、社会保障兜底一批），并结合昆明市实际，积极开拓创新，取得了脱贫攻坚战的决定性胜利。与全国脱贫摘帽时间表相比，昆明市提前到 2018 年底实现贫困县全部摘帽，解决了市域内的整体贫困，这是前所未有的巨大成就，也是昆明市脱贫攻坚战的奇迹。

在这场脱贫攻坚战中，昆明市坚持把脱贫攻坚作为头等大事和第一民生工程来抓，坚持以脱贫攻坚统揽经济社会发展全局，坚持实施大扶贫战略行动，以"贫困不除、愧对历史，群众不富、寝食难安，小康不达、誓不罢休"的坚定信心和决心，狠抓责任落实、政策落实、工作落实，脱贫攻坚成效显著，各县（区）、乡（镇）和村涌现出许多有特色、有创新的优秀脱贫模式，这是昆明市脱贫攻坚战的重大"战果"，也是昆明市可以奉献给其他地区乃至世界贫困地区的宝贵财富。通过及时地对这些成功脱贫模式进行调查、挖掘、整理、总结和凝练，让这些成功脱贫模式走向全国、走向世界，能够为世界贫困地区实施反贫困战略提供参考和借鉴，为全球减贫事业做贡献。

云南财经大学精准扶贫与发展研究院和中共昆明市委农村工作领导小组办公室组织撰写的《世界减贫背景下的昆明市脱贫模式》（杨子生等主编）一书，本着实事求是、客观分析的原则，对昆明市寻甸县、东川区和禄劝县精准扶贫精准脱贫模式进行了深入调查、整理、总结和凝练，形成了富有特色、符合实际的"昆明模式"，为国内外同类型的其他地区打赢、打好脱贫攻坚战，提供了案例参考和经验借鉴。

本书体例完整、全面系统、特色鲜明。共分为两篇二十章。第一篇"世界减贫背景下昆明市贫困特点与脱贫攻坚主要特色"，在探讨贫困概念与世界主流贫困标准、对比分析联合国减贫目标与我国脱贫目标、阐述世界减贫背景下的我国精准扶贫方略与脱贫标准的基础上，分析了昆明市国家级贫困县（区）的基本县（区）情和农村贫困的基本特点，阐述了昆明市三个国家级贫困县（区）（寻甸县、东川区和禄劝县）脱贫攻坚的主要特色。第二篇"昆明市创新扶贫模式研究"，在实地调查、挖掘、整理的基础上，从危房改造、健康扶贫、教育扶贫、产业扶贫、易地搬迁扶贫、就业扶贫，以及其他特色扶贫（包括独居老人扶贫、助残脱贫、少数民族"整族推进"扶贫、"三讲三评"激发内生动力扶贫）等诸多方面总结和凝练了昆明市三个国家级贫困县（区）涌现出来的17个创新扶贫模式，即禄劝县农村危房科学识别与精准改造模式、寻甸县健康扶贫"5＋5"模式、禄劝县"六个一"精准打造"穷县富教育"模式、寻甸县"党支部＋"助推产业脱贫模式、禄劝县雪山乡党参种植产业扶贫模式、禄劝县老坪子村青花椒种植产业扶贫模式、禄劝县干热河谷区高粱种植产业引领脱贫模式、禄劝县土地流转助推产业精准扶贫模式、寻甸县产业发展夯实易地搬迁扶贫模式、东川区基于新型城镇化的易地搬迁脱贫模式、寻甸县务工增收脱贫模式、东川区阿旺镇精准就业扶贫模式、东川区生态补偿助力易地扶贫搬迁模式、寻甸县"五个一批"破解独居老人扶贫模式、禄劝县助残脱贫模式、禄劝县傈僳族"整族推进"扶贫模式、寻甸县"三讲三评"激发内生动力扶贫模式，对每个模式的基本做法、主要成效、成功经验进行了分析和总结，并提出了推广应用的建议。

　　本书聚焦于昆明市三个国定贫困县（区）——云南省寻甸县、东川区和禄劝县的精准扶贫、精准脱贫典型案例。通过作者的深入调查、科学分析和研究，全面展现了昆明市三个国定贫困县（区）打赢脱贫攻坚战的诸多鲜活事例、许多感人事迹，系统彰显了这三个县（区）广大干部和群众"贫困不除、愧对历史，群众不富、寝食难安，小康不达、誓不罢休"的坚定信心与决心，整体展示了三县（区）决胜脱贫攻坚战的重大"战果"和成功的"模式"。我十分乐意把本书推荐给从事精准扶贫、农村经济、乡村振兴等领域的科研和教学工作者，以及各级扶贫部门、相关帮扶干部等，希望本书能在国内外精准扶贫、消除贫困的工作实践中起到重要的参考与借鉴作用。

发展中国家科学院（TWAS）院士

国际地理联合会农业地理与土地工程委员会主席

中国科学院精准扶贫评估研究中心主任

2019 年 8 月 20 日

目　录

第一篇

世界减贫背景下昆明市贫困特点与脱贫攻坚主要特色

第一章
世界减贫目标与我国脱贫目标及脱贫标准

第一节　贫困概念与世界主流贫困标准

一　贫困的基本概念

贫困是全球面临的最严峻的挑战之一，而消除（或减少）贫困是人类社会发展的基本要求[1]。要消除贫困，首先需要弄清楚什么是贫困。国内外对贫困的研究已有100多年的历史。100多年来，相关研究者对贫困概念和测度进行了不断的深入研究和探讨，从不同角度深化了对贫困问题的认识与理解，研究成果不断涌现。在贫困概念上，由最初的收入贫困，拓展到现在的能力贫困，从而对贫困特征的描述更加客观和准确[2]。

（一）收入视角下的贫困

贫困，从英文"poverty"来看，主要含义是"穷"（poor）。《英国大百科全书》中给"贫困"下的定义是：一个人缺乏一定量的社会可接受的物质财富或货币的状态[1]。从中文解释来看，《说文解字》将"贫"解释为"财分少也"；《新华字典》将"贫"解释为"穷，收入少，生活困难"，将"困"解释为"陷在艰难痛苦或无法摆脱的环境中"，也就是说，"困"是指一种处境。因此，贫困是相对于富足而言的，基本意思是因为贫穷而生活窘困，是一种社会物质生活贫乏的现象。

1901年，英国学者朗特里（Benjamin Seebohn Rowntree）在《贫困：城镇生活研究》（*Poverty：A Study of Town Life*）一书中明确提出了"贫困"概念：一个家庭处于贫困状态是因为其所拥有的收入不足以维持其生理功能的最低需要，这种最低需要包括食品、住房、衣着和其他必需品[3]。在这本书里，朗特里估计了一个最低生活支出，即贫困线，然后按照这一贫困线估计出贫困人口的数量和比例。他根据家计调查定义了绝对贫困概念并将其量化，为之后的贫困计量研究奠定了基础。

此后，这一概念和方法或多或少地被应用到世界上多数国家和地区。中国国家统计局农调总队把贫困定义为："贫困一般是指物质生活困难，即一个人或一个家庭的生活水平达不到一种社会可接受的最低标准。他们缺乏某些必要的生活资料和服务，生活处于困难境地。"[4]美国学者劳埃德·雷诺兹把贫困定义为"所谓贫困问题，是说在美国有许多家庭，没有足够的收入可以使之有起码的生活水平"[5]。世界银行在以"贫困问题"为主题的《1990 年世界发展报告》中，将贫困界定为"缺少达到最低生活水准的能力"[6]。这些机构或者研究者都倾向于向穷人提供能够生存下去的生活必需品，也就是"先算出维持基本生理功能所需要的营养量，然后将这些营养量转换为食物及数量，再根据其市价算出相等的金额"，亦即"绝对贫困"的主张[7]。这种观点认为绝对贫困是"生存贫困"，即指收入难以维持最低限度生活需要的状况。

从 1960 年代中后期开始，一些学者提出了相对贫困的概念。Fuchs Victor 明确提出了相对贫困概念，并使用相对贫困估计了美国的贫困人口，把贫困线确定为全国人口收入分布的中值的 50%[8]。这种确定相对贫困线的方法为后来学者所沿用。Townsend Peter 发展了相对贫困概念，并对西欧国家采用相对贫困线的做法产生了较大的影响[9][10]。

（二）能力视角和权利视角下的贫困

传统贫困理论主要是按经济学的框架来进行探讨，通常把贫困问题解释为单纯的经济问题。1998 年诺贝尔经济学奖获得者阿马蒂亚·森（Amartya Sen）在总结前人研究成果的基础上，针对贫困问题提出了自己独特的见解。他认为传统的贫困理论把收入误解为纯粹的经济现象，忽略了收入不平等的现象背后其实质是能力低下和社会权利的剥夺。他在《伦理学与经济学》[11]《贫困与饥荒——论权利与剥夺》[12]《以自由看待发展》[13]等著作中运用权利方法，从贫困与饥荒的经验出发，通过实证研究得出权利剥夺是贫困的真正社会根源。他的能力贫困与权利贫困理论的提出，使人们对贫困的认识产生了质的飞跃。这对于贫困本质的深入理解和当今我国的精准扶贫具有重要的理论和现实意义[14]。

阿马蒂亚·森给出了贫困的概念，即贫困的真正含义是贫困人口创造收入的能力和机会的贫困，贫困意味着贫困人口缺少获取和享有正常生活的能力。他认为，贫困从表面上看是收入低下，而实质上是能力的丧失，更确切地说是"可行能力"被剥夺的状态。他的"可行能力"可以定义为：人们有能力实现各种自己想要的生活方式的自由。这种能力主要包括良好的营养、居住条件、医疗卫生条件等[13]。若缺乏这些能力，将有可能导致营养不良、流行病泛滥甚至是过早死亡，以及其他方面的失败等。

同时，他将贫困问题作为一个政治问题来研究，立足权利剥夺的角度来考察贫困，其内涵突破了传统的研究视角。在《贫困与饥荒——论权利与剥夺》一书中，他从"权利体系"这一基本方法出发，深入考察分析了饥饿的一般原因和饥荒的具体原因。他认为，无论是"消费标准"的贫困识别法还是"贫困线"的贫困识别法，都无法完全识别贫困。他发现"饥饿是指一些人未能得到足够的食物，而非现实世界中不存在足够的食物"[12]。因此，要消除贫困，首先要消除不平等。另外，他认为饥荒与贫困的社会原因既不是传统认识中天灾造成的粮食短缺，也不是人口太多和收入低下的问题，而是贫民的生存权利被剥夺了。他认为贫困产生的根本原因不是自然和生理因素，而是社会底层的人没有条件或者被剥夺了正当的、平等的权利。因此，要想解决分配不公问题，需要把贫困作为突破口，从解决贫困、消除两极分化入手，把权利平等作为分配正义的基本内容。他在剖析了贫困的社会制度原因后，提出了权利平等、增强人们的可行能力是消除贫困的根本指导思想。

阿马蒂亚·森的权利贫困理论已得到了世界学术界的普遍认可，诺贝尔经济学奖就是对他的最高肯定。世界银行的世界发展报告和世界发展指标中有关贫困的定义和原因说明等吸收了他的思想。尽管他的权利方法也有不足，但是他在能力贫困与权利贫困理论中提出的重视贫困人口的可行能力建设、认真对待贫困人口的权利、以分配正义推进贫困治理等思想对于世界消除贫困具有特别重要的实践意义。

（三）多维贫困的概念

在收入视角下的贫困概念中，一般基于"基本需要方法"来测算满足基本需要的实物和非实物货币，这虽然是很重要的，但研究表明，收入只能反映贫困的一个方面，而不能充分反映其他维度的贫困[15]。也就是说，收入视角下的贫困概念只是抓住了"贫困"的第一个方面——"贫"，而没有捕获到"贫困"的第二个方面——"困"。为了能够更加准确地瞄准穷人，需要在收入维度之外，从多个维度来识别和瞄准穷人[16]。阿马蒂亚·森的能力贫困与权利贫困理论，拓展了人们对贫困的认识：贫困不仅仅是收入短缺或不足，更重要的是没有能力满足教育、卫生、饮水等基本需求；困是对人的基本可行能力的剥夺，这是一种多维度被剥夺现象。由此可见，阿马蒂亚·森提出的贫困概念实际上是多维贫困（multidimensional poverty）的概念，他将贫困的定义方法称为能力方法（the capability approach），其核心要点是：人的贫困不仅是收入的贫困，还包括饮用水、道路、卫生设施等其他客观指标的贫困和对福利的主观感受的贫困[12]。

阿马蒂亚·森于 2007 年 5 月发起的牛津大学贫困与人类发展中心（Oxford Poverty and Human Development Initiative，OPHI）是致力于多维贫困测量研究的团队。该中心主任 Alkire 认为，与能力方法相关的多维贫困测量能够提供更加准确的信息，便于识别人们的能力剥夺[17]。2008 年，Alkire 和 Foster 发表了《计数和多维贫困测量》工作论文，提出了多维贫困的识别、加总和分解方法[18]。2009 年，王小林和 Alkire 采用 Alkire 和 Foster 开发的多维贫困测量方法（简称 AF 方法），利用 2006 年中国健康与营养调查数据，对中国城市和农村家庭多维贫困进行了测量[16]。联合国可开发计划署于 2010 年发表的《人类发展报告》公布了用 AF 方法测算的全球多维贫困指数（MPI）（包括教育、卫生和生活水平 3 个维度共 10 个指标），之后每年的《人类发展报告》进行全球多维贫困状况的更新。2013 年，牛津大学贫困与人类发展中心发起成立了全球多维贫困同行网络，旨在促进多维贫困测算方法的世界各国的分享，探索建立一个可以测度联合国 2030 年可持续发展目标（SDGs）中提出的"消除一切形式和表现的贫困"[19] 的多维贫困指数。

从我国来看，不论是"贫困"的中文字面意思（因为贫穷而致生活窘困），还是国家层面开展的扶贫工作和扶贫标准，所采用的"贫困"概念都是多维的。1986 年 5 月 16 日成立的国务院扶贫开发领导小组（当时称为国务院贫困地区经济开发领导小组，1993 年 12 月 28 日改用现名），一开始就将其设置为一个包括农业、教育、卫生、财政等不同政府部门的议事协调机构，目前国务院扶贫开发领导小组成员单位共包括 40 多个相关政府部门、金融机构、社会组织等。我国扶贫开发的目标也是多维的。《中共中央　国务院关于打赢脱贫攻坚战的决定》（中发〔2015〕34 号）提出的脱贫攻坚总体目标是："到 2020 年，稳定实现农村贫困人口不愁吃、不愁穿，义务教育、基本医疗和住房安全有保障。实现贫困地区农民人均可支配收入增长幅度高于全国平均水平，基本公共服务主要领域指标接近全国平均水平。确保我国现行标准下农村贫困人口实现脱贫，贫困县全部摘帽，解决区域性整体贫困。"[20]

不愁吃、不愁穿，义务教育、基本医疗和住房安全有保障（简称"两不愁三保障"），已成为当今我国农村贫困人口脱贫的基本标准。这一标准不仅解决贫困人口的收入不足问题，还特别重视教育、医疗和住房安全等保障问题，因而是典型的多维度扶贫目标，这也彰显了我国在世界上的减贫软实力。基于此，近年来我国建立了多维度消除贫困的庞大政策体系，既包括贫困人口的增收政策，也包括提高贫困人口教育、医疗卫生、转移就业等多方面能力和水平的政策，还包括改善饮用水状况、住房安全，以及农村道路、通信等基础设施方面的政策。

二　世界主流贫困标准

人类对于贫困的认识经历了从最初的饥饿、营养不良，到之后的收入贫困，再到当今的能力贫困、权利贫困、社会排斥等，相应地，衡量贫困的标准也未能统一。但从总体上看，目前国际上用于比较世界各国贫困状况以及减贫成就的标准主要有两种：一是基于收入/消费（基本需要）的贫困标准，二是基于联合国开发计划署的多维贫困标准。

（一）收入/消费（基本需要）的贫困标准

这类标准以英国、美国和世界银行为代表。其中，英国是最早制定收入贫困标准的国家，1901 年就有贫困标准研究；1960 年代，美国也开始制定收入标准；到 1990 年代中期，世界上已有 30 多个国家制定了收入标准。基于此，世界银行于 1990 年代开始测算世界贫困标准。

1. 英国的收入贫困标准

朗特里（1901）在《贫困：城镇生活研究》一书中，按"获得维持体力的最低需要"的"购物篮子"（shopping basket）所需要的货币预算，对英国约克市的贫困线进行了估算[3]。这里的最低需要包括食物和非食物（住房、衣着、燃料和其他杂物）。大体上，1950 年之前，英国一直选用基本的食品、衣着、住房等需求的"购物篮子"作为衡量贫困的标准。1950 年以后，英国建立了现代福利国家制度，绝对贫困现象基本被消除，社会上处于饥饿状态的人已是极少数。因此，1979 年以来，英国开始转向"相对贫困"，将贫困定义为：家庭收入低于中位数收入的 60%[21]。这里的"中位数收入"是指处于中间收入分配阶层的家庭所获得的税后收入。英国政府根据低于当年中位数收入 60% 的贫困线，来折算出不同类型家庭收入贫困的货币量（见表 1 – 1）。同时，英国政府也按照相对贫困的方法来确定绝对贫困标准[22]（见表 1 – 1）。

表 1 – 1　英国 2014 ~ 2015 年不同类型家庭的贫困线的货币值

单位：英镑/周

贫困线	单个成人	一对夫妇，无孩子	单亲家庭，一个孩子	一对夫妇，一个孩子	一对夫妇，两个孩子
（1）孩子年龄在 14 岁以下					
①绝对贫困线	138	237	185	285	332
②相对贫困线	141	243	189	291	340
（2）孩子年龄在 14 岁以上					
①绝对贫困线	186	277	241	333	388
②相对贫困线	190	284	247	341	398

资料来源：Living Standards，Poverty and Inequality in the UK：2016 ［J］. Institute for Fiscal Studies，2016：87.

2. 美国的收入贫困标准

美国的官方贫困线有两个版本：一是贫困线（the poverty thresholds），由美国人口调查局发布，主要用于统计贫困人口数量；二是贫困准则（the poverty guidelines），由美国健康与人类服务部发布，主要目的是用于项目管理（如决定一个人是否有资格获得联邦项目提供的援助等）。

（1）贫困线

1964 年，约翰逊总统（Lyndon Baines Johnson）领导的美国政府宣布"向贫困宣战"，并确定了贫困的绝对标准。美国经济顾问委员会（CEA）把各类家庭的贫困线设定为每年 3000 美元（按 1962 年美元标准），其中，对于无亲属的个人，贫困线设定为 1500 美元。

1965 年，美国社会保障部的 Orshansky 将美国贫困线拓展为两条：一条是基于"经济水平"（economy level），另一条是基于"低成本水平"（low cost level）。首先，考虑家庭类别（分农场和非农场两类）、家庭人口结构和规模、户主年龄 3 个基本因素，进而确定一个可接受的最低生活标准。最低生活需要（basic needs）的消费品包括食品和非食品两类。

从目前来看，美国的贫困线依然是按照消费者支出调查数据来测算满足基本食品、居住、衣着和耐用消费品需要的收入水平，并依据不同区位的住房成本进行调整。2015 年 9 月，美国人口调查局公布了国家贫困线[23]。按照这个贫困线，一个有 3 个 18 岁以下儿童的五口之家，2014 年的贫困线是 28252 美元（见表 1 - 2）。

表 1 - 2　2014 年美国贫困线

单位：美元/家

家庭人口	18 岁以下儿童								
	0	1 个	2 个	3 个	4 个	5 个	6 个	7 个	8 个或以上
1 人									
65 岁以下	12316								
65 岁及以上	11354								
2 人									
户主 65 岁以下	15853	16317							
户主 65 岁及以上	14309	16256							
3 人	18518	19055	19073						
4 人	24418	24817	24008	24091					
5 人	29447	29875	28960	28252	27820				
6 人	33869	34004	33303	32631	31633	31041			
7 人	38971	39214	38375	37791	36701	35431	34036		
8 人	43586	43970	43179	42485	41501	40252	38953	38622	
9 人及以上	52430	52685	51984	51396	50430	49101	47899	47601	45768

资料来源：Income and Poverty in the United States：2014 ［J］. United States Census Bureau，2015：43.

（2）贫困准则

贫困准则（the poverty guidelines）是贫困线（the poverty thresholds）的简化版本，主要是为了管理，因而更加简便，适合于在实践中操作。2016 年 1 月，美国健康与人类服务部确定了家庭贫困指南[24]（见表 1-3），一个五口之家的贫困线标准为 28440 美元。

表 1-3 2016 年美国 48 个连片州和哥伦比亚地区的贫困线

单位：人，美元

家庭人口数	家庭贫困线
1	11880
2	16020
3	20160
4	24300
5	28440
6	32580
7	36730
8	40890

注：对于超过 8 人的家庭，每增加 1 人，贫困线标准增加 4160 美元。

资料来源：The Department of Health and Human Services. Annual Update of the HHS Poverty Guidelines [R]. Federal Register, 2016, 81 (15)：4036-4037.

3. 世界银行的贫困标准

世界银行采用"基本需要法"来测算贫困。基本需要包括食物和非食物两个部分。1990 年代，世界银行搜集了 33 个国家的贫困线数据，然后按照 1985 年购买力平价（PPP）对这些国家的贫困线进行货币单位的调整，经过一系列分析后认为，全球最贫困国家的贫困线约为 31 美元/（人·月），据此确定 1 美元/天为世界银行的贫困线，并在《世界发展报告 1990》中发布。

2008 年，世界银行又根据 75 个国家的贫困线数据以及 2005 年购买力平价（PPP）对 1 美元/天的贫困线做了重新修订。结果表明，15 个最不发达国家贫困线的平均数为 1.25 美元/天；75 个国家的中位数贫困线约为 2 美元/天；扣除 15 个最不发达国家，其余 60 个国家中位数贫困线平均约为 2.5 美元/天。鉴于此，世行推荐 1.25 美元/天的国际贫困县适用于全球极端贫困的国别比较，2 美元/天和 2.5 美元/天的贫困线则适用于衡量中等收入国家的贫困状况[1]。

2015 年 10 月，世行在 *A Global Count of the Extreme Poor in 2012：Data Issues, Methodology and Initial Results* 中更新了全球极端贫困标准，按照 2011 年国际购买力平价，把

1.25 美元/天的国际贫困线调整为 1.9 美元/天[25]（见表 1-4）。

表 1-4 世界银行的国际贫困线历史

贫困线确定年份和标准	1979 年"印度线"	1990 年"1 美元"	2001 年"1.08 美元"	2008 年"1.25 美元"	2015 年"1.90 美元"
资料来源	Ahluwalia 等（1979）	1990 年世界发展报告，Ravallion 等（1991）	Chen and Ravallion（2001）	Ravallion, Chen and Sangraula（2008）	F. H. G. Ferreira, S. Chen, et al.（2015）
国际比较项目数据	1975 PPPs, Kravis et al.（1978）	1985 PPPs	1993 PPPs	2005 PPPs	2011 PPPs
贫困线使用的国家	1（印度）	8 个国家	10 个国家	15 个国家	15 个国家（与 2008 年相同）
方法	印度的贫困线	均值	中位数	均值	均值
贫困线（国际比较项目基期美元）	0.56 美元/天	1.01（1.00）美元/天	1.08 美元/天	1.25 美元/天	1.88（1.90）美元/天
贫困线（1985 年美元）	1.12 美元/天	1.02 美元/天	0.80 美元/天	0.69 美元/天	0.91 美元/天

资料来源：F. H. G. Ferreira, S. Chen, Andrew L. Dabalen, et al. A Global Count of the Extreme Poor in 2012: Data Issues, Methodology and Initial Results [R]. The World Bank, Policy Research Working Paper Series?, 2015: 7432.

（二）联合国开发计划署的多维贫困标准

联合国开发计划署采用的是基本能力方法，依据的是诺贝尔经济学奖获得者阿马蒂亚·森关于贫困的定义，即贫困是一种基本能力被剥夺现象，而不仅仅是满足基本需要的收入不足。1990 年，阿马蒂亚·森负责起草联合国开发计划署《人类发展报告》，以基本能力方法为基础，提出人类发展指数（HDI）的概念，对人类发展情况进行总体衡量。

为了将基本能力方法转化为可测量的贫困标准，2008 年，Alkire 和 Foster 提出了构建多维贫困指数（MPI）的"AF 方法"。2009 年，牛津大学贫困与人类发展中心开始用该方法测算世界各国贫困状况。2010 年，联合国开发计划署《人类发展报告》采纳了这一研究成果，并向世界发布全球多维贫困状况，以后每年进行更新[26]。

多维贫困指数由多维贫困发生率与多维贫困强度两部分构成，综合反映贫困发生率以及贫困的严重程度。贫困发生率（incidence）是指经受多维贫困的人口比例，用 H 表示；贫困强度是指贫困人口经受的平均剥夺比例（加权），也就是在平均意义上，贫困人口有多穷，用 A 表示。当一个人在 1/3 及以上的加权指标贫困时，被称为多维贫困人口，这也意味着多维贫困阈值（k）是 33.33%。

全球多维贫困指数包括健康、教育和生活标准 3 个维度，共 10 个指标。健康维度包括营养和儿童死亡率 2 个指标，教育维度包括受教育年限和儿童入学率，生活标准包括做饭用燃料、卫生厕所、饮用水、电、室内地面、耐用消费品 6 个指标。其中，耐用消费品又包括 10 多个指标。全球多维贫困指数，首先确定每个指标的贫困线，如受教育年限的贫困线为成年人受教育年限 5 年，将所有指标加权后，1/3 及以上的维度能力得不到满足的定义为多维贫困人口。

由于用收入评价贫困存在许多不足，目前世界上 40 多个国家在全球多维贫困指数的基础上，正在或已经制定了国家多维贫困指数。各国根据本国的发展阶段以及减贫战略关注的重点，设定多维贫困的维度、指标和权重。

多维贫困指数不受汇率以及国际购买力平价影响，可以真实地反映贫困人口在哪些维度贫困，贫困到什么程度，在政策上更有指向性。

牛津大学贫困与人类发展中心于 2015 年 6 月发布了"全球多维贫困指数 2015"，涉及 101 个国家，占全球 75% 的人口，共 52. 227 亿人。其中，多维贫困人口为 15. 584 亿人，多维贫困发生率为 29.8%[27]（见表 1 - 5）。

表 1 - 5　全球多维贫困状况（2015）

区域	MPI	H（多维贫困发生率）（%）	A（多维贫困强度）	多维贫困人口（亿人）	总人口（亿人）
区域（101 个国家）	0. 157	29. 8	52. 6	15. 584	52. 227
欧洲和中亚	0. 008	2. 0	38. 1	0. 030	1. 521
拉丁美洲和加勒比	0. 022	5. 2	42. 5	0. 260	4. 993
东亚和太平洋	0. 031	7. 1	43. 46	0. 260	4. 993
阿拉伯国家	0. 109	20. 7	52. 7	0. 544	2. 633
南亚	0. 275	52. 5	52. 3	8. 440	16. 075
撒哈拉以南非洲	0. 343	61. 1	56. 2	4. 960	8. 115
收入组（101 个国家）	0. 157	29. 8	52. 6	15. 584	52. 227
高收入：非 OECD 国家	0. 017	4. 8	35. 1	0. 001	0. 016
中等偏上收入国家	0. 021	4. 9	42. 1	1. 010	20. 635
中等偏下收入国家	0. 212	40. 5	52. 5	9. 830	24. 287
低收入国家	0. 359	65. 0	55. 2	4. 741	7. 290

资料来源：Sabina Alkire, C. Jindra. Global Multidimensional Poverty Index 2015 ［R］. Oxford Poverty and Human Development Initiative, 2015.

第二节　联合国减贫目标与我国脱贫目标的对比

一　联合国2030年议程反贫困目标

反贫困是世界人民肩负的一项共同历史任务。1992 年 12 月 22 日召开的第 47 届联合国大会通过决议，把每年的 10 月 17 日确定为"国际消除贫困日"，从 1993 年开始实行，号召所有国家以国家法令和具体的扶贫活动等适当形式，宣传和促进消除贫困。1997 年 10 月 17 日，时任联合国秘书长科菲·安南在"国际消除贫困日"发表的文告里指出："1987 年至 1993 年，每天生活费不足 1 美元的人口增加了近 1 亿人。在发展中国家，目前有 13 亿人生活在每天生活费不足 1 美元的贫困线以下；在发达国家，也有 1 亿多人生活在贫困线以下。贫困人口都集中在农村，特别是发展中国家的农村地区"[28]。2000 年，联合国千年首脑会议明确提出了以消除贫困为核心内容的人类发展目标，包括极端贫穷人口比例减半、普及小学教育、降低儿童死亡率等。10 多年来，在联合国等国际组织的积极倡导和协调下，各国政府和相关组织加强了扶贫领域的合作，取得了积极的进展。然而，实现全球减贫和发展的目标依然任重道远。

2015 年 9 月，联合国召开的可持续发展峰会上通过了《变革我们的世界：2030 年可持续发展议程》（*Transforming Our World: the 2030 Agenda for Sustainable Development*）（简称 2030 年议程），该议程设定了 2030 年可持续发展目标（SDG$_s$），提出到 2030 年在世界各地"消除一切形式和表现的贫困"（End poverty in all forms and dimensions）[19]。

二 中国脱贫目标

我国是世界上最大的发展中国家，同样面临非常严峻的农村贫困问题，肩负着反贫困的重大使命和艰巨任务。2014 年以来，我国开始实施精准扶贫战略。联合国制定 2030 年议程反贫困目标之后，我国政府及时制定了《中国落实 2030 年可持续发展议程国别方案》[29]，提出了精准脱贫中国方案[20][29][30]。《中共中央 国务院关于打赢脱贫攻坚战的决定》（中发〔2015〕34 号）和《"十三五"脱贫攻坚规划》明确提出了脱贫攻坚的总体目标，即到 2020 年，稳定实现（现行标准下）农村贫困人口不愁吃、不愁穿，义务教育、基本医疗和住房安全有保障（简称"两不愁三保障"）……确保我国现行标准下农村贫困人口实现脱贫，贫困县全部摘帽，解决区域性整体贫困[20][30]。这也是《中国落实 2030 年可持续发展议程国别方案》中关于消除贫困目标的落实方案。联合国 2030 年议程反贫困目标与我国脱贫目标的对比见表 1 - 6。

表 1 - 6 联合国 2030 年议程反贫困目标与我国脱贫目标的对比

联合国 2030 年议程目标	我国脱贫目标
目标 1："在全世界消除一切形式的贫困"	
1.1 到 2030 年，在全球所有人口中消除极端贫困，极端贫困目前的衡量标准是每人每日生活费不足 1.25 美元	到 2020 年，确保中国现行标准（两不愁三保障）下的 5000 多万农村贫困人口全部实现脱贫，贫困县全部摘帽，解决区域性整体贫困

续表

联合国 2030 年议程目标	我国脱贫目标
目标 1："在全世界消除一切形式的贫困"	
1.2 到 2030 年，按各国标准界定的陷入各种形式贫困的各年龄段男女和儿童至少减半	按照"扶贫对象精准、项目安排精准、资金使用精准、措施到户精准、因村派人精准、脱贫成效精准"的要求，对农村贫困人口实行分类精准扶持，确保实现 2020 年全部脱贫的目标

资料来源：《中国落实 2030 年可持续发展议程国别方案》（2016 年 9 月）。

表 1－6 表明，与联合国 2030 年议程反贫困目标相比，中国反贫困目标方案（精准脱贫中国方案）呈现三大鲜明的特色与创新：一是减贫目标上的超前性，中国反贫困目标方案在时间上比联合国 2030 年议程反贫困目标整整提前了 10 年；二是扶贫的精准性，坚持按照"六个精准"（即扶贫对象精准、项目安排精准、资金使用精准、措施到户精准、因村派人精准、脱贫成效精准）的要求，对农村贫困人口实行分类精准扶持；三是扶贫标准的多维性，中国方案不仅要消除极端贫困（联合国 2030 年议程反贫困目标对目前极端贫困的衡量标准是每人每日生活费不足 1.25 美元），让贫困人口人均纯收入稳定超过国家贫困线标准，同时要稳定实现不愁吃、不愁穿以及义务教育、基本医疗和住房安全有保障。

实施精准扶贫、精准脱贫政策，已经成为我国推进、落实"十三五"规划和实现全面建成小康社会目标的时代使命[31]。习近平同志所做的中共十九大报告将精准脱贫列为决胜全面建成小康社会的三大攻坚战之一[32]。

第三节　我国精准扶贫方略与脱贫标准

一　我国精准扶贫方略

（一）精准扶贫思想形成的背景与提出

我国是世界上减贫人口最多的国家[33]。改革开放 40 多年来，我国持续开展了以农村扶贫开发为中心的减贫行动，在全国范围内开展有组织、有计划的大规模开发式扶贫，先后实施《国家八七扶贫攻坚计划（1994—2000 年）》[34]《中国农村扶贫开发纲要（2001—2010 年）》[35]《中国农村扶贫开发纲要（2011—2020 年）》[36]等中长期扶贫规划，取得了举世公认的辉煌成就。然而，长期以来，我国贫困人口底数不清、情况不明、针对性不强、扶贫资金和项目指向不准的问题较为突出[37]。在扶贫对象上，1980 年代中期，我国扶贫主要针对县级贫困区域；2001 年，扶贫重点对象转向 15 万个村级贫困区域，实施整村推进扶贫；2011 年，我国划定了 14 个集中连片特困地区进行重点扶贫。这种扶贫的对象主要是区域。以区域为对象的扶贫工作虽然有助于在短期内集中政策和资金资源，改善发展的基础条件，让有能力的贫困人口尽快脱贫，但对于"谁是贫困居民""贫困原因是什么""如何针对性帮扶""帮扶效果怎么样"等问题是模糊的。

归纳起来，大水漫灌式的区域扶贫方式主要存在四个问题：一是贫困人口底数不清，扶贫对象常由基层干部推测估算，扶贫资金"天女散花"，以致"年年扶贫年年贫"；二是重点县舍不得"脱贫摘帽"，数字弄虚作假，挤占浪费国家扶贫资源；三是人情扶贫、关系扶贫，造成应扶未扶、扶富不扶穷等社会不公，甚至滋生腐败；四是不少扶贫项目粗放"漫灌"，针对性不强，受益多的主要还是贫困乡村中的中高收入农户，低收入贫困农户受益的相对较少[37]。

鉴于此，原有的扶贫体制机制必须修补和完善。也就是：要解决钱和政策用在谁身上、怎么用、用得怎么样等问题。扶贫必须要有"精准度"。

2012年11月15日，在十八届中央政治局常委与中外记者的见面会上，习近平同志掷地有声地说："人民对美好生活的向往，就是我们的奋斗目标。"

粗放扶贫的反面是精准扶贫。"精准扶贫"思想的提出，最早是在2013年11月，习近平同志到湖南省湘西州十八洞村考察时首次提出了"实事求是、因地制宜、分类指导、精准扶贫"的重要思想。2014年1月，中办详细规制了精准扶贫工作模式的顶层设计，推动了"精准扶贫"思想落地[38]。2014年3月7日，在参加十二届全国人大二次会议贵州代表团审议时，习近平同志指出："精准扶贫，就是要对扶贫对象实行精细化管理，对扶贫资源实现精确化配置，对扶贫对象实行精准化扶持，确保扶贫资源真正用在扶贫对象身上、真正用在贫困地区。"[39]之后，习近平同志多次对精准扶贫做出重要论述，精准扶贫思想不断丰富和完善，精准扶贫成为我国脱贫攻坚的基本方略。习近平同志提出的精准扶贫思想的最大突破点体现在扶贫脱贫对象由区域转到精准的贫困家庭和贫困人口[40]。

（二）精准扶贫精准脱贫基本方略

2015年11月27日，习近平同志在《在中央扶贫开发工作会议上的讲话》指出，脱贫攻坚已经到了啃硬骨头、攻坚拔寨的冲刺阶段，要坚持精准扶贫、精准脱贫，重在提高脱贫攻坚成效，坚决打赢脱贫攻坚战，确保到2020年所有贫困地区和贫困人口一道迈入全面小康社会[41]。在这次讲话中，习近平同志系统阐述了我国精准扶贫精准脱贫的基本方略。

精准扶贫精准脱贫基本方略的主要内容，就是做到"六个精准"，实施"五个一批"，解决"四个问题"[42]。践行习近平扶贫思想，就是要真正落实这一基本方略，把

"精准"理念落到实处，不断提升精准识别、精准帮扶、精准施策、精准退出质量，将扶贫扶到点上、扶到根上。

做到"六个精准"：扶持对象精准、项目安排精准、资金使用精准、措施到户精准、因村派人精准、脱贫成效精准。

实施"五个一批"：发展生产脱贫一批、易地搬迁脱贫一批、生态补偿脱贫一批、发展教育脱贫一批、社会保障兜底一批。此外，还要实施健康扶贫、资产收益扶贫、危房改造等。

解决"四个问题"：扶持谁、谁来扶、怎么扶、如何退。

习近平精准扶贫精准脱贫基本方略是扶贫领域的重大创新，"六个精准"是基本要求，"五个一批"是根本途径，"四个问题"是关键环节，充分体现了目标导向与问题导向相统一、战略性与可操作性相结合的方法论。

二　我国贫困人口脱贫标准

在当今脱贫攻坚战中，《中共中央　国务院关于打赢脱贫攻坚战的决定》（中发〔2015〕34 号）和《"十三五"脱贫攻坚规划》均对农村贫困人口的脱贫提出了明确的规定和要求，即稳定实现（现行标准下）农村贫困人口不愁吃、不愁穿，义务教育、基本医疗和住房安全有保障（简称"两不愁三保障"）。2016 年 4 月，中共中央办公厅和国务院办公厅印发的《关于建立贫困退出机制的意见》（厅字〔2016〕16 号）进一步对贫困人口退出的要求和标准做出了具体的规定："贫困人口退出以户为单位，主要衡量标准是该户年人均纯收入稳定超过国家扶贫标准且吃穿不愁，义务教育、基本医疗、住房安全有保障。"[43] 2019 年 4 月 16 日下午，习近平同志在重庆市主持召开的解决"两不愁三保障"突出问题座谈会上指出："我多次强调，要坚持现行脱贫标准，既不拔高，也不降低。"但当前，一些地方"脱贫标准把握不精准，有的降低标准，没实现'两不愁三保障'就宣布脱贫，更多是拔高标准，像易地搬迁面积超标准、看病不花钱、上什么学都免费等，脱离国情不可持续"[44]。为此，国务院扶贫开发领导小组在 2019 年 6 月 23 日印发的《关于解决"两不愁三保障"突出问题的指导意见》中再次强调，"贫困人口退出的标准是收入稳定超过国家扶贫标准且吃穿不愁，义务教育、基本医疗、住房安全有保障"，要求各地区各部门"要坚持这个标准不动摇，既不拔高，也不降低"[45]。

这可以理解为我国贫困人口退出的标准包括两个方面，一是贫困户年人均纯收入稳定超过国家扶贫标准，二是贫困户稳定实现"两不愁三保障"（即吃穿不愁，义务教育、基本医疗、住房安全有保障）。当然，这两个方面是紧密联系的，人均纯收入不仅决定着"吃"和"穿"的问题，还在一定程度上承担着一定的义务教育、基本医疗和住房安全保障的作用和功能。

（一）人均纯收入标准

我国的扶贫标准在不同时代有着不同内涵。1980 年代的国家贫困标准线相当于"吃饭线"，是以卡路里计算得到的。而目前国家扶贫标准已发展到了多维度，不仅保障贫困人口的吃饭问题，还要使贫困人口获得教育、医疗、住房、社会保障等诸多方面的公共服务。

2008 年以前，我国政府设定了两个扶贫标准，即绝对贫困标准和低收入标准。

1998 年之前，我国只有绝对贫困标准。1985 年、1990 年、1994 年、1997 年的农村贫困标准（绝对贫困标准）由国家统计局农村社会经济调查总队根据全国农村住户调查分户资料测定，其他年份则使用农村居民消费价格指数进行更新。我国最后一次详细测定绝对贫困标准是在 1997 年，采用了世界银行推荐的确定贫困线的基本方法[46][47]。具体分为五步。①确定最低营养需求（指维持人体生存所必需的营养需求）。根据营养学家建议，我国采用每人每日 2100 大卡热量作为最低营养需求。②计算食物贫困线。利用全国农村住户调查数据，根据穷人的实际消费价格和消费结构计算出能获得最低营养需求的食物支出，以该食物支出作为食物贫困线。③计算非食物贫困线。采用世界银行的马丁法（Martin method），利用计量方法找到低非食物贫困线和高非食物贫困线。④计算贫困线。食物贫困线 + 低非食物贫困线 = 低贫困线。低贫困线的农户，只能达到基本食物消费和一些农户愿意牺牲基本食物消费来换取的最必需的非食物消费。在 1997 年测定的低贫困线中，农户食物消费支出份额高达 85%，这表明，低贫困线确实是一条极端贫困线。食物贫困线 + 高非食物贫困线 = 高贫困线。达到高贫困线的农户可以获得基本食物消费以及与基本食物消费同等重要的非食物消费[48]。⑤确定农村贫困标准。由于我国农村的贫困面很大，而国家扶贫资源有限，根据情况，确定低贫困线作为农村贫困标准，用来衡量农村贫困状况。1986 年的绝对贫困标准为 206 元/（人·年），2000 年为 625 元/（人·年），2005 年为 683 元/（人·年），2007 年为 785 元/（人·年）。

1998 年，为了更好地监测刚实现基本温饱的贫困人口的动向，并进行贫困的国际比较，国家统计局开始测算新的贫困标准——低收入标准，并从 2000 年起向社会公布。具体方法是：采用 1997 年的食物贫困线（经物价指数调整），再利用在贫困状况下食物消费占总生活消费 60% 的假设，计算出 1998 年农村低收入标准为 880 元[47]。该标准的测定使用了世界粮农组织采用的一个通用的假设，即当恩格尔系数（食物消费份额）在 60% 以上时，生活水平一般为贫困。按 1993 年购买力平价换算，"1 天 1 美元"标准在 1998 年应为每年 885 元人民币，这与低收入标准非常接近，表 1 - 7 亦表明了这一点。

2000 年的低收入标准为 865 元/（人·年），2005 年为 944 元/（人·年），2007 年为 1067 元/（人·年）。

表 1 - 7　我国 2000 ~ 2005 年农村贫困标准比较

单位：元/（人·年）

类别	2000 年	2001 年	2002 年	2003 年	2004 年	2005 年
农村贫困标准	625	630	627	637	668	683
农村低收入标准	865	872	869	882	924	944
国际贫困标准（1 天 1 美元）*	876	882	873	884	918	935

* 按 1993 年购买力平价换算后，用中国居民生活消费价格指数更新。
资料来源：王萍萍《中国贫困标准与国际标准之比较》[46]。

2008 年，我国将绝对贫困标准和低收入标准合二为一，统一使用 1067 元/（人·年）作为国家扶贫标准。之后，随着消费价格指数等相关因素的变化，我国的 2009 年和 2010 年贫困标准进一步分别上调到 1196 元/（人·年）和 1274 元/（人·年）。

在 2011 年 11 月 29 日至 12 月 1 日召开的中央扶贫开发工作会议上，中央决定将农民人均纯收入 2300 元（2010 年不变价）作为新的国家扶贫标准。这个新标准比 2009 年 1196 元的标准提高了 92%，更多低收入人口将享受到国家的扶贫优惠政策，有助于加快实现全面小康。时任国务院扶贫办主任范小建指出，这个新标准的出台，一是要与到 2020 年稳定实现扶贫对象"两不愁三保障"的奋斗目标相一致，不仅考虑吃饭、穿衣、住房等基本生存的需要，也要兼顾部分发展的需要；二是要与"低保维持生存，扶贫促进发展"的工作定位相一致，以低保为基础，考虑发展生产、增加收入的需要，有助于缩小收入差距；三是与各省提出的自定扶贫标准的想法应基本一致；四是要稳妥可行。不断巩固和完善大扶贫的工作格局，不断加大投入和工作力度，经过努力，可以实现新标准下扶贫对象"两不愁三保障"的奋斗目标。根据测算，以农民人均纯收入 2300 元为标准，到 2011 年底，对应的扶贫对象规模能够突破 1 亿人[49]。

国家统计局城乡住户调查办公室主任王萍萍阐释了目前我国农村贫困标准的含义："2014 年，在有基本住房的情况下，每人每年 2800 元（2010 年不变价）的农村贫困标准中，实际食品支出比重（即恩格尔系数）为 53.5%，相当于人均每天食品消费支出 4.1 元；若将每天 1 斤米面（商品粮）、1 斤菜、1 两肉或 1 个鸡蛋当作每人基本食品消费需求，根据农村居民出售和购买产品综合平均价格，需要开支 3.925 元。4.1 元约为 3.925 元的 1.05 倍。因此，在 2014 年，农村贫困标准中的食品支出可满足健康生存需要的热量和蛋白质需求，做到'吃饱，适当吃好'。同时，根据微观经济学效用理论推论，在此标准下的其他支出可满足与健康生存同等重要的非食品消费需要。"[50]鲜祖德等分析认为，现行农村贫困标准符合我国国情和当前发展阶段，是科学合理的：一是测算方法科学规范，采用了国际上通用的基于食物、非食物需求测算的贫困标准测算方法；二是测算所用的基础数据准确可靠，是根据对全国农村居民家庭直接调查得到的；三是现行农村贫困标准是与"两不愁三保障"相结合的基本达到稳定温饱的标准，基本能满足与稳定温饱生活相适应的食物需求，做到"吃饱，适当吃好"，还能基本满足衣、住、用、行以及义务教育、基本医疗等非食物需求，从而基本实现"不愁吃、不愁穿"的稳定温饱要求；四是符合农村居民对小康的基本期待，是农村居民跨入小康的门槛；五是现行标准基本符合国际标准[51]。

2015 年和 2016 年，我国农村贫困标准分别更新至 2855 元/（人·年）和 2952 元/（人·年）[52][53]（见表 1-8）。预计 2020 年我国农村贫困标准可能达到 4000 元/（人·年）。

表 1-8　我国 2010~2016 年农村贫困标准、贫困人口与贫困发生率

年份	贫困标准［元/（人·年）］	贫困人口（万人）	贫困发生率（%）
2010	2300	16567	17.2
2011	2536	12238	12.7
2012	2625	9899	10.2
2013	2736	8249	8.5
2014	2800	7017	7.2
2015	2855	5575	5.7
2016	2952	4335	4.5

资料来源：国家统计局《中国农村贫困监测报告》（2015~2016 年）。

（二）"两不愁三保障"的衡量标准

"两不愁三保障"的衡量标准较为复杂，国家层面至今没有公开制定统一的标准体系，各省（区、市）根据实际制定了一些标准或要求，但差异较大，有的省（区、市）标准偏高，有的则偏低，甚至不很明确。这里，主要根据作者自 2016 年 5 月至今多次参加国家级和各级地方政府精准扶贫/贫困退出第三方评估工作中获得的基本知识和经验，来阐述一般的衡量标准。

1. 不愁吃

系指农户吃饭有保障。主要评判依据如下。

（1）根据居住地饮食习惯，农户有能力通过自产或自购满足口粮需求以及补充一定的肉、蛋、豆制品等必要营养食物。具体要求：①主食必须是粮食且能吃饱，种类不限，麦类、稻类等均可；②蛋白质摄入量要够，每月吃蛋白质食品（肉类、蛋类、奶制

品、豆制品中的任何一种）至少 1 次。

（2）饮水安全有保障。所谓饮水安全有保障，主要是指贫困人口有水喝，饮水安全达到当地农村饮水安全评价标准。在山区尤其是喀斯特石漠化等缺水地区，要注意水源、水量和水质达到要求。具体要求：①水质情况，要求全年水质不安全时间不得超过 1 个月，原则上，饮水来源只作为辅助判断依据，水质安全问题以地方行业部门鉴定或化验报告为准；②缺水程度情况，一般不能一年连续 30 天以上出现饮水困难，是否困难根据取水便利程度判断；③取水便利程度，通常以正常人单次取水往返时间不超过 20 分钟来判断。

2. 不愁穿

是指农户穿衣有保障。也就是说，根据居住地环境，农户有能力自主购买或通过亲属购买衣物，做到四季有换季衣服、日常有换洗衣服。穿衣主要靠社会捐赠、接济的，不属于穿衣有保障。据此归纳，具体要求有三点：①有应季的衣物、鞋和被子；②有日常换洗的衣物；③衣物不能主要靠捐赠。

3. 义务教育有保障

是指除身体原因不具备学习条件外，贫困家庭义务教育阶段适龄儿童、少年（一般是 6～15 周岁）不失学辍学，保障有学上、上得起学。这就要求所有的建档立卡贫困户、低收入的非建档立卡户若出现因厌学而辍学的情况，地方政府应做劝学工作，确保上学（可以提前进行职业教育）。

4. 基本医疗有保障

主要衡量标准如下。

（1）贫困人口全部纳入基本医疗保险、大病保险和医疗救助等健康扶贫政策和制度保障范围。这意味着并不是大病重病都要纳入保障范围，而是做到建档立卡贫困户的健康扶贫政策实现全覆盖。

（2）常见病、慢性病能够在县、乡、村三级医疗机构获得及时诊治。这就要求建设好县医院、乡镇卫生院、村卫生室三级医疗机构，有医生看病，有地方看病，有基本药物。

（3）得了大病、重病后基本生活有保障。这里特别要注意三个方面：一是"看得上病"，是指看得上基本的病，包括常见病、多发病和地方病；二是"看得起病"，是指不能因为看常见病而吃不上饭；三是不因大病影响基本生活，这不是从看病支出来看，而是看"两不愁"和其他两个保障的情况。

5. 住房安全有保障

主要是指对于现居住在 C 级和 D 级危房的贫困户等重点对象，通过进行危房改造或其他有效措施，保障其不住危房。

在调查评估中，保障住房安全的标准主要有三点。①不能居住 C 级或 D 级危房。原则上，危房等级以县级及以上住建部门提供的鉴定结果为准。②无自有住房，长期居住在子女家、亲戚朋友家或敬（养）老院及稳定租房居住的，视为住房安全有保障，但临时住房居住时间至少一年。③独居老人住危房问题。若老人和子女未分户，以居住条件最好的住房来判定；若老人和子女分户，子女住房较好，老人住危房，子女仍为主体责任人，但政府要劝说子女尽赡养义务，严重时，地方政府应起诉子女，确保老人不住危房。

参考文献

［1］王小林. 贫困测量：理论与方法（第二版）［M］. 北京：社会科学文献出版社，2016：1－282.

［2］杨国涛，周慧洁，李芸霞. 贫困概念的内涵、演进与发展述评［J］. 宁夏大学学报（人文社会科学版），2012，34（6）：139－143.

［3］Benjamin Seebohn Rowntree. Poverty：A Study of Town Life［M］. London：Macmillan，1901：103.

［4］国家统计局农调总队. 中国农村贫困标准研究——课题组的研究报告［J］. 统计研究，1990，（6）：37－42.

［5］劳埃德·雷诺兹. 微观经济学［M］. 北京：商务印书馆，1993：32.

［6］世界银行. 1990 年世界发展报告［M］. 北京：中国财政经济出版社，1990：1－260.

［7］孙建忠. 台湾地区社会救助政策发展之研究［M］. 台北：时英出版社，2002：64.

［8］Fuchs Victor. Redefining Poverty and Redistributing Income［J］. The Public Interest，1967：86－94.

［9］Townsend Peter. Poverty in the United Kingdom：A Survey of Household Resources and Standards of Living［M］. Berkeley：University of California Press，1979：53.

［10］Townsend Peter. A Sociological Approach to the Measurement of Poverty：A Rejoinder to Professor of Amartya Sen［J］. Oxford Economic Paper，1985，37（4）：659－668.

［11］〔印度〕阿马蒂亚·森（Amartya Sen）. 伦理学与经济学［M］. 王宇，王文玉，译. 北京：商务印书馆，2000.

［12］〔印度〕阿马蒂亚·森. 贫困与饥荒——论权利与剥夺［M］. 王宇，王文玉，译. 北京：商务印书馆，2001.

［13］〔印度〕阿马蒂亚·森. 以自由看待发展［M］. 任赜，于真，译. 北京：中国人民大

学出版社，2002.

［14］蒋谨慎. 论阿玛蒂亚·森对贫困理论的变革［J］. 社会科学家，2017（5）：41 - 45.

［15］Fisher, G. M. The Development of the Orshansky Poverty Thresholds and Their Subsequent History as the Official U. S. Poverty Measure［J］. Social Security Bulletin, 1992, 55（3）：3 - 14.

［16］王小林，Sabina Alkire. 中国多维贫困测量：估计和政策含义［J］. 中国农村经济，2009，（12）：4 - 10，+23.

［17］Sabina Alkire. Choosing Dimensions：The Capability Approach and Multidimensional Poverty［R］. Chronic Poverty Research Centre Working Paper No. 88. Available at SSRN：http：// dx. doi. org/10. 2139/ssrn. 1646411, 2007 - 08 - 01.

［18］Sabina Alkire and James Foster. Counting and Multidimensional Poverty Measurement, OPHI Working Paper 7［R］. UK：Oxford Poverty and Human Development Initiative, 2008.

［19］The United Nations. Transforming Our World：The 2030 Agenda for Sustainable Development, General Assembly, United Nations［EB/OL］.（2015 - 10 - 21）［2020 - 02 - 29］. http：//www. un. org/zh/documents/view_ doc. asp？symbol = A/RES/70/1.

［20］中共中央，国务院. 中共中央　国务院关于打赢脱贫攻坚战的决定［M］. 北京：人民出版社，2015：1 - 33.

［21］中国国际扶贫中心课题组. 世界各国贫困标准研究（中国国际扶贫中心研究报告 2010 年第 1 期）［EB/OL］.（2010 - 09 - 23）［2020 - 02 - 29］. https：//wenku. baidu. com/view/e-d8a3e02de80d4d8d15a4fdf. html.

［22］Chris Belfield, Jonathan Cribb, Andrew Hood, et al. Living standards, poverty and inequality in the UK：2016［R］. UK：Institute for Fiscal Studies, 2016：87.

［23］Carmen DeNavas - Walt, Bernadette D. Proctor. Income and Poverty in the United States：2014［J］. Washington, DC：United States Census Bureau, 2015：43.

［24］The Department of Health and Human Services. Annual Update of the HHS Poverty Guide-lines［R］. Federal Register, 2016, 81（15）：4036 - 4037.

［25］F. H. G. Ferreira, S. Chen, Andrew L. Dabalen, et al. A Global Count of the Extreme Poor in 2012：Data Issues, Methodology and Initial Results［R］. The World Bank, Policy Research Working Paper Series？, 2015：7432.

［26］中国国际扶贫中心. 国际贫困标准及全球贫困状况［EB/OL］.（2017 - 09 - 11）［2020 - 02 - 29］. https：//max. book118. com/html/2017/0911/133362403. shtm.

［27］Sabina Alkire, C. Jindra. Global Multidimensional Poverty Index 2015［R］. Oxford Poverty and Human Development Initiative, 2015.

［28］科菲·安南. 在消除贫困日纪念大会上的讲话［J］. 联合国快讯，1997.

[29] The State Council of People's Republic of China. China's National Plan on Implementation of the 2030 Agenda for Sustainable Development [EB/OL]. (2016 – 10 – 12) [2020 – 02 – 29]. http://www.fmprc.gov.cn/web /ziliao _ 674904/zt _ 674979/dnzt _ 674981/qtzt/ 2030kcxfzyc_686343.

[30] 国务院. "十三五" 脱贫攻坚规划 [M]. 北京：人民出版社，2016：1 – 79.

[31] 刘彦随，周扬，刘继来. 中国农村贫困化地域分异特征及其精准扶贫策略 [J]. 中国科学院院刊，2016，31（3）：269 – 278.

[32] 习近平. 决胜全面建成小康社会　夺取新时代中国特色社会主义伟大胜利——在中国共产党第十九次全国代表大会上的报告 [M]. 北京：人民出版社，2017：1 – 71.

[33] 国务院新闻办公室. 改革开放40年中国人权事业的发展进步（白皮书）[N]. 人民日报，2018 – 12 – 12（13 – 15）.

[34] 国务院. 国家八七扶贫攻坚计划（1994—2000 年）[EB/OL]. (1994 – 04 – 15) [2020 – 02 – 29]. https://baike. so. com/doc/6436685 – 6650365. html.

[35] 国务院. 中国农村扶贫开发纲要（2001—2010 年）[EB/OL]. (2001 – 06 – 13) [2020 – 02 – 29]. http://www. gov. cn/gongbao/content/2001/content _60922. htm.

[36] 国务院扶贫开发领导小组办公室. 中国农村扶贫开发纲要（2011—2020 年）干部辅导读本 [M]. 北京：中国财政经济出版社，2012：1 – 18.

[37] 王思铁. 精准扶贫：改 "漫灌" 为 "滴灌" [J]. 四川党的建设（农村版），2014，(4)：16 – 17.

[38] 百度百科. 精准扶贫 [EB/OL]. https://baike. baidu. com/item/精准扶贫/13680654？fr = aladdin.

[39] 中共中央党史和文献研究院. 习近平扶贫论述摘编 [M]. 北京：中央文献出版社，2018：1 – 164.

[40] 李国祥. 习近平精准扶贫精准脱贫思想的实践和理论意义 [EB/OL]. (2016 – 02 – 09) [2020 – 02 – 29]. http://news. china. com. cn/cndg/2016 – 02/09/content_37761756. htm.

[41] 习近平. 在中央扶贫开发工作会议上的讲话 [C] //中共中央党史和文献研究院. 十八大以来重要文献选编（下）. 北京：中央文献出版社，2018：29 – 51.

[42] 刘永富. 习近平扶贫思想的形成过程、科学内涵及历史贡献 [J]. 行政管理改革，2018，(9)：4 – 7.

[43] 中共中央办公厅，国务院办公厅. 关于建立贫困退出机制的意见 [N]. 人民日报，2016 – 04 – 29（4）.

[44] 习近平. 在解决 "两不愁三保障" 突出问题座谈会上的讲话 [J]. 求是，2019，(16)：4 – 12.

[45] 国务院扶贫开发领导小组. 关于解决 "两不愁三保障" 突出问题的指导意见 [EB/

OL］．（2019 - 06 - 30）［2020 - 02 - 29］． http：//www. cpad. gov. cn/art/2019/6/30/art_50_99421. html.

［46］王萍萍．中国贫困标准与国际标准之比较［J］.中国国情国力，2006，（9）：44 - 47.

［47］王萍萍，方湖柳，李兴平．中国贫困标准与国际贫困标准的比较［J］.中国农村经济，2006，（12）：62 - 68.

［48］Martin Ravallion. Poverty Comparisons［M］. Chur，Switzerland：Harwood Academic Publishers，1994.

［49］范小建．国务院扶贫办主任范小建详解 2300 元扶贫标准［EB/OL］.（2011 - 12 - 02）［2020 - 02 - 29］. http：//www. gov. cn/jrzg/2011 - 12/02/content _2009471. htm.

［50］王萍萍．以现行贫困标准衡量改革开放以来农村贫困人口规模减少 7 亿多［C］// 国家统计局城乡住户调查办公室．中国农村统计监测报告 2015. 北京：中国统计出版社，2015：96 - 98.

［51］鲜祖德，王萍萍，吴伟．中国农村贫困标准与贫困监测［J］.统计研究，2016，33（9）：3 - 12.

［52］国家统计局住户调查办公室．中国农村统计监测报告 2016［M］.北京：中国统计出版社，2016：1 - 216.

［53］国家统计局住户调查办公室．中国农村统计监测报告 2017［M］.北京：中国统计出版社，2017：22 - 352.

第二章
昆明市农村贫困特点

昆明市不仅是我国有国家级贫困县（区）[以下简称"国贫县（区）"] 的9个省会城市之一，而且昆明所辖的三个国贫县（区）（东川区、寻甸县、禄劝县）贫困面广、贫困程度深、扶贫难度大、减贫任务艰巨。这三个县（区）作为山区典型贫困县（区），绝大部分建档立卡贫困人口分布于山区，需要深入细致研判，拿准吃透贫情，明确脱贫攻坚的重点和难点，认清弱项短板，为脱贫攻坚工作有序、有力、有效开展奠定坚实的基础。

参考《昆明市扶贫开发规划（2016—2020年）》[1]，依据国家、省确定的扶贫开发工作重点县、集中连片特殊困难地区和昆明市区域发展的实际情况，本书研究的范围主要是东川区、禄劝彝族苗族自治县和寻甸回族彝族自治县等昆明北部三个县（区）。

第一节　昆明市国贫县（区）的基本情况

一　昆明市概况

昆明市位于我国西南部的云贵高原中部，介于东经102°10′～103°40′、北纬24°23′～26°22′。北与四川省凉山彝族自治州相连，西南与玉溪市、东南与红河哈尼族彝族自治州毗邻，西与楚雄彝族自治州接壤，东与曲靖市交界。据第二次全国土地调查，昆明市土地总面积210.13万平方千米[2]。昆明是云南省省会、滇中城市群中心城市、国务院批复确定的中国西部地区重要的中心城市之一。昆明区位独特，位于东盟"10＋1"自由贸易区经济圈、大湄公河次区域经济合作圈、泛珠三角区域经济合作圈的交汇点，是中国面向东南亚、南亚乃至中东、南欧、非洲的前沿和门户，具有"东连黔桂通沿海、北经川渝进中原、南下越老达泰柬、西接缅甸连印巴"的独特区位优势[3]。

在地貌上，昆明市属于滇中中山湖盆高原地貌区，总体地势北部高、南部低，由北向南呈阶梯状逐渐降低。以湖盆岩溶高原地貌形态为主，红色山原地貌次之。境内最高点为拱王山主峰雪岭，海拔达4344.1米；最低点为金沙江与小江交汇处小河口，海拔

695 米；大部分地区海拔在 1500 ~ 2800 米。

在气候上，昆明市属北亚热带低纬高原山地季风气候。冬无严寒，夏无酷暑，年平均气温 16.5℃，年均降水量 1450 毫米，无霜期 278 天，四季如春，气候宜人，鲜花常年开放，草木四季常青，是著名的"春城"。

截至 2018 年末，昆明市辖 7 个市辖区（五华区、盘龙区、官渡区、西山区、东川区、呈贡区、晋宁区）、1 个县级市（安宁市）、3 个县（富民县、嵩明县、宜良县）、3 个自治县（石林彝族自治县、禄劝彝族苗族自治县、寻甸回族彝族自治县），共计 138 个乡镇（街道）。

据《2018 年昆明市国民经济和社会发展统计公报》[4]，2018 年全市地区生产总值（GDP）5206.90 亿元，按可比价格计算，比上年增长 8.4%。其中，第一产业增加值 222.16 亿元，增长 6.3%；第二产业增加值 2038.02 亿元，增长 10.0%；第三产业增加值 2946.72 亿元，增长 7.3%。三次产业对 GDP 增长的贡献率分别为 3.3%、47.4% 和 49.3%，分别拉动 GDP 增长 0.3、4.0 和 4.1 个百分点。全市人均生产总值 76387 元，增长 7.4%，按年均汇率折算为 11543 美元。2018 年末全市常住人口 685.0 万人，其中，城镇常住人口 499.02 万人，占常住人口比重的 72.85%。2018 年末全市户籍总人口 571.66 万人，其中，城镇人口 352.74 万人，占 61.70%；农村人口 218.92 万人，占 38.30%。2018 年城镇常住居民人均可支配收入 42988 元，比上年增长 8.0%；农村常住居民人均可支配收入 14895 元，增长 8.7%。

二　昆明市国贫县（区）简况

在我国，除了东部沿海省市之外，一般而言，省会往往集中了整个省的资源和财富，因而是省内最富有的城市。然而，在脱贫攻坚战中，我国还有 9 个省会城市拥有 24 个国贫县（区）（见表 2 - 1），其中，石家庄市 4 个，哈尔滨市 1 个，太原市 1 个，呼和浩特市 1 个，兰州市 1 个，南宁市 3 个，昆明市 3 个，西宁市 2 个，拉萨市 8 个。

表 2 - 1　我国省会城市拥有的国贫县（区）

单位：个

名称	国贫县（区）数量	国家级贫困县（区）名称
石家庄市	4	行唐县、灵寿县、赞皇县、平山县
哈尔滨市	1	延寿县
太原市	1	娄烦县
呼和浩特市	1	武川县
兰州市	1	榆中县

名称	国贫县（区）数量	国家级贫困县（区）名称
南宁市	3	隆安县、马山县、上林县
昆明市	3	东川区、禄劝彝族苗族自治县、寻甸回族彝族自治县
西宁市	2	湟中县、大通回族土族自治县
拉萨市	8	城关区、堆龙德庆区、林周县、当雄县、尼木县、曲水县、达孜区、墨竹工卡县

表2-1表明，昆明市拥有的国家级贫困县（区）达3个，占了全国省会城市拥有国家级贫困县（区）总数（24个）的12.50%，占了昆明市所辖县（市、区）总数（14个）的21.43%。

在昆明市拥有的三个国家级贫困县（区）中，东川区为深度贫困区，禄劝彝族苗族自治县和寻甸回族彝族自治县均为我国少数民族山区较为贫困的国家扶贫开发工作重点县。

三 昆明市三个国贫县（区）的基本情况

从总体上看，昆明市的这三个国贫县（区）基本是集"山区、民族、老区、农业、贫困"为一体的县（区）。

（一）均为典型山区县（区）

昆明市三个国贫县（区）地处"两江一河"（金沙江、小江、普渡河）流域，总体地形由北向南呈阶梯状逐渐降低，多数地区海拔在1500～3200米，海拔最高点4344.1米（拱王山主峰雪岭），最低点695米（金沙江与小江交汇处小河口），高低悬殊达3649.1米，立体气候明显。

在云南农业生产和经济布局研究中，常把土地分为坝区和山区两类。坝区是最珍贵的土地资源，按《云南省第二次全国土地调查实施细则（农村部分）》，坝区（或称坝子）是指坡度≤8°、连片面积≥1平方千米的山间盆地、谷地和其他平地[5]。据第二次全国土地调查云南省坝区调查结果[2]，东川区、禄劝县、寻甸县坝区面积分别仅有0.41万公顷、1.20万公顷和4.46万公顷，坝区占土地总面积的比例（简称坝区比例）仅分别为2.20%、2.83%和12.43%。相应地，山区面积比例分别达97.75%、97.17%和87.57%。与云南省和昆明市平均值相比，东川区和禄劝县山区面积比例明显高于云南省和昆明市平均值；寻甸县山区比例虽低于云南省平均值，但明显高于昆明市平均值（见表2-2）。因此，总体上，昆明市三个国贫县（区）均为典型山区县（区）。

表 2－2　云南全省及昆明市三个国贫县（区）坝区与山区面积比例

单位：万公顷，%

行政区	土地总面积	坝区面积	坝区比例	山区面积	山区比例
云南省	3831.86	245.35	6.40	3586.52	93.60
昆明市	210.13	33.85	16.11	176.27	83.89
东川区	18.66	0.41	2.22	18.24	97.75
禄劝县	42.34	1.20	2.83	41.14	97.17
寻甸县	35.88	4.46	12.43	31.42	87.57

资料来源：《云南土地资源》（中国科学技术出版社，2014）。

据云南省农业区划委员会办公室编的《云南省不同气候带和坡度的土地面积》[6]，东川区、禄劝县和寻甸县地形坡度 >15°的坡地面积比例分别达 86.63%、76.98%、44.36%，其中 >25°的陡坡地面积比例分别达 60.36%、37.44%、11.85%。与云南省和昆明市平均值相比，东川区和禄劝县 >15°的坡地面积比例均高于云南省和昆明市平均值（见表 2－3）。从 >25°的陡坡地面积比例来看，东川区达 60.36%，远远高于云南省和昆明市平均值；禄劝县 >25°的陡坡地面积比例虽稍低于云南省平均值，但显著高于昆明市平均值。寻甸县 >15°的陡坡地面积比例和 >25°的陡坡地面积比例虽低于云南省和昆明市平均值，但总体上依然呈现山高坡陡的态势。

表 2－3　三个国贫县（区）不同坡度的土地面积比例及其与云南省、昆明市的对比

行政区	合计（%）	≤8°	8°～15°	15°～25°	25°～35°	>35°	水面等（%）
云南省	100.00	8.87	13.71	37.41	28.74	10.53	0.73
昆明市	100.00	22.96	25.01	29.90	14.60	5.97	1.56
东川区	100.00	4.46	7.05	26.27	31.06	29.30	1.84
禄劝县	100.00	4.03	18.50	39.54	23.86	13.58	0.50
寻甸县	100.00	22.20	32.90	32.51	9.89	1.96	0.53

资料来源：《云南省不同气候带和坡度的土地面积》（云南科技出版社，1987）。

正由于昆明市三个国贫县（区）均具有山高、谷深的典型山区县（区）特点，在气候上表现出另一种山区特性——立体气候。据云南省农业区划委员会办公室编的《云南省不同气候带和坡度的土地面积》[6]，云南省共划分出 7 个气候带，即北热带、南亚热带、中亚热带、北亚热带、暖温带、温带、寒温带。昆明市和东川区、禄劝县可划分出 6 个气候带（南亚热带、中亚热带、北亚热带、暖温带、温带、寒温带），寻甸县可划分出 5 个气候带（中亚热带、北亚热带、暖温带、温带、寒温带），表明昆明市三个国家级贫困县（区）立体气候非常明显（见表 2－4）。另外，东川区、禄劝县、寻甸县

暖温带、温带、寒温带面积比例合计数分别达 61. 15%、79. 32% 和 93. 01%，远远高于云南省平均值（41. 26%）。从海拔较高、热量条件最差的温带、寒温带面积比例合计数来看，昆明市三个国家级贫困县（区）均在 50% 以上，远远高于云南省平均值（24. 90%）和昆明市平均值（43. 90%），表明昆明市三个国贫县（区）多数地区海拔总体偏高，气候条件较差。

表 2 - 4   三个国贫县（区）不同气候带的土地面积比例及其与云南省、昆明市的对比

单位：%

行政区	合计	北热带	南亚热带	中亚热带	北亚热带	暖温带	温带	寒温带	水面等
云南省	100. 00	1. 23	19. 29	16. 69	20. 81	16. 36	16. 39	8. 51	0. 73
昆明市	100. 00	0. 00	0. 67	2. 34	20. 38	31. 16	40. 04	3. 86	1. 56
东川区	100. 00	0. 00	3. 74	13. 17	20. 11	10. 54	27. 83	22. 78	1. 84
禄劝县	100. 00	0. 00	1. 64	4. 88	13. 66	15. 45	57. 37	6. 50	0. 50
寻甸县	100. 00	0. 00	0. 00	0. 01	6. 44	29. 62	60. 46	2. 93	0. 53

资料来源：《云南省不同气候带和坡度的土地面积》（云南科技出版社，1987）。

（二）少数民族众多，其中禄劝和寻甸均为民族自治县

昆明市三个国贫县（区）中，禄劝彝族苗族自治县和寻甸回族彝族自治县均为少数民族自治县，占昆明市少数民族自治县总数（3 个）的 2/3。

禄劝县分布着彝、苗、傈僳等 23 个少数民族，2017 年末少数民族人口 15. 93 万人，占全县总人口（48. 73 万人）的 32. 70%。禄劝县少数民族达 23 个，尤其以彝族较多，其次为苗族，故被称为禄劝彝族苗族自治县。

寻甸县境内居住着回、彝、苗等 24 个少数民族，共计 13. 3 万人，占总人口（56. 3 万人）的 23. 6%，其中有少数民族建档立卡贫困户 1021 户 38251 人，占少数民族人口的 28. 8%。全县有宗教场所 216 所（其中清真寺 82 所、基督教堂 100 所、寺庙 34 所），有信教群众 8. 9 万人。

由于历史原因，东川区属于资源枯竭型城区，虽然不是民族自治县，但农村人口多，其中拥有一定数量的少数民族人口。世居少数民族主要有彝、回、布依和苗族，分布呈大杂居、小聚居的特点。

（三）均为革命老区县

禄劝县具有光荣的革命历史。1935 年、1936 年，红军长征两次经过禄劝，历时 12 天，途经 14 个乡镇、311 个村民小组，红色文化遗迹遍布境内。现今皎平渡镇的皎平渡口是毛泽东同志指挥中央红军主力成功抢渡金沙江、实现北上抗日重大战略转移的渡口。1999 年，禄劝县被中共云南省委、云南省人民政府批准确定为首批革命老区县

之一。

寻甸县也是云南省委、省政府批准确定的云南省首批革命老区县之一。1935 年 4 月和 1936 年 4 月，中国工农红军长征两次路经寻甸，留下了光辉的足迹和许多可歌可泣的动人故事，并发布了抢渡金沙江的"4·29"渡江令，长征精神代代相传。

东川也是革命老区。1935 年 4 月，中国工农红军第九军团长征经过东川，地处现今东川区拖布卡镇树桔村的"金沙江树桔渡口"成为中央主力红军巧渡金沙江三大渡口之一。1947 年后，东川人民勇敢地投入边纵斗争，为云南解放做出了贡献。2014 年，省委、省政府正式批准，补充确定东川为云南省解放战争时期革命老区县。

（四）基本是农业县（区）

从农业人口与非农业人口比例来看，据《云南统计年鉴 – 2014》[7]（能够查阅到农业人口与非农业人口数据的最新年份统计年鉴），禄劝县和寻甸县 2013 年末农业人口比例分别达 98.20% 和 97.38%，远超过云南省平均值（83.41%）和昆明市平均值（59.08%），是典型的农业县。东川区属于特殊的资源枯竭型城区，总体上以农业人口为主，2013 年末农业人口比例达 81.99%，大致与云南省平均水平相当，但远高于昆明市（59.08%），因而实际上也是典型的农业区（见表 2 – 5）。

表 2 – 5 云南全省及昆明市三个国贫县（区）2013 年末
农业人口比例及其与云南省、昆明市的对比

单位：万人，%

行政区	总人口	农业人口	非农业人口	农业人口比例
云南省	4686.60	3908.97	777.63	83.41
昆明市	657.90	388.70	269.20	59.08
东川区	27.70	22.71	4.99	81.99
禄劝县	40.50	39.77	0.73	98.20
寻甸县	46.50	45.28	1.22	97.38

资料来源：《云南统计年鉴 – 2014》。

从经济指标来看，第一产业（指种植业、林业、牧业、渔业，不含农林牧渔服务业）占生产总值的比例（简称第一产业占比）较高，尤其是禄劝县和寻甸县，其第一产业占比分别达 25.89% 和 26.28%，远远高于云南省和昆明市平均值；东川区尽管由于矿业缘故，第一产业占比低于云南省平均值，但也明显高于昆明市平均值。从农业总产值占工农业总产值的比例来看，禄劝县和寻甸县分别达 69.45% 和 48.77%，显著高于云南省和昆明市平均值；东川区尽管低于云南省平均值，但明显高于昆明市平均值[8]（见表 2 – 6）。

表 2 - 6　昆明市三个国贫县（区）2017 年第一产业比例和
农业总产值比例及其与云南省、昆明市的对比

单位：亿元，%

行政区	生产总值	第一产业	第二产业	第三产业	农业总产值（现价）	工业总产值（现价）	第一产业占生产总值的比例	农业总产值占工农业总产值的比例
云南省	16376.34	2338.37	6204.97	7833.00	3872.93	11559.51	14.28	25.10
昆明市	4857.64	210.13	1865.97	2781.54	366.38	3323.92	4.33	9.93
东川区	91.87	6.37	46.43	39.07	14.45	89.64	6.93	13.88
禄劝县	91.19	23.61	23.95	43.63	43.98	19.35	25.89	69.45
寻甸县	89.89	23.62	26.35	39.92	42.37	44.50	26.28	48.77

资料来源：《云南统计年鉴 - 2018》。

（五）均为国家扶贫开发重点县（区）

我国于 1986 年第一次确定贫困县（区），其标准是：按 1985 年农民人均纯收入计算，农区县低于 150 元、牧区县低于 200 元、革命老区县低于 300 元的，即列入国家扶持贫困县（区）范围。当年共确定了 331 个国家重点扶持贫困县（区）。东川区、禄劝县和寻甸县均被列入国家重点扶持贫困县（区）。此后进行过三次调整。

1994 年，颁布实施《国家八七扶贫攻坚计划（1994—2000 年）》，对贫困县（区）进行了第一次调整。按照 1992 年农民人均纯收入超过 700 元的县（区）一律退出、低于 400 元的县（区）全部纳入的方法，在全国范围内确定了 592 个国家重点扶持贫困县（区）。昆明市三个国家级贫困县（区）均被列为全国扶贫攻坚贫困县（区）。

2001 年，我国颁布实施《中国农村扶贫开发纲要（2001—2010 年）》，对国家重点扶持的贫困县（区）进行了第二次调整，贫困县（区）改称国家扶贫开发工作重点县（区）。按照集中连片的原则，国家把贫困人口集中的中西部少数民族地区、革命老区、边疆地区和特困地区作为扶贫开发的重点，并在上述四类地区确定扶贫开发工作重点县（区）[9]。全国共确定 592 个重点县（区）作为扶贫开发的重点区域。东川区、禄劝县和寻甸县均为国家扶贫开发工作重点县（区）[10]。

2011 年，我国又颁布实施《中国农村扶贫开发纲要（2011—2020 年）》[11]，对国家重点扶持的贫困县（区）进行了第三次调整。本次调整结果，东川区、禄劝县和寻甸县依然为国家扶贫开发工作重点县（区）。

昆明市三个国贫县（区）2014～2017 年农民人均可支配收入[12][13][14][15]不仅显著低于全国、云南省和昆明市的平均水平，而且在全省居于低下水平。由表 2 - 7 可见，一方面，云南省农民人均可支配收入在全国一直处于倒数位置，例如，2015～2017 年云南省在全国 31 个省（区、市）中均居倒数第四位，表明云南省农民人均可支配收入水平

的低下；另一方面，昆明市三个国贫县（区）农民人均可支配收入在云南省一直居于倒数位置，例如，2015 年东川区、禄劝县和寻甸县农民人均可支配收入在全省 129 个县（市、区）中分别位居倒数第七位、倒数第十五位和倒数第十八位，这足以表明这三个国贫县（区）农户收入水平的低下。

表 2 - 7　昆明市三个国贫县（区）2014 ~ 2017 年农民人均可支配收入及其在云南省的位次

年份	农村常住居民人均可支配收入（元）						云南省在全国的位次	昆明三县（区）在云南省的位次		
	全国	云南省	昆明市	东川区	禄劝县	寻甸县		东川区	禄劝县	寻甸县
2014	10489	7456	10366	5765	5920	6113	27	119	116	112
2015	11422	8242	11444	6405	6595	6803	28	123	115	112
2016	12363	9020	12555	7078	7301	7524	28	122	114	111
2017	13432	9862	13698	7800	8046	8299	28	121	114	110

第二节　昆明市农村贫困的基本特点

从贫困现状来看，昆明市三个国贫县（区）主要呈现贫困面广、贫困程度深、贫困发生率较高、扶贫任务重等显著特点。

一　贫困面广

从贫困乡来看，据统计，昆明市三个国贫县（区）2014 年建档立卡识别贫困乡有 18 个贫困乡镇（见表 2 - 8），占三个县（区）乡镇（街道）总数（40 个）的 45.00%。从三个贫困县（区）来看，贫困乡最多的是东川区，有 8 个贫困乡，贫困乡比例达 100%；次为寻甸县，有 8 个贫困乡，贫困乡比例达 50%；贫困乡最少的是禄劝县，有 2 个贫困乡，贫困乡比例 12.50%，但这并不意味着禄劝县贫困面不广，实际上禄劝县是贫困面广量大、贫困程度较深的典型山区贫困县。

表 2 - 8　昆明市贫困乡情况

单位：个，%

贫困县（区）名称	乡镇（街道）总数	贫困乡数	贫困乡名称	贫困乡比例
合计	40	18		45.00
东川区	8	8	乌龙镇、汤丹镇、因民镇、阿旺镇、铜都街道、拖布卡镇、红土地镇、舍块乡	100.00

续表

贫困县（区） 名称	乡镇（街道） 总数	贫困乡数	贫困乡名称	贫困乡比例
禄劝县	16	2	马鹿塘乡、则黑乡	12.50
寻甸县	16	8	功山镇、甸沙乡、七星镇、先锋镇、 鸡街镇、柯渡镇、金源乡、联合乡	50.00

从贫困村来看，据统计，昆明市三个国贫县（区）共有贫困村（社区）378 个，占三县（区）行政村（社区）总数（528 个）的 71.59% 和有扶贫开发任务的村委会（社区）总数（508 个）的 74.41%。从三县（区）40 个乡镇（街道）（见表 2-9）来看，贫困村最多的是铜都街道和汤丹镇，均达 23 个贫困村；次为拖布卡镇、阿旺镇和红土地镇，贫困村分布有 18 个、15 个、15 个；再次为乌龙镇、河口镇、因民镇、功山镇、翠华镇、九龙镇、则黑乡、柯渡镇、六哨乡、鸡街镇，这 10 个乡镇均有 10~14 个贫困村；汤郎乡、转龙镇、凤合镇、舍块乡、中屏镇、乌东德镇、马鹿塘乡、乌蒙乡、羊街镇、联合乡、甸沙乡、雪山乡、塘子街道、金所街道、金源乡、云龙乡、七星镇、先锋镇、撒营盘镇、皎平渡镇、仁德街道、倘甸镇均有 5~9 个贫困村；只有茂山镇、屏山街道和团街镇 3 个镇（街道）贫困村个数少于 5 个。从贫困村比例（这里指贫困村个数占有扶贫开发任务的行政村和社区总数的比例）来看，因民镇、乌龙镇、红土地镇、拖布卡镇、舍块乡、汤郎乡、乌东德镇、雪山乡和联合乡 9 个乡镇贫困村比例均达 100%，六哨乡和鸡街镇贫困村比例亦突破 90%，乌蒙乡、甸沙乡、汤丹镇、阿旺镇、塘子街道、河口镇、云龙乡、七星镇、则黑乡、柯渡镇、功山镇和马鹿塘乡 12 个乡镇（街道）贫困村比例均在 80%~89%，金源乡、翠华镇、金所街道、转龙镇、凤合镇、九龙镇、羊街镇、先锋镇、铜都街道和中屏镇 10 个乡镇（街道）贫困村比例亦均在 61%~78%，只有 7 个乡镇（街道）贫困村比例在 60% 以下。

表 2-9　昆明市三个国贫县（区）贫困村一览

乡（镇）	有扶贫任务的 村委会（社区） 总数（个）	贫困村数 （个）	贫困村名称	贫困村比例 （%）
三个县（区） 合计	508	378	—	74.41
东川区总计	146	129	—	88.36
铜都街道	35	23	木树朗村、河里湾村、中殿村、鲁嘎箐村、赖石窝村、老村村、奔多村、陷塘村、小牛厂村、龙洞村、野牛村、李子沟村、箐口村、磨盘山村、块河村、嘎德村、梨坪村、梅子村、达德村、姑海村、岩脚村、紫牛村、新村村	65.71

续表

乡（镇）	有扶贫任务的村委会（社区）总数（个）	贫困村数（个）	贫困村名称	贫困村比例（％）
汤丹镇	26	23	江西村、中山村、达朵村、竹山村、新发村、三家村、杉木村、元宝村、新寨村、同心村、新桥村、石庄村、中河村、梨坪村、弯腰树村、田坝村、黄草坪村、大地坡村、海子村、姑庄村、望厂村、小河村、洒海村	88.46
因民镇	13	13	槽子街村、联盟村、炉灯村、瓦岗寨村、红山村、小水井村、火麻箐村、青龙山村、大箐村、桃树坪村、天生塘村、牛厂坪村、田坝村	100.00
阿旺镇	17	15	石门村、海科村、发罗村、拖落村、木多村、小营村、鲁纳村、关中村、大石头村、双龙村、岩头村、新碧嘎村、安乐村、芋头塘村、阿旺村	88.24
乌龙镇	14	14	跑马村、坝塘村、包包村、店房村、瓦房村、元子村、大水井村、马店村、水井村、半坡村、土城村、大村子村、坪子村、碑棋村	100.00
红土地镇	15	15	二坪子村、法者村、蚂蟥箐村、炭房村、银水箐村、松毛棚村、茅坝子村、花沟村、仓房村、龙树村、新乐村、大坪子村、石羊厩村、蚌德村、新田村	100.00
拖布卡镇	18	18	苦桃树村、小陷塘村、西瓜地村、大树脚村、松坪村、格勒村、奚家坪村、新店房村、桃元村、安乐箐村、上水坪村、大荒地村、象鼻村、坡头村、播卡村、树桔村、新街村、布卡村	100.00
舍块乡	8	8	白鹤村、新山村、九龙村、舍块村、团结村、新和村、云坪村、茂麓村	100.00
禄劝县总计	189	115	—	60.85
屏山街道	18	2	克梯村、马鞍鞯村	11.11
茂山镇	10	4	挪拥村、至租村、甲甸村、归脉村	40.00
云龙乡	7	6	金乌村、拥箐村、联合村、云利村、新合村、新山村	85.71
团街镇	8	1	治安村	12.50
中屏镇	13	8	书多村、植桂村、拖井村、康井村、法格村、北屏村、安福村、高桂村	61.54
撒营盘镇	18	5	康荣村、德嘎村、升发村、三合村、坎邓村	27.78
皎平渡镇	11	5	卢家坪村、大荞地村、发展村、平定村、老坪子村	45.45
汤郎乡	9	9	吴家村、封过村、汤郎村、普模村、典文村、代家村、板桥村、细柞村、羊槽村	100.00
乌东德镇	8	8	达作卧村、阿巧村、太平村、中村村、大松树村、新村村、汤德村、噜基村	100.00
马鹿塘乡	10	8	新槽村、老木德村、普德村、普福村、通龙村、马鹿塘村、赊角村、麻科作村	80.00

乡（镇）	有扶贫任务的村委会（社区）总数（个）	贫困村数（个）	贫困村名称	贫困村比例（%）
翠华镇	17	12	汤郎箐村、宏德村、初途村、兆乌村、头哨村、新民村、大松园村、噜姑村、沿河村、新华村、迤途村、纳岔村	70.59
九龙镇	18	12	树渣村、九华村、麻地村、河东村、木克村、德善村、里块村、功德村、文林村、民权村、沙鱼郎村、三哨村	66.67
则黑乡	13	11	民安乐村、打车村、炭山村、拖木嘎村、花椒园村、包谷山村、卡租村、凳子山村、荨麻箐村、则黑村、贵城村	84.62
转龙镇	13	9	恩祖村、则邑村、黄栎树村、浪泥塘村、中槽子村、大水井村、老槽子村、噜鲁村、以代块村	69.23
乌蒙乡	9	8	施宽村、卡机村、幸福村、乐作泥村、舍姑村、大麦地村、基鲁村、乌蒙村	88.89
雪山乡	7	7	石城村、基多村、哈衣村、拖木泥村、舒姑村、丰租村、乐乌村	100.00
寻甸县总计	173	134	—	77.46
仁德街道	9	5	和平村、道院村、中桥村、北观村、建设村	50.00
塘子街道	8	7	塘子村、麦场村、团结村、云集村、易隆村、三支龙村、坝者村	87.50
羊街镇	12	8	甸心村、甸龙村、多合村、清水沟村、大刘所村、新街村、甜荞地村、长冲村	66.67
柯渡镇	13	11	可郎村、新庄村、乐朗村、木刻村、松林村、长箐村、新村村、猴街村、新沙村、磨腮村、柯渡村	84.62
倘甸镇	12	5	鲁嘎村、竹园村、骂秧村、虎街村、计施宽村	41.67
功山镇	16	13	八岔哨村、朵马嘎村、横山村、羊毛冲村、杨柳村、白龙村、尹武村、云龙村、以则村、哨上村、三保村、纲纪村、棵松村	81.25
河口镇	16	14	化桃箐村、海嘎村、白石岩村、米德卡村、十甲村、糯基村、北大营村、黑箐村、沙谷渡村、水冒天村、撒米落村、双龙村、鲁撒格村、鲁冲村	87.50
七星镇	7	6	腊味村、必寨村、戈必村、江格村、高田村、江外村	85.71
金所街道	10	7	泽铁村、小多姑村、草海子村、清海村、新田村、摆宰村、张所村	70.00
先锋镇	9	6	鲁土村、大竹箐村、打磨箐村、木龙马村、白子村、大窝铺村	66.67
六哨乡	11	10	马鞍山村、恩甲村、拖期村、五星村、大村、龙泉村、柏栎村、横河村、五村村、板桥村	90.91
鸡街镇	11	10	鸡街村、泽和村、耻格村、极乐村、四哨村、古城村、彩己村、拖姑村、南海村、黑山村	90.91
凤合镇	13	9	务嘎村、发来古村、新城村、大麦地村、多姑村、驻基村、杨家湾村、合理村、大箐村	69.23

乡（镇）	有扶贫任务的村委会（社区）总数（个）	贫困村数（个）	贫困村名称	贫困村比例（%）
联合乡	8	8	马店村、北河村、联合村、三界村、发安村、凹子村、松棵村、落水洞村	100.00
金源乡	9	7	妥托村、小村、安秧村、高峰村、龙潭村、瓦房村、安丰村	77.78
甸沙乡	9	8	甸沙村、海尾村、治租村、鲁六村、红果树村、老村、兴隆村、苏撒坡村	88.89

注：东川区共有 165 个行政村（社区），其中，146 个村委会（社区）有扶贫开发任务；寻甸县共有 174 个行政村（社区），其中，173 个村委会（社区）有扶贫开发任务。本表统计的行政村（社区）总数系指有扶贫开发任务的村委会（社区）。

二　贫困程度深

在昆明市三个国贫县（区）中，东川区系全国闻名的深度贫困县（区）。东川曾有"铜都"的美誉，但同时也是全国著名的泥石流频发区，有"泥石流博物馆"之称。1958 年 10 月，设立地级市——东川市。1999 年 2 月，撤销地级东川市，设立县级东川区，划归昆明市管辖，东川市成为中国第一个因矿产资源枯竭、经济发展停滞而被降级的城市。2001 年 1 月，东川矿务局宣布破产。在扶贫开发上，1984 年，东川被列为国家级贫困市，是全国唯一的贫困地级市。1999 年撤市建区后，东川仍为全国 832 个国家级贫困县（区）之一。2016 年"五一"期间，云南财经大学精准扶贫第三方评估组受国务院扶贫办委托，奔赴东川区阿旺镇等 4 个乡镇（街道）进行精准扶贫工作成效第三方试评估，充分感受到了东川区农村的贫困状况。当地的领导干部给我们讲述了东川区首任区委书记总结提炼的东川"四破"：生态破坏、城市破旧、企业破产、希望破灭！这是这座城市落寞时的真实写照。2017 年，经省委、省政府研究，昆明市东川区被确定为云南省 27 个深度贫困县（区）之一 [《云南省扶贫开发领导小组关于确定我省 27 个深度贫困县的通知》（云贫开发〔2017〕35 号）]。回顾历史，东川的深度贫困，既有其特殊的历史因素，也有客观的现实因素和环境因素，是一个集"革命老区、生态脆弱区、地质灾害隐患区、老工业地区"为一体的贫困综合体。

禄劝彝族苗族自治县和寻甸回族彝族自治县虽然没有被列入深度贫困县（区）名单，但实际上这两个少数民族自治县的贫困程度也较深，明显超过省内外一般国家级贫困县（区）。

从深度贫困村来看，昆明市三个国贫县（区）378 个贫困村中，共有 176 个贫困村被列入云南省扶贫开发领导小组于 2018 年 2 月确定的《云南省深度贫困村名单》（云开组〔2018〕6 号）之中，深度贫困村比例（这里指深度贫困村个数占贫困村总数的比例）达 46.56%。其中，东川区有深度贫困村 86 个，深度贫困村比例达 66.67%；禄劝县有深度贫困村 83 个，深度贫困村比例达 72.17%；寻甸县因被列入云南省首批贫困退出摘帽县之一，最终确定的深度贫困村只有 7 个，深度贫困村比例为 5.22%。

从各乡镇（街道）的深度贫困村分布来看，以铜都街道、拖布卡镇最多，其深度贫困村数量均达 18 个；汤丹镇和红土地镇深度贫困村亦较多，分别达 17 个和 15 个；次为乌龙镇、翠华镇和九龙镇，其深度贫困村数量均达 10 个；则黑乡、转龙镇、汤郎乡、舍块乡、中屏镇、乌东德镇、乌蒙乡、雪山乡深度贫困村数量亦有 5 ~ 9 个（见表 2 - 10）。

表 2 - 10　昆明市三个国贫县（区）深度贫困村一览

乡（镇）	村（社区）总数（个）	贫困村数（个）	深度贫困村数（个）	深度贫困村名称	深度贫困村比例（%）
三个县（区）总计	508	378	176	—	46.56
东川区总计	146	129	86	—	66.67
铜都街道	35	23	18	河里湾村、小牛厂村、奔多村、赖石窝村、岩脚村、龙洞村、梨坪村、块河村、中殿村、李子沟村、箐口村、梅子村、姑海村、达德村、新村村、野牛村、陷塘村、紫牛村	78.26
汤丹镇	26	23	17	洒海村、梨坪村、元宝村、中河村、田坝村、新发村、小河村、海子村、同心村、三家村、望厂村、杉木村、弯腰树村、中山村、江西村、达朵村、新寨村	73.91
因民镇	13	13	2	桃树坪村、联盟村	15.38
阿旺镇	17	15	0	—	0
乌龙镇	14	14	10	碑棋村、店房村、大村子村、马店村、元子村、半坡村、坝塘村、水井村、大水井村、瓦房村	71.43
红土地镇	15	15	15	二坪子村、仓房村、大坪子村、新乐村、新田村、松毛棚村、法者村、炭房村、石羊厩村、花沟村、茅坝子村、蚂蟥箐村、蚌德村、银水箐村、龙树村	100.00
拖布卡镇	18	18	18	新街村、松坪村、布卡村、安乐箐村、大荒地村、小陷塘村、西瓜地村、新店房村、桃元村、树桔村、奚家坪村、上水坪村、播卡村、苦桃树村、坡头村、大树脚村、象鼻村、格勒村	100.00
舍块乡	8	8	6	舍块村、白鹤村、新山村、新和村、团结村、云坪村	75.00
禄劝县总计	189	115	83	—	72.17
屏山街道	18	2	1	马鞍鞯村	50.00

续表

乡（镇）	村（社区）总数（个）	贫困村数（个）	深度贫困村数（个）	深度贫困村名称	深度贫困村比例（％）
茂山镇	10	4	2	至租村、甲甸村	50.00
云龙乡	7	6	4	拥箐村、联合村、云利村、新合村	66.67
团街镇	8	1	0	—	0
中屏镇	13	8	6	拖井村、康井村、法格村、北屏村、安福村、高桂村	75.00
撒营盘镇	18	5	2	德嘎村、升发村	40.00
皎平渡镇	11	5	3	发展村、平定村、老坪子村	60.00
汤郎乡	9	9	7	汤郎村、普模村、典文村、代家村、板桥村、细柞村、羊槽村	77.78
乌东德镇	8	8	6	太平村、中村村、大松树村、新村村、汤德村、噜基村	75.00
马鹿塘乡	10	8	4	普德村、普福村、通龙村、马鹿塘村	50.00
翠华镇	17	12	10	初途村、兆乌村、头哨村、新民村、大松园村、噜姑村、沿河村、新华村、迤途村、纳岔村	83.33
九龙镇	18	12	10	麻地村、河东村、木克村、德善村、里块村、功德村、文林村、民权村、沙鱼郎村、三哨村	83.33
则黑乡	13	11	9	炭山村、拖木嘎村、花椒园村、包谷山村、卡租村、凳子山村、荨麻箐村、则黑村、贵城村	81.82
转龙镇	13	9	8	则邑村、黄栎树村、浪泥塘村、中槽子村、大水井村、老槽子村、噜鲁村、以代块村	88.89
乌蒙乡	9	8	6	卡机村、幸福村、乐作泥村、舍姑村、大麦地村、基鲁村	75.00
雪山乡	7	7	5	哈衣村、拖木泥村、舒姑村、丰租村、乐乌村	71.43
寻甸县总计	173	134	7	—	5.22
仁德街道	9	5	0	—	0
塘子街道	8	7	0	—	0
羊街镇	12	8	0	—	0
柯渡镇	13	11	2	长箐村、磨腮村	18
倘甸镇	12	5	0	—	0
功山镇	16	13	0	—	0
河口镇	16	14	0	—	0
七星镇	7	6	0	—	0
金所街道	10	7	0	—	0
先锋镇	9	6	1	白子村	16.67
六哨乡	11	10	1	五村村	10.00
鸡街镇	11	10	0	—	0
凤合镇	13	9	0	—	0

乡（镇）	村（社区）总数（个）	贫困村数（个）	深度贫困村数（个）	深度贫困村名称	深度贫困村比例（%）
联合乡	8	8	2	落水洞村、松颗村	25.00
金源乡	9	7	0	—	0
甸沙乡	9	8	1	兴隆村	12.50

注：本表统计的寻甸县行政村总数系指有扶贫开发任务的村（社区）。

三 贫困发生率较高，扶贫任务重

据东川区、禄劝县和寻甸县扶贫办提供的贫困人口统计数据，截至 2018 年 12 月 31 日，昆明市三个国贫县（区）总计建档立卡贫困户 88521 户、贫困人口 326290 人，贫困发生率（这里指总计建档立卡贫困人口占 2014 年公安系统农业户籍人口数的比例）达 30.46%。其中，东川区总计建档立卡贫困户 28961 户、贫困人口 104511 人，贫困发生率达 56.94%，居昆明市三个国贫县（区）之首位；禄劝县总计建档立卡贫困户 26083 户、贫困人口 91586 人，贫困发生率亦达 22.21%；寻甸县总计建档立卡贫困户 33477 户、贫困人口 130193 人，贫困发生率达 27.39%，居昆明市三个国贫县（区）之第二位。

在昆明市三个国贫县（区）的 40 个乡镇（街道）中，均有不同数量的贫困户和贫困人口，但各乡镇（街道）的贫困发生率差异较大（见表 2-11）：乡镇（街道）贫困发生率最高的是乌龙镇、舍块乡，分布达 76.87%、62.78%；次为六哨乡、拖布卡镇、甸沙乡、红土地镇、铜都街道、因民镇、阿旺镇，其贫困发生率均超过 50%；贫困发生率最低的是屏山街道、羊街镇、塘子街道、团街镇、仁德街道，贫困发生率均在 10% 以下，其中以仁德街道贫困发生率最低，为 3.84%。

表 2-11 昆明市三个国贫县（区）各乡镇贫困发生率

乡镇（街道）	总计建档立卡贫困人口		2014 年公安系统农业户籍人口数（人）	贫困发生率（%）
	户数（户）	人口数（人）		
三个县（区）总计	88521	326290	1071110	30.46
东川区总计	28961	104511	183538	56.94
铜都街道	5655	20502	35704	57.42
汤丹镇	4778	15703	34660	45.31
因民镇	1172	4411	7689	57.37
阿旺镇	4532	17865	32104	55.65
乌龙镇	3438	12358	16077	76.87

续表

乡镇（街道）	总计建档立卡贫困人口		2014 年公安系统农业户籍人口数（人）	贫困发生率（%）
	户数（户）	人口数（人）		
红土地镇	3653	12748	22094	57.70
拖布卡镇	4419	15874	27166	58.43
舍块乡	1314	5050	8044	62.78
禄劝县总计	26083	91586	412326	22.21
屏山街道	1113	3934	40373	9.74
茂山镇	1654	5560	35734	15.56
云龙乡	787	2492	9617	25.91
团街镇	509	1598	24294	6.58
中屏镇	1521	5365	18002	29.80
撒营盘镇	1921	6240	43903	14.21
皎平渡镇	1558	5740	21677	26.48
汤郎乡	1507	5452	13820	39.45
乌东德镇	1957	6630	15776	42.03
马鹿塘乡	1550	5013	19387	25.86
翠华镇	2776	9575	35989	26.61
九龙镇	2310	7992	42480	18.81
则黑乡	2074	7804	27614	28.26
转龙镇	2305	8335	34222	24.36
乌蒙乡	1174	4545	17633	25.78
雪山乡	1367	5311	11802	45.00
寻甸县总计	33477	130193	475246	27.39
仁德街道	452	1585	41251	3.84
塘子街道	628	2307	25868	8.92
羊街镇	1050	4099	43235	9.48
柯渡镇	1957	7609	36380	20.92
倘甸镇	2557	11264	40408	27.88
功山镇	3157	11299	37871	29.84
河口镇	2682	9474	32638	29.03
七星镇	1405	5617	17294	32.48
金所街道	1436	5629	31938	17.62
先锋镇	2028	7057	20316	34.74
六哨乡	2238	9578	16219	59.05
鸡街镇	2657	10558	29795	35.44
凤合镇	3588	15815	40402	39.14

续表

乡镇（街道）	总计建档立卡贫困人口		2014 年公安系统农业户籍人口数（人）	贫困发生率（%）
	户数（户）	人口数（人）		
联合乡	1715	6388	13156	48.56
金源乡	3139	11838	31022	38.16
甸沙乡	2788	10076	17453	57.73

　　根据乡镇（街道）贫困发生率的高低，将昆明市三个国贫县（区）的 40 个乡镇（街道）分为 5 个级别，分级标准见表 2 - 12。分级结果（见图 2 - 1）表明，昆明市三个国贫县（区）乡镇（街道）贫困发生率≥50% 的有 9 个，占统计乡镇（街道）总数（40 个）的 22.50%；贫困发生率在 30% ~ 50% 的乡镇（街道）有 10 个，占统计乡镇（街道）总数的 25.00%；贫困发生率在 10% ~ 30% 的乡镇（街道）有 16 个，占统计乡镇（街道）总数的 40.00%；贫困发生率在 5% ~ 10% 的乡镇（街道）有 4 个，占统计乡镇（街道）总数的 10.00%；贫困发生率 <5% 的乡镇（街道）只有 1 个，占统计乡镇（街道）总数的 2.50%。这表明，昆明市三个国贫县（区）有 87.5% 的乡镇（街道）贫困发生率在 10% 以上，有近 1/2 的乡镇（街道）贫困发生率在 30% 以上。可见，昆明市三个国贫县（区）的贫困程度较深，扶贫开发任务繁重。

表 2 - 12　昆明市三个国贫县（区）乡镇贫困发生率分级及乡镇数量统计

单位：%，个

	分级体系				
贫困发生率	≥50	50 ~ 30	30 ~ 10	10 ~ 5	<5
贫困发生率分级	I	II	III	IV	V
乡镇数	9	10	16	4	1
比例	22.50	25.00	40.00	10.00	2.50

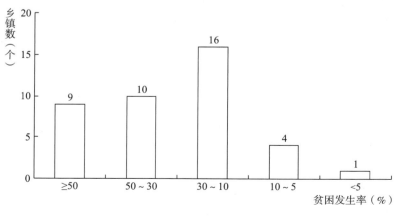

图 2 - 1　各贫困发生率等级的乡镇数对比

历经 30 多年的扶贫开发，昆明市贫困地区剩下的多半是"硬骨头"，尤其是东川区、寻甸县和禄劝县三个国贫县（区）的贫困人口大多居住在"两江一河"（金沙江、小江、普渡河）流域的边远山区、革命老区和少数民族聚居区，具有"山高、坡陡、谷深、弯多、路险"的基本特点，生态环境脆弱，地质灾害和其他自然灾害频繁，居住分散，贫困程度深，开发空间受限，开发成本较高，因病、因灾、因子女上学返贫现象突出，扶贫攻坚任务繁重。

同时，贫困山区交通等基础设施整体滞后，教育、医疗卫生等社会公共设施极不完善。据统计，昆明市三个国贫县（区）通路的自然村虽然占全部自然村的 92%，但通路的等级较低，晴通雨阻现象突出[1]。同时，群众面临饮水安全难、行路难、上学难、就医难、增收难、贷款难等诸多问题。产业基础薄弱、结构单一，群众收入主要来源于种植业、畜牧业、劳务输出三大项，大部分地区缺乏持续增收的支柱产业，发展后劲不足。加之贫困地区群众文化素质较低、观念落后、能力不足等因素，导致农民增收异常困难。

参考文献

［1］昆明市人民政府．昆明市扶贫开发规划（2016—2020 年）［EB/OL］．（2017 - 12 - 26）［2020 - 02 - 29］．http：//fpb. km. gov. cn/c/2017 - 12 - 26/2334221. shtml.

［2］杨子生，赵乔贵，辛玲．云南土地资源［M］．北京：中国科学技术出版社，2014：129 - 388.

［3］百度百科．昆明市［EB/OL］．https：//baike. baidu. com/item/昆明/161012？ fromtitle = 昆明市 &fromid = 406229&fr = aladdin.

［4］昆明市人民政府．2018 年昆明市国民经济和社会发展统计公报［EB/OL］．（2019 - 05 - 13）［2020 - 02 - 29］．http：//www. km. gov. cn/c/2019 - 05 - 13 /3007215. shtml.

［5］张耀武，余蕴祥，赵乔贵．云南省第二次全国土地调查实施细则（农村部分）［M］．昆明：云南人民出版社，2007：1 - 141.

［6］云南省农业区划委员会办公室．云南省不同气候带和坡度的土地面积［M］．昆明：云南科技出版社，1987：8 - 50.

［7］云南省统计局．云南统计年鉴 - 2014［M］．北京：中国统计出版社，2014.

［8］云南省统计局．云南统计年鉴 - 2018［M］．北京：中国统计出版社，2018.

［9］国务院．中国农村扶贫开发纲要（2001—2010 年）［EB/OL］．（2001 - 06 - 13）［2020 - 02 - 29］．http：//www. gov. cn/gongbao/content/2001/content_60922. htm.

［10］国务院扶贫开发领导小组办公室．中国农村扶贫开发概要［M］．北京：中国财政经济出版社，2003：1－58.

［11］国务院扶贫开发领导小组办公室．中国农村扶贫开发纲要（2011—2020年）干部辅导读本［M］．北京：中国财政经济出版社，2012：1－123.

［12］云南省人民政府办公厅，云南省统计局，国家统计局云南调查队．云南领导干部手册－2015［M］．昆明：云南人民出版社，2015：98－198.

［13］云南省人民政府办公厅，云南省统计局，国家统计局云南调查队．云南领导干部手册－2016［M］．昆明：云南人民出版社，2016：106－206.

［14］云南省人民政府办公厅，云南省统计局，国家统计局云南调查队．云南领导干部手册－2017［M］．昆明：云南人民出版社，2017：108－262.

［15］云南省人民政府办公厅，云南省统计局，国家统计局云南调查队．云南领导干部手册－2018［M］．昆明：云南人民出版社，2018：108－210.

第三章
昆明市国贫县（区）脱贫攻坚的主要特色

近年来，尤其是 2017 年 5 月成立昆明市脱贫攻坚指挥部以来，昆明市委、市政府深入贯彻落实党中央精准扶贫精准脱贫方略和重大政策，紧紧围绕"扶持谁、谁来扶、怎么扶、如何退"这四个核心问题，切实做到"六个精准"（扶持对象精准、项目安排精准、资金使用精准、措施到户精准、因村派人精准、脱贫成效精准），大力实施"七个一批"（发展生产脱贫一批、易地扶贫搬迁脱贫一批、生态补偿脱贫一批、务工增收脱贫一批、发展教育脱贫一批、社会保障兜底脱贫一批、健康救助脱贫一批[1]），取得了脱贫攻坚战的决定性胜利。与全国脱贫摘帽时间表相比，昆明市提前到 2018 年（即整整提前了 2 年）实现贫困县（区）全部摘帽，解决了市域内的整体贫困，这是前所未有的巨大成就，也是昆明市脱贫攻坚战的奇迹。每个国贫县（区）均结合县（区）情，积极开拓创新，高质量、富有特色地打赢了脱贫攻坚战。

第一节　寻甸县脱贫攻坚的主要特色

2014 年以来，中共寻甸县委、寻甸县人民政府坚持把脱贫攻坚作为头等大事和第一民生工程来抓，坚持以新时代扶贫开发战略思想为指引，紧紧围绕精准扶贫、精准脱贫要求，以脱贫攻坚统揽经济社会发展全局，围绕"两不愁三保障"目标任务，高位统筹谋划，实施"四个百日会战"，确定"七个一批"脱贫措施，从锁定目标任务、制定时间表、细化任务图，到全盘布局、全面发力，以最大的决心、最明确的思路、最精准的举措、超常规的力度，坚决打好新时代脱贫攻坚战[2]。

在这场脱贫攻坚战中，该县坚持党建引领、精准为先，牢牢把握产业增收、住房安全、基础提升、民生保障、廉洁脱贫五大关键，在决战决胜脱贫攻坚、全面建设小康社会的征程中迈出了新步伐，跑出了加速度，写下了新篇章，成为云南省第一批脱贫摘帽县[3]。

一　实干、苦干、拼命干，以"咬定青山不放松，撸起袖子加油干"的忘我和担当聚全县之力决战脱贫攻坚

（一）产业为根，紧扣"不愁吃、不愁穿"基本要求，找准路，开对方，勤劳群众持续增收，衣食无忧

一是推进"农业＋"，实现"一村一品，一户多产"。2017年，全县以推进农业供给侧结构性改革为主线，以发展高原特色都市现代农业为引领，通过政策拉动、能人带动、服务促动、科技推动、龙头舞动，大力发展烟、薯、菜、畜、禽等特色产业，实现每个贫困村有1~2个主导产业，每户贫困户有1~2个产业增收项目，全县农户持续增收。①栽好烤烟，5295户建档立卡贫困户20975人种植烤烟2246.67公顷，户均增收6102元。②排好洋芋，16136户贫困户54590人种植马铃薯4157.93公顷，户均增收2266元。③种好蔬菜，1566户贫困户4533名贫困人口种植蔬菜479.43公顷，户均增收2687元。④插好水稻，5770户贫困户21160名贫困人口种植水稻617.13公顷，户均增收680元。⑤育好肥猪，2017年，生猪出栏65.8万头，带动建档立卡贫困户4688户15693人，户均增收700元。⑥催壮牛羊，2017年，肉牛出栏11.06万头，带动建档立卡贫困户2797户9179人，肉羊出栏19.9万只，带动建档立卡贫困户427户1493人，户均增收700元以上。⑦养好土鸡，家禽出栏227万羽，带动建档立卡贫困户1807户5970人，户均增收700元。⑧厚植特色，积极推广中草药、工业辣椒、香瓜、食用菌等特色种植和稻田养鱼等新型养殖，带动722户2407人，平均每户贫困户增收近1500元。

二是推进"龙头＋"，实现"龙头带动减贫，政府撬动致富"。2017年，寻甸县抓好规划龙头，制定了全县产业扶贫的总体规划，特色产业专项规划和到乡、到村、到户产业扶贫方案和具体措施，以规划引领产业发展、促脱贫攻坚。抓好项目龙头，实施粮食作物高产创建项目、中央生猪调出大县项目、中央草原牧业示范项目和粮改饲试点项目，不断改善农业生产条件，提高农业综合生产能力。抓好企业龙头，全县遴选农业企业（合作社、大户）187家，因地制宜，采取"党支部＋企业（合作社）＋基地＋建档立卡贫困户""党支部＋能人大户＋建档立卡贫困户"等方式，通过土地流转、资金入股、合作经营、就地务工等生产经营模式，与贫困户建立合理、紧密、稳定的利益联结机制，实现资源变资产，资金变股金，农民变股民、变工人。抓好基地龙头，积极培育和壮大农业生产基地，充分发挥基地辐射作用，推动优势产业向优势区域集中，使重点产业上规模、上档次、上水平。抓好科技龙头，以科技为指导，依靠科技进步，依托云南农业大学科研基地、省种羊繁育推广中心和园区科技示范园，发挥种薯、种苗、种

树、种子、种羊、种牛等种业优势，大力发展优质烟薯、特色渔牧、新兴花药，促进农业生产向产业化、规模化、商品化和现代化转变。抓好园区龙头，以寻甸农特产品深加工园区为载体，着力引进和建设农垦、天使、晟农等农特产品深加工项目，推进一、二、三产融合发展。抓好宣传龙头，广泛宣传产业扶贫群众脱贫增收的先进做法和发展经验，让帮带企业、贫困户现身说法，引导群众转变生产观念，改善生产方式，加快推进高原特色现代农业发展。

三是推进"就业＋"，实现"一人外出务工，全家不再受穷"。寻甸县广泛拓展群众增收渠道，对全县 23.4 万名适龄劳动力情况进行精准摸底调查，分类实施扶持。对有劳动力但缺乏技能的贫困户实行免费技能创业培训，对有劳动力但没有就业渠道的贫困户加强组织协调促进就业，对有劳力、缺技能、外出务工难的"零务工"家庭，开辟公益性岗位实现就近就业，实现有劳务意愿的贫困户就业全覆盖。全面实施就业行动计划，与北京朝阳区、昆明主城区实行双向对接机制，在主城区设立 3 个劳务工作服务站，出台稳岗补贴办法，对有组织转移到县外城区稳定务工 6 个月的劳动力，每人每月发放 300 元稳岗补助，确保输得出、留得住、能致富。2017 年，寻甸县举办 142 个技能培训班，培训群众 20000 余人次，开展了 39 场供需见面会，批量组织输出 23 次，实现农村劳动力转移就业 32028 人，其中建档立卡贫困户 7210 人；农村劳动力转移收入 8.3163 亿元，其中建档立卡贫困劳动力转移收入 6004 万元。

四是推进"补助＋"，实现"有扶有补，有保有包"。寻甸是农业大县，农业人口众多，各级各类惠农扶持政策、补助资金，为全县农业发展和群众增收提供了稳妥的基础保障。产业扶持全覆盖。2017 年，寻甸县投入农业产业扶持资金 1.94 亿元，为每户贫困户提供 7000 元产业扶持资金，给予每个带动贫困户发展的龙头企业 3 万元至 5 万元奖励资金，通过企业带动、合作经营等方式，每户贫困户至少年增收 700 元。致富能手广帮带。首创并推广农村致富带头人帮扶协会，先后成立农村致富带头人帮扶协会 173 个，吸纳会员暨致富带头人 3947 人，带动 11072 户贫困户开展合作经营，贫困户累计经营收入 775.04 万元；流转 832 户贫困户土地 266.67 公顷，带动贫困户就业 11380 人，促进农户增收 500 余万元。金融扶贫助创业。对有贷款发展产业意愿、符合贷款条件的建档立卡贫困户进行精准识别、精准放贷，2017 年，按每户不超过 5 万元标准向 2303 户贫困户发放小额贷款 1.1150 亿元，帮助 8776 名贫困群众创业创收，确保金融扶贫"贷得到、用得好、还得上、能脱贫、逐步富"。生态补偿促增收。寻甸有清水海、牛栏江、黑颈鹤自然保护区等三个生态保护区，该县始终牢固树立"绿水青山就是金山银山"的发展理念，实现"一海一江一区"生态补偿全覆盖，2017 年，直接兑付生态补偿资金 1.61 亿元，其中补偿建档立卡贫困户 2587 万元。同时，在贫困人口中选聘 500

名生态护林员，年人均增收 1 万元；选聘 202 名常设护林员，年人均增收 8000 元。收益保险控风险。大牲畜养殖，风险最大的就是疾病和价格，该县通过认真研究分析，主动作为，投入 180 万元为养殖户购买大牲畜价格收益指数保险，以市场保底价对生猪、肉牛、肉羊养殖收益（收入）进行保险，兜住价格底线，降低产业扶持资金及养殖户风险，确保稳定增收可持续。兜底保障守底线。按照"应扶尽扶、应保尽保"的原则，将有劳动能力的低保家庭全部通过扶贫措施实现脱贫。对建档立卡贫困户中享受农村低保对象 1710 人，发放最低生活保障金 564.4 万元；特困供养 183 人，发放特困供养金 131.76 万元；临时救助 6695 人，发放救助资金 646.06 万元。确保绝对兜底，不漏一户、不漏一人。

（二）安居为要，围绕"农村危房全改造"奋斗目标，建新房，修老屋，家家户户窗明几净，焕然一新

一是精准实施易地搬迁，全面破解"一方水土养不活一方人"难题。严格按照"六类地区"（资源承载力严重不足地区、公共服务严重滞后且建设成本过高地区、地质灾害多发易发地区、国家禁止或限制开发地区、地方病高发地区、其他确需实施易地扶贫搬迁的地区[4]）标准，优先搬迁地质灾害多发、频发，居住在深山区，生存条件恶劣等不具备基本发展条件的贫困群众，精准锁定搬迁对象。以"搬得出、稳得住、能致富"为目标，组建易地扶贫搬迁分指挥部，因地制宜，精准制订搬迁方案，做到村庄规划与周边环境相映衬，与当地文化相融合，与产业发展、公共服务相衔接，充分体现村庄特色。坚持"往好处搬"，严格开展评估论证，做到"搬迁一个点、脱贫一个村、带动一批人"，科学确定安置点选址。结合群众意愿兼顾民族特色，坚守建设面积"底线"，设计多种户型选择，相对统一建筑风格，充分体现地域特色和民族风貌。同时，科学编制产业发展规划，明确"时间表"、制定"路线图"、拓宽"致富路"，为搬迁对象量身定制产业扶持措施，着眼长远保障增收。2017 年，共实施并完成 23 个易地搬迁点 976 户 3669 人、13 个宜居农房集中安置点 1039 户，所有搬迁群众喜上眉梢、乔迁新居。

二是科学建设安居住房，全面清零符合改造条件的农村危房。2017 年，寻甸县以清零符合改造条件的 50582 户农村危房为目标，精准聚焦建档立卡贫困户、低保户、农村分散供养特困人员、贫困残疾人家庭等"四类重点对象"[5]，全面覆盖其他符合条件且无改造能力的危房住户，开展"消灭危旧土房、建设美丽乡村"攻坚行动。结合实际制定《农村住房改造工程工作操作流程》，通过公开招投标的方式，选择有鉴定资质的中介机构逐村逐户开展危房鉴定工作，出具权威鉴定结果。对符合改造条件的农户，有针对性地编制改造方案，做到"一户一卡（表）、一户一方案、一户一承诺"。用好用足上

级补助政策，依法依规整合各块资金，优先用于经济上最困难、住房上最危险的贫困农户，兼顾覆盖改造愿望强烈、工作积极主动的危房住户，兜底统建无地可置、无钱可筹的低收入群众，构建"各炒一盘菜、共办一桌席"的农村危房改造工作格局。针对群众"想省钱，以传统方式建房"和"想争面子，扩大建房面积"的问题，在媒体宣传的基础上，充分利用帮扶干部和第三方鉴定机构力量，引导和改变群众建房观念，大力推广造价低、工期短、安全可靠的农村危房加固技术，鼓励采用修缮加固改造，严格控制新建比例，减少盲目攀比行为，切实减轻贫困群众建房负担。积极鼓励农户将更多的资金用来发展产业、增收致富，真正做到"建房为安居、安居好创业"。2017 年，全县"四类重点对象"农户农房拆除重建每户补助 5.1 万元，非"四类重点对象"补助 4 万元，修缮加固户均补助 2.1 万元，真正实现"建房为安居、安居好创业"的农村安全住房改造目标。

三是整体打造美丽乡村，全面改变脏乱差和破残污。坚持整村提升与脱贫攻坚紧密结合，以农村"七改三清"（改路、改房、改水、改电、改圈、改厕、改灶和清洁水源、清洁田园、清洁家园[6]）为抓手，借助"七改"补齐农村基础设施短板，聚力"三清"优化农村环境。采取统规统建、统规自建等方式，结合民族特色、自然条件和历史风貌，实行一村一规划、一村一方案，对 120 个深度贫困自然村配套实施通水、通电、道路硬化、集中排污以及建造垃圾焚烧炉或垃圾房、改善外观风貌等基础设施建设，改变脏乱差和破墙残壁原貌，实现人畜分离、村庄整洁、干净卫生。引导群众树立自筹自建为主、扶持为辅的观念，共建美好家园，提高群众认可度。同时，在工程项目建设过程中，同步推进拆旧及环境整治工作，聘用低收入贫困户为乡村保洁员，全面提升村容村貌，实现"群众增收"和"家园美丽"双促进。

（三）教育为先，聚焦"阻断贫困代际传递"历史使命，改薄项、提质量，适龄学生一个不少，专心求学

一是出台一批好政策加强控辍保学。寻甸县共有在校学生 85261 人，其中义务教育阶段 56576 人。2017 年，寻甸县紧紧围绕"提高入学率，降低辍学率"要求，不断强化"义务教育阶段零辍学"底线意识。在制度保障上，寻甸县制定了《寻甸回族彝族自治县发展教育脱贫一批工作实施细则》《寻甸县义务教育精准控辍保学工作方案》，从依法控辍、精准控辍等方面制定具体措施。在责任落实上，寻甸县按照"精准识别、动态管理"原则，摸清底数、瞄准对象，采取签订责任状、划片、驻点、联校、包生等方式，落实控辍保学"双线十人制"、承包责任制、动态归零督导制和"一票否决"制，层层落实责任，把控辍保学目标任务纳入对村委的考核内容中。在工作方法上，寻甸县动员全县所有学校全面开展走访劝学活动，根据辍学原因，按照"一校一策、一生一

案、一生一责任人"方案解决问题，按时间节点扎实推进，实行动态销号，确保辍学学生及时返学和控辍保学工作形成长效机制。目前，县内义务教育阶段学生无一辍学。

二是实施一批重大工程改善办学条件。全县共有各级各类学校293所，其中义务教育阶段175所。寻甸县始终把义务教育基本均衡发展作为全县脱贫摘帽的前置条件，坚持问题导向，挂图作战，倒逼销号，强力推进。落实公共财政预算教育拨款增长、在校学生人均公共财政预算教育事业费支出和公用经费支出增长的财政对教育投入的"三个增长"。整合资金实施标准化校安工程，建设中小学安防监控系统和校园广播系统，增扩建校园面积等，实现教育"全面改薄"，办学条件大幅改善。2017年，寻甸县财政又专项安排7673万元用于义务教育均衡发展专项支出，12月，该县义务教育基本均衡发展以接近满分的成绩顺利通过了国家督导评估。同时，寻甸县切实落实乡村教师补助政策，由市、县两级共同出资，按乡村学校的生活条件和边远艰苦程度，对在校教师给予500～1900元不等的乡村教育补助，并对少数民族教师、双语教师分别提高20%、30%补助，推进教育教学质量全面发展。

三是落实一批惠民措施强化资助救助。落实政策补助，完善学生资助服务体系，认真落实寄宿生生活补助、营养改善计划、"两免一补"等教育扶贫政策。2014～2017年累计资助学生56.76万人次，补助资金3.91亿元，其中2017年资助学生16.3万人次，发放补助资金1.377亿元。争取社会资助，积极争取以泛海集团、昆明市城市投资集团为主的社会资助，全县广大干部职工开展"爱心助学"捐款，2017年，共争取资助资金3727.57万元，资助学生19250人次，确保学生不因贫失学、因贫辍学。建立公益基金，通过北京市朝阳区的牵线搭桥，由泛海公益基金会出资5000万元，在寻甸建立"泛海公益助学基金"，自2016年至2020年连续5年，基金会对寻甸建档立卡户、优抚家庭、城市低保户家庭、因灾因病致贫家庭当年考入大学的学生和在校大学生2000名，每人每年资助5000元，确保建档立卡贫困户学生不因贫辍学、初中和高中毕业后不因贫困影响继续接受相应阶段教育。

（四）健康为本，对标"没有全民健康就没有全面小康"基本保障，聚齐力，施好策，"健康扶贫30条"全面覆盖，人人受益

一是构筑"五重保障"，让贫困群众"看得起病"。基本医疗保险保障。建档立卡贫困人口在乡镇卫生院住院实施零起付线，按照分级诊疗、转诊转院的规范在定点医疗机构住院，合规医疗费用在一级、二级、三级联网结算医疗机构的报销比例分别达到95%、85%和80%。大病保险保障。建档立卡贫困人口大病报销起付线由原来的2万元降低为1万元，最高支付限额由原来的9.8万元提高到18.3万元。民政医疗救助保障。取消建档立卡贫困人口民政医疗救助起付线，年度累计救助封顶线不低于10万元。政

府兜底保障。建档立卡贫困人口通过基本医疗保险、大病保险、民政医疗救助后，自付部分仍然较高的，由政府进行兜底保障，确保住院医疗费用个人自付比例不超过 10%，门诊费用个人自付比例不超过 20%，年度个人自付累计费用不超过当地居民人均可支配收入。临时医疗救助保障。对建档立卡贫困人口和农村低收入人口，就医费用经各种保险报销和救助措施后，个人年度累计自付部分还有可能造成"因病致贫、因病返贫"的，通过申请审核再给予每人每年不超过 2 万元临时医疗救助。2017 年，建档立卡贫困人口健康扶贫医疗救助 155257 人次，医疗总费用 9257.68 万元，医保报销 6986 万元，民政救助 501.2 万元，政府兜底 891.9 万元，临时救助 61.3 万元，享受健康扶贫政策后个人实际支付 817.28 万元，仅占总费用的 8.83%。

二是落实"五项服务"，让贫困群众"方便看病"。全员免费参保服务。建档立卡贫困人口全员参加城乡居民基本医疗保险和大病医疗保险，个人缴费部分由政府全部兜底。2017 年，由财政补助 2303.2 万元，为全县 127960 名建档立卡贫困人口购买城乡居民基本医疗保险和大病医疗保险，确保建档立卡贫困人口全部享受城乡基本医疗保险和大病保险相关待遇。"先诊疗、后付费"及"一站式"结算服务。建档立卡贫困人口在"健康扶贫定点医院"（县第一人民医院、县中医医院和 16 家乡镇卫生院）看病就医实行"先诊疗、后付费"服务，无须缴纳住院押金，直接治疗。"健康扶贫定点医院"均开设"建档立卡贫困人口服务窗口"，实行"一站式"结算服务，医院对各类报销补偿资金统一进行垫付，建档立卡贫困患者只需缴清个人自付费用即可。大病集中救治服务。建档立卡贫困人口患 9 类 20 种大病的，优先安排集中救治。2017 年，全县罹患此类大病的建档立卡贫困人口有 1100 人，均由县第一人民医院联合省、市级医院按照"病人不动专家动"的原则实现 100% 救治，做到"一人一档一方案"。家庭医生签约服务。建档立卡贫困人口享受家庭医生签约服务，由家庭医生团队提供基本医疗、公共卫生和约定的健康管理服务。2017 年，全县组建家庭医生团队 179 个，签约建档立卡贫困户127960 人，随访服务 511828 人次。巡回医疗帮扶服务。由市、县级医院派出专家，与乡、村医生组成医疗帮扶小分队，定期对建档立卡贫困人口进行义诊、健康指导等巡回医疗帮扶服务。2017 年，累计巡回接诊贫困患者 26192 人次，免费发放药品价值 15.5 万元。

三是实现"四个提升"，让贫困群众"看得好病"。提升基础设施建设。投入 470 万元推进村卫生室标准化建设，实现 174 个村（社区）卫生室全部达标并投入使用；投入3000 万元对 4 个乡镇卫生院进行业务用房扩建，增加面积 7500 平方米，实现 16 个乡镇（街道）卫生院全部达标，并均建有中医馆（或中医科）；县第一人民医院和县中医医院均达到二级甲等医院标准。提升乡村医生执医能力。通过招录新增乡村医生 53 人，全县乡村医生共计 524 人，达到"每千服务人口不少于 1 名乡村医生"的标准，并组织乡村医生 468 人到昆明学院进行能力提升培训。提升医疗设备水平。投入 348 万元为 174 个村（社区）卫生室配备健康一体机、诊疗器械等医疗设备，极大地改善基层医疗卫生硬件设施，有效提升村卫生室的服务水平。提升县乡两级医疗服务水平。通过医院结对帮扶，由昆明市 16 家城市医院与寻甸 2 家公立医院、16 家乡镇（街道）卫生院建立长期稳定的对口支援和协作关系，上级医院派出医疗技术指导人员 1059 人次，培训基层人员 1821 人次，捐赠现金及医疗设备合计 475.4 万元，有效提升县、乡两级医疗机构的业务能力和硬件水平。

（五）基础为重，建强"基础设施配套"弱项短板，修好路，接通水，村村寨寨五网交织、旧貌换新颜

一是畅通路网。推进武倘寻、寻沾、功东高速建设，建成寻甸北收费站并投入使用。提升改造国道、完善县乡道路、硬化农村公路，全县 174 个村（社区）道路硬化率达 100%，自然村道路硬化率达 80%、通达率达 100%，通村道路危险路段均有防护措施。

二是升级电网。制订电力扶贫方案，实施农村电网升级改造项目 33 项，行政村通 10 千伏以上的动力电覆盖率达 100%，全部自然村均通 380 伏动力电且具备新增用户接入能力。

三是连通互联网。全县 174 个村（社区）及所在地学校和卫生室光纤网络实现全覆盖。全县广播电视用户 124878 户，行政村及所辖自然村广播电视覆盖率达 100%。

四是改造水网。全面完成 108 个村（社区）425 个村（居）民小组 18.513 万人的饮水安全巩固提升工程，实现农村饮水安全全覆盖。对照水利部、国家卫生健康委对人饮安全提出的水质、水量、方便程度、供水保障率四方面标准，完成覆盖全县的 1224 个水源点的水质检测工作，饮水安全有保障工作全面达标。

五是打造服务网。完成 121 个行政村村级活动场所、503 个村民小组活动场所建设。推动 111 项便民服务事项进入综合服务平台办理。结合农村党员冬春训，分片对贫困村村组干部进行集中轮训，提高村级便民服务水平和经济发展能力。2017 年，实现了包括 134 个省级贫困村在内的村（社区）集体经济全覆盖。

二　会干、能干、创新干，以"用心、用情、用脑、用智慧"的全心和投入，汇全民之智打造寻甸示范

（一）坚持党的领导、强化组织保证，落实脱贫攻坚一把手负责制，县、乡、村三级书记一起抓，为脱贫攻坚提供了坚强的政治保证

一是高位统筹、系统指挥，坚持政治引领上下"一条心"。县级组建总指挥部，由

县委书记、县长担任指挥长；分行业和乡镇（街道），成立 12 个分指挥部和 16 个战区指挥部，由县处级领导担任指挥长或副指挥长。总指挥部统揽全局，分指挥部和战区指挥部"双线"负责，形成上下联动、条块结合的"1＋12＋16"指挥体系，深入贯彻落实中央、省、市部署和政策要求。同时，建立工作同安排、同部署、同落实，数据统一、标准统一、步骤统一，领导力量融合、帮扶力量融合、督查力量融合的"三同三统一三融合"工作机制，确保全县一盘棋，不落一个人。

二是党建先行、提振精神，先锋示范引领干群"一家人"。坚持党建扶贫"双推进"，建立健全"书记抓、抓书记"的责任机制，调整撤换不合格的村党组织负责人 9 人，择优选派村（社区）党组织第一书记 173 人。实施农村党员带头致富、带领群众致富"双带"工程，教育、带动并帮扶贫困户通过勤劳增收实现脱贫目标。全面加强村级活动场所建设，提高村（社区）工作经费和村组长待遇。全面开展县级领导率先垂范深入战区指挥，科级干部以身作则深入村组驻村，帮扶干部真情帮扶、深入群众帮扶的"三深入"专项行动和补强精气神、补齐台账材料、补准数据库、补查问题户、补全安居房、补缺收入账，确保全面完成脱贫攻坚目标任务的"六补一确保"工作。党员亮身份、干部转作风，标配党徽、团徽和寻甸精准扶贫小红帽，始终坚持下沉到村到户，在一线拼搏，以政治之心、责任之心、务实之心、担当之心、创业之心、创新之心、为民之心、奉献之心、服从之心、廉洁之心等十心努力工作，争做"懂政治""懂纪律""懂业务""懂规矩""懂法治"的"五懂干部"，以"钉钉子"精神，推进脱贫攻坚，传递正能量。

三是广泛宣传、个个出力，强化队伍建设全员"一股劲"。在高速公路、干道沿线、乡镇村组刷有标语、绘有墙画。汇编《应知应会手册》、《脱贫攻坚 100 问》、"口袋书"等资料，做到人手一册。实施培训轮训，县、乡、村（社区）、组干部培训"全覆盖"，政策"一口清"。创刊《寻甸驻村扶贫》，举办脱贫攻坚摄影大赛、图书汇编、文艺巡演、歌曲征集等，在中央、省、市级媒体推出"寻甸脱贫攻坚"系列报道。全县 47 名县级领导、1800 名包村科级干部、11627 名机关党员干部放弃双休和节假日进村入户帮扶，896 名驻村队员真蹲实驻，179 所学校 20000 余名师生利用假期入户配合开展扶贫相关工作。同时，积极争取中央、省、市、县帮扶单位支持扶贫项目 831 个，形成脱贫攻坚的强大力量。

（二）坚持精准方略、提高脱贫实效，切实解决好扶持谁、谁来扶、怎么扶、如何退问题，确保扶贫扶到点上、润到根上

一是"严"字当前，精准管理。习近平同志指出："只有扶贫对象清楚了，才能因户施策、因人施策"[7]。为此，寻甸县把精准识别作为精准扶贫的"第一粒扣子"扣好，严格按照"五查五看"（查收入，看家庭收入的稳定性；查住房，看居住房的安全

稳固性；查财产，看贫富程度；查家庭成员结构，看家庭负担；查生产生活条件，看基本生产生活状况)、"三评四定"("三评"即内部评议，提交村组党员会评议，提交村组民会评议；"四定"即村委会初定，村民代表议定，乡审定，县确定)、"两公示一公告一比对"程序，采取统一识别标准、规范运行程序、民主推荐评定、公告公示监督等办法，精准锁定贫困对象。全面实行贫困对象实名制管理，认真分类建档、规范大数据平台，做到贫困对象底数清、问题清、对策清、任务清、责任清。开展动态管理，认真组织开展"回头看"和"走基层、深调研、找问题、补短板、促攻坚"等专项行动，做到"不漏评一人、不错评一户"。

二是"实"字当先，精准施策。围绕"减贫增收"这一核心，坚持因户、因人、因致贫原因施策，编制精准脱贫攻坚项目库，因地制宜实施基础设施、产业发展、社会事业、生态保护等民生工程，狠抓农村土地整治、危房改造、易地搬迁、地质灾害整村搬迁避让及工程治理、道路硬化、农田水利等项目建设，明确受益对象、实施内容、投资规模、进度安排、责任分解，切实提高项目精准度。制订财政专项扶贫资金整合、管理、使用实施方案和细则，完善以结果为导向的资金分配机制，集中用于解决脱贫攻坚中存在的突出问题、强化薄弱环节。

三是"准"字当头，精准退出。做到一户一本台账、一户一个计划、一户一套帮扶措施，明确工作进度和责任主体，确保产业发展扶持到村到户，生产生活条件改善到村到户，致富能力提升到村到户。16个乡镇（街道）由县级领导挂村指挥全覆盖，173个村（社区）驻村工作队全覆盖，包村联户全覆盖，坚持群众不脱贫、干部不脱钩。提升脱贫成效，按照村自查、乡复查、县初验程序，实行户户评估、村村检验、乡乡考核，层层签字确认。

（三）坚持加大投入、强化资金支持，充分发挥政府投入主体和主导作用，吸引社会资金广泛参与脱贫攻坚

一是对上千方百计争取支持"筹大款"。结合寻甸基础差、财力弱、缺口大等实际，全力争取各级支持，有效汇聚各方财力，全面做好脱贫攻坚资金保障工作。按照市级统计口径，2017年寻甸投入脱贫攻坚资金49.33亿元，其中：中央资金7.29亿元，是2016年的3.78倍；省级资金4.35亿元，是2016年的2.46倍；市级资金23.74亿元，是2016年的3.37倍；县级资金4.99亿元，是2016年的15.38倍；社会帮扶资金2.49亿元，是2016年的2.55倍，融资资金4.26亿元、易地扶贫搬迁资金2.21亿元。通过综合施策，打好"组合拳"，做好"加减法"，为全县脱贫攻坚提供了必要的财力保障。

二是对内调优结构精准投入"办大事"。整合涉农资金，清理盘活存量资金，合理安排增量资金，大力压减一般性支出，调整优化支出结构，集中有限财力投入脱贫攻

坚，实现项目投入精准、资金投入精准，确保"好钢用在刀刃上"。2017 年，安排农村安全住房改造资金 19.45 亿元，农村基础设施建设资金 15.87 亿元，生态发展资金 3.67 亿元，社会保障资金 2.44 亿元，专项扶贫资金 2.48 亿元，产业发展资金 1.94 亿元，教育脱贫专项资金 1.36 亿元，健康救助专项资金 0.45 亿元，基层组织建设资金 0.94 亿元，其他资金 0.73 亿元。扎实构建了"多个渠道进水，一个龙头出水"的脱贫资金投入新格局。

三是对外想方设法借力借帆"开大船"。制定《寻甸县平台公司融资资金管理暂行办法》，规范资金运作，加大平台公司融资工作力度，督促平台公司充分利用资产资源，投入全县脱贫攻坚工作。2017 年平台公司扶贫领域到位融资 4.26 亿元，易地扶贫搬迁资金 2.21 亿元。制定《寻甸县社会帮扶资金管理办法》，参照扶贫资金管理模式强化对帮扶资金的管理，加强统筹，高位推动，提升效益。积极寻求社会帮扶，315 家帮扶单位鼎力支持，全年到位社会帮扶资金 2.49 亿元。

（四）坚持从严要求、促进真抓实干，把全面从严治党要求贯穿脱贫攻坚工作全过程和各环节，确保真实脱贫，廉洁脱贫

一是落实挂图作战。坚持问题导向，实施"四个百日会战"，实行脱贫攻坚周例会制度，按月、按周制定下发脱贫攻坚任务清单，分解责任到人、时间到天，构建起横向到边、纵向到底的责任体系。执行一周一安排、一周一督查、一周一销号、一周一通报的"四个一"工作机制，做到项项有督查、项项有回应、项项有落实。

二是落实最严考核。把脱贫摘帽作为最大的政治任务，严格落实"挂包帮"、"转走访"和驻村扶贫工作季度测评和末位召回制度，在全市首创驻村队员微信签到制度。按照"群众不脱贫，干部就脱帽"的要求，实行最严考核标准，逐级压实责任，县委书记、县长向市委、市政府递交责任书，立下军令状，县、乡、村、组逐级签订脱贫攻坚责任书和军令状，挂钩帮扶领导干部与建档立卡贫困户签订脱贫责任承诺书，确保思想认识聚焦、精力投放到位、工作推进有力。

三是落实最严问效。开展"廉洁脱贫问效年"活动，把扶贫领域监督执纪工作纳入党风廉政建设责任制检查考核内容，严格落实扶贫领域监督执纪问责五项工作机制，对扶贫领域腐败和作风问题进行专项治理，组织开展扶贫领域专项巡察和专项纪律检查，严肃查处扶贫领域违纪违规问题。2017 年以来，通报扶贫领域违规违纪问题典型案例 16 批 35 起 89 人。

（五）坚持群众主体、激发内生动力，充分调动贫困群众积极性、主动性、创造性，用人民群众的内生动力支撑脱贫攻坚

一是注重扶贫与扶志相结合。坚持物质脱贫与精神脱贫并重，每月常态化在全县 16

个乡镇（街道）173个村（社区）开展驻村队员和贫困户面对面交流扶贫成效的"三讲三评"活动，通过第一书记和驻村扶贫工作队员讲帮扶情况，建档立卡贫困户讲脱贫情况，干部群众评第一书记和驻村扶贫工作队员扶贫成效，评建档立卡贫困户脱贫内生动力，讲出了村庄生活变化、评议了支部先锋作用、激发了群众内生动力。充分调动村党支部、驻村工作队的积极性和主动性，帮扶干部、驻村队员不断向群众灌输自力更生、艰苦奋斗的精神，引导群众不做局外人、不做旁观者、不做过路客，增强"想要脱贫"的主动性、"参与脱贫"的积极性，从源头上转变"等靠要"思想，变"要我脱贫"为"我要脱贫"。

二是注重扶贫与扶智相结合。深入推进学文化、学技能、比就业、比创业、比贡献的"两学三比"活动，增强发展动力，把教育、培训作为斩断穷根、阻断贫困代际传递的有力抓手，实施教育精准扶贫，组织专业技能培训，使脱贫攻坚的过程成为提升贫困群众素质的过程、成为增强贫困群众自我发展能力的过程，帮助贫困群众解决眼前生产生活困难，实现贫困群众共享改革发展成果，共同致富、同奔小康。常态化组织干部深入群众"拉家常""唠唠嗑"，把"打铁还靠自身硬""脱贫关键靠自己"的道理讲清楚，消除"等靠要"和"我该得"思想，纠正"不以贫为耻、反以贫为荣"的错误观念，自立自强兴家业，积极主动地参与到脱贫攻坚工作中。通过有针对性的"扶志、扶智、扶心、扶行"，贫困群众"胸怀志，充满智，立下心，践于行"，明白了幸福美好的生活不会从天而降，脱贫致富终归是要靠自己勤劳的双手来创造，懂得了"帮一时与帮一世""得鱼与得渔"的深刻道理。

三是注重短期和长效相结合。抓细抓准动态管理工作，及时掌握农村居民低保、医保、入学等情况变化，筛选疑似贫困对象，及时识别新致贫、返贫群众，针对性开展帮扶，消除群众的"心理不平衡"。在工作中不断优化改进帮扶方式，对有劳动能力的贫困家庭实行"按劳取酬、优先优酬"，把帮扶资金转化为产业投入、劳动报酬、公益岗位补贴，坚决杜绝简单给钱给物或无条件送股分红，让贫困群众在参与脱贫攻坚行动中树立信心，在新型就业中增强能力，在产业发展中勤劳致富。通过制定村规民约、深入开展"法律和法庭进村"等多种形式，坚决纠正骗取扶持、好逸恶劳、不履行法定义务等行为，引导群众自觉履行法定义务、社会责任、家庭责任，倡导新事新办、丧事简办、厚养薄葬，减轻贫困群众的人情礼俗负担。

三 思干、勇干、接着干，以"全面小康路上一个不能少"的恒心和韧劲，集全县之财（才）推进乡村振兴

寻甸贫困面广、贫困程度深，脱贫攻坚难度大，保持脱贫的稳定性和长期性任务更

为艰巨。在下步工作中，寻甸县将以产业为基、立志为本、机制为要，解决好收入、精神和保障上的可持续，打造稳定脱贫、可持续脱贫的"寻甸样板"；以"产业兴旺、生态宜居、乡风文明、治理有效、生活富裕"为总要求，全面推进乡村振兴战略，在全面小康的历史答卷上书写"寻甸篇章"。

（一）坚持久久为功，确保脱贫退出"稳得住"

坚决摈弃为脱贫而脱贫的思想，坚决不搞预期收入、"数字脱贫"，紧紧围绕"两不愁三保障"要求和"6、10、5"贫困退出指标体系，在"三率一度"上下功夫，以实实在在的收入、经得起检验的数据指标，确保贫困退出真实可靠、稳定不返。继续实行"领导联乡、部门包村、干部帮户"定点挂钩帮扶工作长效机制，坚持"政策不变、队伍不散、干劲不松、力度不减、人员不撤"。扎实抓好后续巩固提升工作，做到一村一个驻村帮扶工作队、一套后续巩固方案、一批巩固扶持项目，一户一个后续帮扶措施。建立风险防范机制，继续强化动态管理，对返贫户及新增贫困户，逐户逐人精准施策，及时开展帮扶工作，确保稳定脱贫。

（二）保持政策延续，确保社会保障"不减弱"

不断完善财政投入保障机制，加大财政投入，用足用好扶贫政策和扶贫资金，全力保障和提升困难群众生活水平。巩固提升义务教育均衡发展成果，做好控辍保学，持续落实"雨露计划""春蕾计划""泛海公益金"等惠民帮扶措施，对义务教育阶段以外的贫困户就读高中、职高、大学给予关爱帮扶，积极引导和鼓励社会力量参与特殊学生关爱服务工作，切实阻断贫困代际传递。继续提升基本公共卫生服务水平和医疗救助服务水平，持续落实《云南省健康扶贫 30 条措施》，巩固城乡居民基本医保、大病保险、商业保险、医疗救助"四道防线"。全面落实寻甸县《"十三五"脱贫攻坚规划实施方案》，健全和完善脱贫攻坚巩固提升项目库，持续改善安全饮水、电力保障、道路交通等基础设施，不断改善农村生产生活条件。

（三）强化志智双扶，确保勤劳致富"自愿干"

充分利用报纸、电视、网络、微信等主流媒体宣传扶贫政策，广泛开展典型宣传、成就宣传、政策宣传，深入开展"自强、诚信、感恩""两学三比"" 三讲三评"专题实践活动，鼓励典型脱贫户变身扶贫队员，进入扶贫队伍，引导群众自力更生、艰苦奋斗，激发贫困主体的内生动力，引导他们自觉感党恩、听党话、跟党走。继续落实对产业扶贫企业的鼓励政策，动员在外创业人士、致富带头人等本土人才返乡创业，不断壮大"致富带头人协会"，辐射带动低收入群众就近就业、持续增收。按照"菜单式"培训模式，对有产业发展、就业创业意愿的脱贫户实施农业实用技术和就业创业培训，加快劳动力转移就业；对有发展电子商务意愿的脱贫户，开展免费培训、创业孵化、合作对接和就业推荐，创造便利的创业条件。加大贫困人口技能培训和转移就业，促进农村人口转移就业增收，真正使农户既富"口袋"又富"脑袋"。

（四）加快产业发展，确保持续增收"有保障"

做好产业总体规划布局和配套设施建设，落实《寻甸县产业扶贫三年滚动规划（2018—2020年）》，按照县有项目库、乡有路线图、村有施工图的总体要求，找准自身优势，深挖县域特色，整合各类资源，积极打造"基础稳定、特色突出、品牌带动"、具有寻甸特色的"369"产业格局。"3"即巩固发展粮食种植、烤烟生产、生猪养殖等三个传统基础产业，"6"即发展壮大蔬菜、花卉、淡水鱼、食用菌、蜜蜂养殖、林下经济等六个特色产业，"9"即积极打造"一头牛""一只羊""一只鸡""一种薯""一篮果""一棵树""一味药""一丘田""一草地"等"九个一"品牌产业。在此基础上，市、县两级每年分别配套2000万元专项扶持资金，重点培育发展"牛、羊、鸡、薯"四个优势农业产业，持续提高农户收入。继续推行"党支部＋"模式，即以党支部＋龙头企业（合作社、基地、能人）＋贫困户，进一步完善龙头企业带动模式，通过托管帮扶、股份帮扶、资产收益等多元模式，构建起贫困户与龙头企业利益联结机制，激活产业放大效应、促进农户切实受益。实施集体经济强村计划，加大财政资金补助扶持力度，持续培育壮大村集体经济，推广"基层党组织＋农村电子商务"，鼓励农村基层党组织、党员骨干参与电商创业，形成"党建＋电商"新模式，切实提高村集体经济收入，确保到2020年村级集体经济收入稳定在5万元以上，增强基层党组织带富、领富堡垒作用。

（五）改善人居环境，确保群众生活"更幸福"

坚持以人民群众对美好生活的需求为目标，将改善农村人居环境工作作为让人民生活更幸福、更美好的重大政治任务和解决不平衡、不充分发展之间矛盾的重要措施来抓。持续改造新增危房，建立巩固完善危房改造责任到人、质量安全、低成本改造、动态识别、政策入户、提升水平等六个方面的长效机制，对由灾害、人为要素、时限造成的农村新增危房，在依据农村危房评定标准科学评定危房等级基础上，分类组织实施，确保质量安全，同时，注重体现地域特色、民族文化和建筑风貌，真正做到美丽宜居。持续提升生活环境，以农村"七改三清"为重点，进一步完善农村路、水、电和垃圾污水处理等生产生活设施，突出农村生活垃圾、污水治理，卫生改厕和村容村貌提升，切实搞好村庄公共区域、居民庭院清洁卫生，打造干净清洁、错落有致的村容村貌，建设一批宜居、宜业、宜游的美丽宜居乡村。持续推动城乡统筹，建立全新城乡关系，坚持城乡一起规划、统一部署、统筹推进，将创建文明城市活动与健全乡村治理体系有机结合起来，完善文明公约、村规民约，培育乡贤文化，引导广大农民群众讲文明、改陋习、树新风，促进"物的新农村"和"人的新农村"齐头并进、共同发展。

（六）坚持党建引领，确保小康车头"更强劲"

继续选好配强村"两委"班子，强化农村基层党组织和农村干部管理，提高农村基层党组织的凝聚力和战斗力，为持续稳定脱贫、全面建成小康社会奠定坚实基础。加强基层党支部书记培训力度，深化党员佩党徽亮身份、党员服务日、"三亮一评"、"三讲三评"、党员志愿服务等活动，引导党员积极发挥先锋模范作用。继续抓好"三会一课"、民主生活会等制度落实，让党组织活动常态化，切实做到扶贫工作推进到哪里，基层党的建设就开展到哪里，扶贫工作瞄准到哪里，基层党的建设就跟进到哪里，让扶贫工作和党建工作共同推进。

第二节　东川区脱贫攻坚的主要特色

近几年来，在省委、省政府和市委、市政府的坚强领导下，东川区全面贯彻习近平总书记精准扶贫思想和党中央脱贫攻坚各项方针政策，举全区之力推进精准扶贫、精准脱贫，全区整体达到现行脱贫摘帽标准。2019 年 4 月 30 日，云南省人民政府下发文件《云南省人民政府关于批准东川区等 33 个县（市、区）退出贫困县的通知》（云政发〔2019〕15 号），批准东川区退出贫困县（区）序列[8]。东川，终于从"四破"中迈出了可喜的"重生"之路，在振兴东川战略中写下了辉煌的一页。

一　立非常之志，谋非常之策，聚焦深度贫困，以"不破楼兰终不还"的坚强意志向深度贫困宣战

东川农村的深度贫困有其特殊的历史因素、现实因素和环境因素。东川区委、区政府没有被"四破"吓到，客观分析，精心谋划，立足深度贫困实际，以空前的决心、必胜的信心，抓住东川脱贫攻坚战的主要矛盾和矛盾的主要方面，确定出科学的脱贫战略。

（一）客观认识东川集"革命老区、生态脆弱区、地质灾害隐患区、老工业地区"为一体的贫困综合体特征

1. 东川是深度贫困地区

东川是云南省 27 个深度贫困县（区）之一，也是昆明市唯一的深度贫困县（区）。全区 8 个乡镇（街道）全部是贫困乡镇；146 个村（社区）有扶贫任务，129 个为贫困村（其中有 86 个为深度贫困村）。截至 2018 年 12 月 31 日，共有建档立卡贫困人口 28961 户 104511 人，贫困发生率达 56.94%。近几年来，已脱贫 28143 户 102508 人，其

中，2014～2017 年累计脱贫 15710 户 59021 人，2018 年脱贫 12547 户 43487 人，2018 年末全区贫困发生率下降到 1.09%。

2. 东川是革命老区

如前所述，1935 年，中国工农红军第九军团长征经过东川，东川金沙江树桔渡口成为中央主力红军巧渡金沙江三大渡口之一。2014 年，确定东川为云南省解放战争时期革命老区。

3. 东川是国家重点生态功能区

数千年的伐薪炼铜、毁林开荒、砍树烧炭等人为开发活动，导致生态系统遭到毁灭性破坏。2011 年，东川森林覆盖率仅为 22%。经多年奋斗虽已提高到 33%，但仍远远低于云南省 59.7% 的平均水平；喀斯特地貌分布面积占了土地面积的 93.5%，石漠化面积占土地面积的 54.4%。2016 年 9 月，国务院印发《关于同意新增部分县（市、区、旗）纳入国家重点生态功能区的批复》（国函〔2016〕161 号），将东川区纳入国家重点生态功能区[9]。

4. 东川是资源枯竭型城市

东川素有"天南铜都"之美誉。新中国成立之初，国家就将东川铜矿建设列为"一五"计划 156 个重点项目之一，在东川展开了浩浩荡荡的"万人探矿"工程。70 年来，为国防和经济建设做出了突出贡献。因铜矿资源逐渐枯竭，2009 年 3 月，国家确定东川为第二批资源枯竭型城市转型发展试点；2013 年 11 月，国务院印发《全国资源型城市可持续发展规划（2013—2020 年）》（国发〔2013〕45 号），将东川列为衰退型资源枯竭型城市[10]。

（二）抓住东川深度贫困县（区）脱贫攻坚的主要矛盾、难点任务和提质重点

1. 主要矛盾：住房安全问题

东川地处小江深大断裂带，是全国地震重点监视防御区，被列为云南省 9 度抗震设防烈度三个县（区）之一。辖区内农村危房数量较多，且大多数属土坯房和墙台梁，建设年代久远，严重威胁群众的居住安全。另外，两千多年的采矿史，铜矿源源不断地从东川采出、运走，形成了大量采空区、塌陷区和地质灾害隐患区，造成一些地方"一方水土养不活一方人"。解决群众的住房安全问题，难度最大，资金投入也最大，不打好这一当头炮，贫困退出将无从谈起。

2. 难点任务：发展产业和务工就业

东川境内山高谷深，沟壑纵横，最低海拔 695 米，最高海拔 4344.1 米，高低悬殊 3649.1 米，南北最大纵距 84.6 千米，东西最大横距 51.2 千米，地势陡峭，峰峦叠嶂，构成全境高山对峙、峡谷相间的地貌特征。在全区耕地面积仅占土地总面积的 6.78%，人均占有耕地 0.055 公顷（按农业人口计算），素有"九山半水半分田"之说，农业产业发展上不了规模，组织化程度不高。另外，农村劳动力文化素质不高，少数需照顾家庭的群众无法外出就业，就地就近实现就业较为困难。外出务工人员流动性大，就业质量不高。

3. 提质重点：就学、就医和基本公共服务有保障

东川基础底子薄、历史欠账多，由于山高坡陡，解决道路硬化、通水通电、通广播电视、通网络宽带等基础设施成本高、投入大。近年来，虽然教育医疗硬件条件得到了极大改善，但由于条件艰苦，教育、科技、卫生等专业技术人才引进难、留人难的问题较为突出，与东川经济社会发展要求极不适应。

二　行非常之举，成非常之事，不落一村一人，抓好"一达标两不愁三保障"落实

（一）搬出大山、搬掉贫困，易地搬迁挪穷窝

针对居住在"一方水土养不活一方人"的贫困山区群众，东川区把易地扶贫搬迁作为脱贫攻坚"头号工程"抓紧抓实。截至 2018 年 12 月底，累计实施易地扶贫搬迁 8740 户 32771 人（建档立卡搬迁对象 4987 户 18745 人），是全省城镇化安置率最高、后续保障最完善的易地扶贫搬迁项目。

一是聚焦"如何搬"科学统筹。通过干部一线听、专家实地看、群众评议定，研究制定了以进城集中安置为主，以易地搬迁推进城镇化建设的安置思路。在全区 15 个安置点中，13 个点实行集中安置，2 个点实行分散安置，城镇化安置率达 95.67%。

二是聚焦"搬得出"强力推进。创新采用设计施工总承包（EPC）模式推进城区大型安置点建设，在设计、采购、施工上统一组织，进一步缩短建设周期，确保项目质量高、推进快。以村民小组为单位成立搬家服务队，帮助群众销售农产品、处置物资、搬家运输，着力破解路途遥远搬家难问题。

三是聚焦"稳得住"贴心服务。把党的建设摆在易地扶贫搬迁首要位置，理顺"移民新区党工委—社区（小区）联合大党委—楼栋党组织—楼层（网格）党支部（党小组）"四级组织体系，组建安置点为民服务中心，为搬迁群众提供就业、社保、就医等公共服务。

四是聚焦"能脱贫"带动增收。引入农业龙头企业，全部流转易地扶贫搬迁进城安置群众土地，让搬迁群众安心进城务工就业。建立易地扶贫搬迁群众就业创业服务站，精准找岗、引岗、送岗、稳岗到户到人，推进扶贫车间建设，确保 8740 户易地扶贫搬迁家庭中有劳动能力家庭每户至少有 1 人就业。

五是聚焦"可融入"探索创新。以"讲感恩、讲诚信、讲法治"和"比发展、比和谐"为主要内容，在搬迁小区试点开展"新时代新民风"建设，建立激励奖惩机制，通过诚信超市、五星家庭等载体推动，调动搬迁群众参与积极性，进一步激发搬迁群众对小区的归属感和认同感，快速融入城市社区生活。

（二）应建尽建、应改尽改，危房改造住新房

按照"安全、实用、经济、美观"的要求，全力推进农村危房改造，2016 年至 2018 年 12 月底，实施完成农村危房改造 31136 户。

一是严格审核把关。严把登记、公示、审核等环节，委托第三方对辖区农村危房进行精准鉴定，按照"户申请→村评议→镇审核→区审批"程序，精准确定农村危房改造对象，做到底数清、情况明、对象准。

二是加强培训指导。统一编制农村危房改造施工图集，加大农村危房改造政策法规、标准规范、技术要点的培训力度，累计培训基层干部和技术工匠 3238 人次。聘请监理公司全程介入危房改造，层层严格把关，确保质量安全。

三是落实精准帮扶。采取"自建、帮建"等方式，开展农村建房互助活动，动员挂钩帮扶单位、驻区企业、社会各界筹资金、想办法，多渠道解决建房资金瓶颈问题。

四是强化统筹联动。将农村危房改造与"七改三清"行动相结合，统筹推进水、电、路和排污、垃圾处理等基础设施建设，建立完善"村清洁户干净"长效机制，进一步改善农村人居环境。

（三）政策驱动、平台助力，务工就业稳增收

紧紧抓住务工增收脱贫"关键一环"，进一步厘清工作思路，着力解决农村劳动力转移就业工作中"放任自流"、组织化程度不高等问题。截至 2018 年 12 月底，累计完成各类培训 81547 人次，提供就业岗位 135440 个，开发乡村公共服务岗位 5000 个，完成农村劳动力转移就业 66395 人次，实现户均 1 名技术明白人和户均就业 1 人目标；符合参保条件的建档立卡贫困人口 100% 参加了城乡居民养老保险和医疗保险（含大病保险）。

一是挖存量。挖掘区内重点项目、重点工程用工潜力，要求每个重点项目为建档立卡贫困劳动力提供不低于项目总用工量 30% 的就业岗位，促进建档立卡贫困劳动力就近就地就业。

二是建队伍。组建 5 个外出务工人员服务联络站，负责区外劳务市场开拓；组建 125 人的就业扶贫工作队，送岗到村到户到人；成立 200 人的农村劳务经纪人队伍，穿针引线、牵线搭桥，实现劳动力供需对接。三支队伍分工协作，拧成一股绳，实现了就业扶贫"对内对外"的无缝对接。

三是抓培训。采取集中培训、定向培训，以及定岗、订单式培训等方式，对有能力、有意愿、有条件的贫困劳动力家庭开展一次以上就业创业技能培训和就业推荐，力促"培训一人、就业一人、脱贫一户"。

四是搭平台。推进春风行动、城乡居民基础信息统计、就近就地转移就业等"六大就业扶贫行动"，与昆明市主城区、北京朝阳区、上海普陀区等地建立劳务输出合作机制，通过"政府搭台、市场运作、订单培训、定向输送、定点就业、全程服务"，促进贫困劳动力转移到区外就业。2018年4月，东川区组建的"百人就业扶贫队"抓实务工增收典型案例入选人社部2018年全国人社行业扶贫40个典型案例；2019年6月，人社部在武汉市举办第二届全国创业就业服务展示交流活动，东川就业扶贫荣获全国"优秀项目奖"。

（四）一村一品、一户一业，产业到户强支撑

实施"5+3"增收计划［5项到户增收措施：一亩土地流转（托管）、一名家庭人员务工、一份合作股份、一项自主发展的种养殖业、一项增收项目"；3项产业发展保障：金融服务保障、销售服务保障、技术服务保障］，按户均3000元的标准发放产业发展补助资金9006.6万元，全区实现零产业村组"清零"目标，贫困户流转土地1773.33公顷，每公顷平均增收7500元，有劳动能力的所有建档立卡贫困户参与两项以上产业发展项目。

一是贫困村"三有"。"村有产业"，129个贫困村结合实际确定了冬早蔬菜、经济林果、优质马铃薯、中药材等脱贫产业，52个村形成了"一村一业"的特色产业；"村有带动主体"，全区有省市龙头企业26家，规模养殖场47家、养殖大户38家、家庭农场38家、区级以上示范合作社33家、新型职业农民200人，成立了致富带头人协会、中药材协会和核桃种植协会；"村集体经济有经营性收入"，129个贫困村集体经济均实现有2万元以上经营性收益。

二是贫困户"三有"。"户有增收项目"，结合产业扶贫和就业扶贫实际，有劳动力的贫困户均实现了有1~2项增收项目；"户有劳动能力的有培训技能"，对14604户缺技术致贫的贫困户进行了2次以上的技能培训；"户与新型经营主体间均建立了稳定的利益联结机制"，按每户3000元的产业扶持资金与126个新型经营主体建立了3年以上的利益联结分成机制。

（五）治山治水、增绿增富，生态脱贫促双赢

牢固树立"绿水青山就是金山银山"的理念，通过山上治本与身边增绿齐头并进，实现生态建设与脱贫攻坚的互促双赢。

一是打牢生态基础。坚持一年接着一年干，一届接着一届干，实施林业生态建设

"三年行动",共实施荒山造林 1.64 万公顷、退耕还林 1.36 万公顷。坚持"治理小江就是保护长江"的理念,实行小江河道分段治理河长、段长制,对境内 91.05 千米河道进行绿化。

二是落实生态补偿。2016 年至 2018 年 12 月底,共兑付生态补偿资金 2.93 亿元,其中,退耕还林补贴 2.27 亿元,公益林森林生态效益补偿 3537.8 万元,护林员工资 2398.45 万元,草原生态保护补偿 591.6 万元。生态补偿共涉及建档立卡贫困户 25850 户 83417 人,实现贫困户总增收 1.37 亿元,户均增收 5302.67 元,人均增收 1643.24 元。

三是发展生态产业。建立"市场牵龙头、龙头带基地、基地连农户"的生态产业,共种植核桃 16333.33 公顷、鲜果 1333.33 公顷。大力发展林下经济,共种植林下药材 1200 公顷。

(六)控辍保学、扶贫扶智,教育扶贫断穷根

牢固树立"近期靠就业,中期靠产业,远期靠教育"的理念,把教育扶贫作为优先任务,彻底阻断贫困代际传递。

一是推进义务教育均衡发展。落实以德树人根本任务,实施"五个百万"教育专项资金投入和"五个关爱"尊师举措,促进优质教育均衡发展。2017 年 12 月,东川区义务教育均衡发展通过了国家督导验收。

二是抓牢抓实"控辍保学"。实施控辍保学的"双线十人制"、"承包责任制"和"动态归零督查制",千方百计做好控辍保学工作,确保实现义务教育阶段"零辍学"。

三是实施贫困学生精准资助。按照"精准资助、应助尽助"的原则,2016 年至 2018 年 12 月底,共发放各类资助资金 1.53 亿元,办理生源地助学贷款 4839 人 3316.24 万元,确保不让贫困学生所在的家庭因学返贫、因学致贫。

(七)整合资源、筑牢网底,健康扶贫减负担

围绕让贫困人口"看得起病、方便看病、看得好病、尽量少生病"的目标,抓住问题关键,采取强有力举措,于 2016 年 4 月在全省率先启动实施健康扶贫工程。

一是坚持政府主导,担起兜底责任。按照"党委领导、政府主导,精准扶贫、分类施策,整合资源、筑牢网底"的思路,从 2016 年起每年由区政府筹集安排专项资金 1000 万元,专项用于健康扶贫工作。

二是采取强有力举措,复杂事情简单办。通过设立扶贫医院、先诊疗后付费、"一站式"结算,实行"四全四免""四重医疗保障"等健康扶贫政策,简单细化操作流程,贫困人口住院医疗费用实际报销比例平均在 90% 以上。

三是抓住问题关键,开展四大行动。开展精准识别行动,确保健康扶贫救助精准;开展诊疗服务能力提升行动,让贫困人口"看得好病";开展贫困人口健康素养促进

行动，让贫困人口"尽量少生病"；开展基层医疗网络建设行动，让贫困人口"方便看病"。

四是强化对口帮扶，提升医疗水平。先后与上海市肺科医院（沪滇对口帮扶医疗机构）、清华大学第一附属医院、北京朝阳区卫生计生委签订对口医疗帮扶协议，引入发达地区优质医疗资源技术，提升区级公立医院诊疗能力。累计派出 61 名各级医院骨干医生、106 名骨干乡村医生、10 名卫生院院长到对口帮扶医院全免费进修学习，被称赞为"影响一个村医一生的培训"。2018 年 7 月，东川区人民医院成为"上海市肺科医院专科联盟成员单位"，对口帮扶成效显著。截至 2018 年 12 月底，累计对 64358 人次实施了健康扶贫医疗救助；共组建 79 支家庭医生团队，贫困人口家庭医生签约服务达到 100%。2018 年 10 月，国家卫健委办公厅、国务院扶贫办综合司联合发文对云南省东川区等 45 个健康扶贫工作表现突出的贫困县区予以通报表扬，东川区成功创建为首批国家健康扶贫工程先进县区。

（八）完善基础、强化配套，整村出列全达标

对照贫困村退出标准，按照"缺什么补什么"的原则，全区 146 个有脱贫任务的村达到了脱贫退出标准。

一是畅通路网。功东高速、东格高速、东倘二级公路（东川至乌龙段）、金东大桥已建成通车，格巧高速将于 2019 年底建成通车，东川港、通用机场项目前期工作进展顺利。累计投资 8.02 亿元，推进实施通村、通组硬化路建设，实现了农村公路"三个百分百"（建制村公路硬化率 100%，50 户以上保留自然村公路硬化率 100%，自然村通达率 100%），通村道路危险路段均有防护措施。

二是升级电网。推进农村电网改造升级，组织实施电网新建、大修、扩容增容项目，行政村通 10 千伏以上的动力电覆盖率达 100%，全部自然村均通 380 伏动力电且具备新增用户接入能力。

三是改造水网。投资 1.76 亿元，实施农村饮水安全巩固提升工程和集镇供水工程，配套净化消毒设施，全区农村"水质、水量、方便程度、供水保证率"四项指标均达到贫困退出标准。

四是连通互联网。加快推进网络宽带信息基础设施建设，实现光纤网络到行政村、学校和卫生室全覆盖。做好网络宽带维护服务，全面开通并确保所有贫困村宽带终端正常使用。

五是推进广播电视网建设。投资 2894 万元，推进"户户通""村村响"工程建设，对广播电视安装和开通情况进行全面排查，全区贫困村广播电视覆盖率在 99% 以上。

六是打造服务网。三年累计完成 70 个行政村村级活动场所、506 个村民小组活动场

所建设。全区所有村均建有标准化卫生室，且至少有 1 名乡村医生执业。农村低保标准和扶贫线实现"两线合一"，做到了应保尽保、应助尽助。

三　以非常之势，聚非常之力，发挥政治优势，凝聚和调动各方力量资源聚焦东川脱贫攻坚

（一）坚持党的领导、强化组织保证，落实脱贫攻坚一把手负责制，区镇村三级书记抓扶贫

1. 建立"12816"指挥体系，横向到边、纵向到底，高位统筹指挥

认真贯彻落实中央统筹、省负总责、市县抓落实[11][12][13]和脱贫攻坚一把手负总责、五级书记抓扶贫[11]的要求，切实履行脱贫攻坚政治责任。一是层层压实责任。建立"12816"指挥体系，成立 1 个由区委、区政府主要领导担任组长的"双组长"制扶贫开发领导小组，组建区脱贫攻坚指挥部和区脱贫攻坚巡查督办问效指挥部两个机构；在横向上，下设 16 个分指挥部，具体负责各行业专项扶贫工作的推进落实；在纵向上，8 个乡镇（街道）组建由区委副书记、区人大常委会主任、区委常委担任第一指挥长的脱贫攻坚作战指挥部；向有脱贫任务的 146 个村派驻科级干部负责包村，层层压实脱贫攻坚责任。二是精准调度指挥。坚持"区级 10 天一调度、乡镇 7 天一调度、村级 1 天一调度"，聚焦 2018 年高质量脱贫目标，随着脱贫攻坚主要矛盾的变化，科学确定各阶段工作重心。2017 年 8 月前，解决底数不清的问题，按照"应纳尽纳、应退尽退、应扶尽扶"的原则，把精准识别工作做细做实。2018 年 9 月前，解决"一房两业三保障"的问题（一房，即安全住房；两业，即产业和就业；三保障，即教育、医疗和社会兜底保障）。2018 年 9 月 16 日，实施决战脱贫攻坚"百日会战"行动，进一步对标对表、集中攻坚，补齐短板弱项。2018 年 12 月 15 日，实施决胜脱贫摘帽"冲刺六十天"行动，进一步查缺补漏，提升入住质量，确保达到贫困退出标准。

2. 完善"1＋N"政策体系，强化配套、注重联动，打通政策落实"最后一公里"

东川区把习近平总书记关于扶贫开发的重要论述作为打赢脱贫攻坚战的根本遵循和行动指南，树牢"四个意识"，做到"两个维护"，自觉用习近平中国特色社会主义思想和党的十九大精神统领脱贫攻坚工作。一是学习政策。通过区委常委会、中心组学习、指挥部会议、干部大会等方式，集中学习习近平总书记关于扶贫开发的重要论述，以及中央和省市关于脱贫攻坚工作的政策方针。二是制定政策。中央和省市《关于打赢脱贫攻坚战的决定》出台后，结合东川区实际，制定出台《关于举全区之力坚决提前打赢扶贫开发攻坚战的实施意见》。围绕"七个一批"的脱贫路径，制定出台了易地搬迁、务工增收、基础设施等 10 个方面的配套政策文件。2017 年以来，在 2016 年"1＋

10"政策体系的基础上，研究出台《东川区易地扶贫搬迁管理办法》《东川区脱贫攻坚4类重点对象农村危房改造实施方案》《东川区脱贫攻坚农业产业扶贫专项方案》《东川区建档立卡农村贫困人口健康扶贫专项工作方案》《东川区易地扶贫搬迁进城集中安置工作实施细则》等政策文件，强化了配套化的措施，为打好脱贫攻坚战明确了任务书、作战图和时间表。三是培训政策。坚持每年举办扶贫干部业务培训班，对区镇村三级干部和驻村工作队员进行全员轮番培训；汇编脱贫攻坚应知应会手册、政策读本等资料，做到了人手一册；分层分级举办"万名党员进党校"学习党的十九大精神暨脱贫攻坚政策培训班，做到了区镇村组四级干部培训"全覆盖"、政策"一口清"。

3. 党建扶贫"双推进"，重心下移、尽锐出战，强化队伍保障

统筹实施基层党建推进年、提升年、巩固年"三年行动"，细化落实党建脱贫"双推进"9大工程28项重点任务。一是建好阵地。强化村级活动阵地政治功能，做到国旗飘起来、党旗挂起来、制度严起来、环境美起来、伙食办起来、服务强起来、人心聚起来，营造党建工作氛围，强化党的政治基础。二是配强队伍。组建140支驻村扶贫工作队，选派驻村第一书记144人、驻村工作队员663人；省区市镇四级154家单位共派出帮扶干部9751人；选派2/3的机关干部组成815人的"先锋队"驻村脱贫，形成了决战脱贫攻坚的强大合力。三是选树典型。创刊《东川扶贫》《我的扶贫故事》，把全区党员干部的思想统一起来、凝聚起来。各级党员干部模范带头、苦干实干，涌现出一批先进典型，吴国良同志被追授为云南省"优秀共产党员"、"云岭楷模"、昆明市"优秀共产党员"，荣获"云南青年五四奖章"、"五一劳动奖章"、2018年全国脱贫攻坚贡献奖。

（二）坚持精准方略、提高脱贫实效，切实解决好扶持谁、谁来扶、怎么扶、如何退问题

1. 严而又准，精准管理

把精准识别作为精准扶贫的"第一粒扣子"扣好，改变"自上而下"定规模、分指标的贫困甄别方法，采取自下而上、精准调查、全面科学的多元识别方法，确保贫困数据经得起时间和历史的检验。实行贫困对象实名制管理，认真组织开展精准识别"回头看"和"找问题、补短板、促攻坚"等专项行动，确保"不漏评一人、不错评一户"。

2. 严而又细，精准施策

坚持因村、因户、因人施策，认真编制精准脱贫项目库、路线图、施工图，做到一户一本台账、一户一个计划、一户一套帮扶措施，明确工作进度和责任主体，确保产业就业扶持到村到户，生产生活条件改善到村到户，致富能力提升到村到户。

3. 严而又实，精准退出

围绕"零漏评"、"零错评"、"零错退"、档案规范"全记录"、数据精准"可追溯"5 个目标任务，严格方法步骤和程序要求，对全区建档立卡户和一般户采取户户过关办法，确保结果真实可靠，经得起考核评估，高质量完成扶贫对象动态管理和贫困退出工作。

（三）坚持加大投入、规范项目管理，发挥政府投入主体和主导作用，集中力量办大事

1. "一个口子"管资金，做到"积极投入、多方保障、逐年增长"

各级财政不断加大扶贫资金投入和涉农资金整合力度，集中财力保障脱贫攻坚。

一是抓资金整合。按照"因需而整，应整尽整"的原则，制定完善统筹整合使用财政涉农资金相关制度，形成"项目一个单子、资金一个盘子、制度一个笼子"的统筹整合资金使用机制。

二是抓资金管理。注重定期清理资金，推行"多重平台四级公开"制度，加强"日常监管与专项检查"相结合，构建全方位监督体系，将资金置于阳光下运行。

三是抓绩效评价。采取预算部门项目绩效自评和区级重点评价相结合的"双评价"机制，坚持项目绩效评价全覆盖，确保实现扶贫项目资金绩效在线动态监控管理。2016 年至 2018 年 12 月底，共投入各类财政扶贫资金 56.53 亿元。按资金来源：中央资金 13.51 亿元、省级资金 11.97 亿元、市级资金 27.21 亿元、区级资金 3.84 亿元。按年度：2016 年投入 14.88 亿元，2017 年投入 17.31 亿元，2018 年投入 24.34 亿元。财政扶贫资金主要集中用于农村危房改造、易地扶贫搬迁、健康救助、生态补偿、产业发展等到村到户项目。

2. "一个平台"管项目，做到"区有项目库、乡有线路图、村有施工图"

精准确定到村到户项目，形成区镇村脱贫攻坚"一盘棋、一本账"，着力破解扶贫项目"任意安排、无序投放"的问题。

一是高位统筹。制定出台《东川区扶贫项目管理办法（试行）》，从项目申报、编制、审批和后续管理等七个方面进行规范管理。2018～2020 年入库项目 6186 个，主要涉及产业发展、基础建设、住房保障、生态扶贫等九个方面，计划投资 64.24 亿元。

二是压实责任。明确驻村工作队和村"两委"是村级"施工图"的制定者、组织者和实施责任人，把"施工图"所列项目分解到岗到人，做到专事专人负责。

三是强化管理。坚持规划引导，通过扶贫项目"入库"精准倒逼扶贫资金使用精准，明确项目只有符合扶贫规划、精准到户到人、有脱贫成效，才能纳入项目库管理；只有纳入项目库管理的项目，才能使用财政涉农资金，做到以规划定项目、以项目定资金。

（四）坚持社会动员，凝聚各方力量，构建全社会参与的大扶贫格局

1. 东西部扶贫协作

一是实施产业扶贫项目。上海市2017年、2018年共投入产业扶持资金3500万元，实施了回韵面条制造、生态猪养殖、村级光伏电站、麝獐养殖等村集体经济发展项目，惠及建档立卡贫困户2648户。

二是实施携手奔小康项目。投资100万元，用于创业致富带头人队伍建设。普陀区6个镇（街道）及2个国资企业结对帮扶86个深度贫困村开展"携手奔小康"项目，总投资约800万元。

三是争取社会帮扶。浙江新湖慈善基金会捐资100万元用于铜都街道大寨村幼儿园建设项目，新城控股有限公司捐资300万元用于教育扶贫，实施了安利公益基金会"为5加油"、复星基金会乡村医生公益项目、真爱梦想公益基金会捐赠惠普打印机等活动。

四是实施劳务协作。截至2018年12月底，召开沪滇劳务协作专场招聘会11场次，提供有效就业岗位7300个（上海市岗位4000个），上海市对口支援东川区劳动力转移就业2765人（其中：乡村公共服务岗位帮扶就业1000人，省内转移就业1216人，省外转移就业482人），帮扶技能培训1500人。

2. 定点帮扶和对口帮扶

2016年至2018年12月底航天科工集团定点帮扶东川区累计投入帮扶资金1274.6万元，推进实施了产业扶贫、科技扶贫、教育扶贫等帮扶项目，建成智慧农业灌溉项目4个，在东川区建成云南省首个县级无线电应急指挥系统。连续为东川区贫困学生发放"航天·智高"奖学金，共帮扶155名品学兼优的贫困学生；投资90万元建设航天杉木小学校舍；筹资33.6万元，帮扶10所山区学校581名贫困学生；开展"航天文化进东川"系列志愿活动，把航天文化送进东川校园；协调捐赠航模500余架，在东川区青少年活动中心建立了航天国防科普教育基地。抓实包乡对口帮扶和"挂包帮转走访"工作落实，省市挂包单位2016年至2018年12月底共投入帮扶资金2.9亿元，其中：省级帮扶单位3家，共投入1016.1万元；市级帮扶单位66家，共投入2.8亿元。争取北京市朝阳区帮扶资金1亿元，与朝阳区共签订合作、捐赠、帮扶及投资等友好合作协议22个（其中：捐赠协议6个，对口帮扶合作协议8个，投资协议6个，规划设计协议2个）。

3. 社会帮扶

发挥党的政治优势和组织优势，聘任具有较好社会声誉的企业家和专家学者担任东川区政府顾问和招商代表，推动形成"干部同向、政企同行、干群同心"的良好氛围。

区红十字会组织开展"脱贫攻坚博爱一日捐"活动，共筹集捐赠款物2767.3514万

元，其中辖区企业和企业家捐赠 2184.99 万元。

区总工会动员职工和爱心企业募集资金 50 万元，捐赠电饭煲 500 个、棉被 130 床，为贫困群众购买电器减免 18.55 万元。

团区委共筹集资金 75.74 万元用于资助 905 名贫困学生，募集价值 43.82 万元的物资帮扶贫困群众 8605 人。

区妇联共争取公益及扶贫项目资金 185.7 万元，筹集爱心捐赠款物 104.15 万元，发放"春蕾计划"救助金 102.6 万元，发放贫困"两癌"母亲救助金 16.15 万元。

区残联组织爱心助残捐赠活动，捐赠款物 17.5 万元。

（五）坚持从严要求、促进真抓实干，把全面从严治党要求贯穿脱贫攻坚工作全过程和各环节

1. 从严整治作风

针对领导干部中"不作为、慢作为、乱作为"和普通党员干部中"一半人干，一半人看"的突出问题，真正动真碰硬，分"学、查、评、改、建"五个阶段，在全区上下开展"庸懒散滑贪"专项整治。通过严密步骤、科学排查，对存在突出问题的 328 名干部进行分类处置，达到"惩处极少数，整治较少数，教育大多数"目标，真正做到"能者上、庸者下"。全区党员干部作风有了根本转变，精神状态为之一振，为决战脱贫攻坚提供了坚强的纪律作风保证。

2. 从严巡查督战

建立脱贫攻坚巡查督战机制，区级层面成立了脱贫攻坚巡查督办问效指挥部和督战队。巡查督办问效指挥部主要负责督"事"，推进"村 10 条"、"户 7 条"、"村清洁户干净"、农危改入住、控辍保学等重点工作落实；督战队主要负责督"人"，重点查责任、查认识、查纪律、查作风，确保政令畅通、令行禁止。两支队伍无缝对接、严格督战，做到"每日一快报、每周一专报"，针对发现的问题提出处理建议，从严抓好督促整改。

3. 从严考核问效

落实脱贫攻坚年度目标责任制，制定出台《东川区脱贫攻坚考核问责办法》《东川区脱贫攻坚检查考核不达标责任追究办法》，全面加强对脱贫攻坚工作落实情况的监督问责，筑牢思想、纪律、组织保障。发挥考核"指挥棒"作用，加大脱贫攻坚在年度目标考核中的权重，2018 年脱贫攻坚占乡镇（街道）考核分值的 90%、区属部门的 60%。

（六）坚持群众主体、激发内生动力，调动贫困群众积极性、主动性、创造性

1. 坚持扶贫与扶智、扶志相结合

在教育上"扶智"，统筹城乡教育发展，强化义务教育控辍保学联保联控责任，实

施贫困学生台账化精准控辍；从思想上"扶志"，结合村规民约，利用脱贫标兵、致富带头人等讲好脱贫故事，引导贫困群众增强感恩意识，激发脱贫内生动力，切实营造脱贫光荣的浓厚氛围。开展"自强·诚信·感恩"主题教育，组织文艺演出 50 余场，推出《我的扶贫故事》120 余期；组织开展"乔迁新居迎七一·脱贫光荣感党恩"主题活动，领导干部入户 2 万余户，通过张贴一张习近平总书记工作照、签订一份村规民约、宣传一次脱贫政策、反思一次贫困文化、同吃一锅乔迁新居的亲情饭等"七个一"活动，激发广大群众的内生动力和感恩情怀。

2. 健全自治、法治、德治相结合的乡村治理体系

一是自治。修订完善各村村规民约，传承爱党爱国、艰苦奋斗、勤俭节约、孝老敬亲、遵纪守法等优良传统，引导群众自我管理、自我教育、自我服务、自我约束。对于违反村规民约的，通过"四议两公开"工作法按程序取消农户所享受的相应政策。

二是法治。对于经过多次动员仍然不孝老、不诚信的，通过法律手段加以解决。同时，结合扫黑除恶专项斗争开展，坚决打击个别群众阻碍广大群众在党的领导下脱贫致富奔小康的违法行为。

三是德治。结合弘扬和践行社会主义核心价值观，用群众身边生动鲜活的正面典型感召群众、引导群众，用反面事例警醒群众、教育群众，全面推进社会公德、职业道德、家庭美德、个人品德建设。

3. 树立对党诚信、对收入诚信、对村规民约诚信的鲜明导向

把开展"三讲三评"活动与"三诚信"（对党诚信、对收入诚信、对村规民约诚信）活动结合起来，由包村科级干部负责，利用晚上时间每周至少举行一次"三讲三评三诚信"活动。

一是分片细化到组。以文体活动、场院会、院坝会、火塘会等群众喜闻乐见的形式分批进行，将活动开展到小组，做到人人知情、户户懂理。

二是突出讲评重点。将讲评与"三诚信"宣传教育结合起来，教育引导群众感党恩、听党话、跟党走，形成自力更生、诚信脱贫的良好氛围。

三是搭建活动平台。推进"诚信超市"平台建设，通过以诚信表现换积分、以积分换物品的自助式帮扶，引导广大群众破除"等靠要"思想，进一步增强脱贫的内生动力。

四　尽非常之责，下非常之功，强化巩固提升，确保脱贫成效经得起实践和历史检验

习近平总书记在解决"两不愁三保障"突出问题座谈会上强调，"贫困县摘帽后，

要做到摘帽不摘责任、摘帽不摘政策、摘帽不摘帮扶、摘帽不摘监管"。习近平总书记的重要讲话，为我们巩固深度贫困县脱贫成效指明了努力方向、提供了根本遵循。东川区脱贫摘帽后，将紧紧围绕"高质量发展"的主线，按照"11311"的思路，即"一巩固、一攻坚、三突破、一提升、一加强"。

一巩固：即巩固脱贫成效，组织实施产业提升、农村公共服务基础设施建设等17个后续巩固计划，确保到2020年现行标准下全区农村贫困人口全部实现稳定脱贫不返贫。

一攻坚：即产业转型三年攻坚，坚持"工业打头阵、旅游有突破、农业有特色"，以产业转型升级推动经济高质量发展。

三突破：一是招商引资要实现重点突破，把招商引资作为"一把手"工程，进一步压实招商责任，千方百计引客商、引资金、引项目；二是城市发展要实现重点突破，坚持规划引领，加快建设步伐，强化精细管理，着力打造山水一体的健康运动生态山地特色精品之城；三是教育卫生工作要实现重点突破，加快补齐教育和卫生两大短板，把东川建设成为区域性教育卫生高地。

一提升：即提升生态文明建设水平，牢固树立和践行"绿水青山就是金山银山"的理念，坚定走生态优先绿色发展新路子，全力打造"一江清水、两岸青山"的美丽画卷。

一加强：即加强党的建设，贯彻落实新时代党的组织路线，推进全面从严治党向纵深发展，为巩固脱贫成效、建设幸福美丽新铜都提供坚强的组织保证。当前，重点抓好以下五个方面的工作。

（一）聚焦脱贫巩固，乡村振兴再出发

坚持把巩固脱贫攻坚成效和实施乡村振兴战略无缝衔接，有序推进乡村产业、人才、文化、生态、组织等全面振兴，实现农业全面升级、农村全面进步、农民全面发展，以乡村振兴战略巩固提升脱贫攻坚实效。

一是抓就业帮扶，稳定增收致富。发挥务工增收对巩固贫困群众脱贫成效的支撑作用，继续推进实施就业扶贫"六大行动"。2019～2020年，稳定农村保洁、绿化、护林、护路等公共服务性岗位5000个，优先安置无技在身、无法离乡、无业可扶、无力脱贫的"四无"劳动力在家门口就业；每年至少为有劳动能力的贫困人员提供有效就业岗位5万个（区内岗位占30%），每年有计划、有组织地输出劳动力不少于2000人次。

二是抓产业帮扶，稳定脱贫不返贫。引导和支持群众立足当地资源发展特色产业，培育和发展以中药材种植为主导的"一县一业"，实施中药材种植3333.33公顷，壮大以核桃、花椒、水果种植等为补充的"一乡一品"。

三是抓思想扶志，提升脱贫内生动力。深入开展"三讲三评三诚信"教育活动，积极引导群众转变"等靠要"思想，增强群众自我发展内生动力。深化"新时代新民风"

建设，力争用两年左右时间，实现家家参与创建、80% 以上达到"四星"、全部建成"法治文明小区"、民风普遍好转的目标。

（二）聚焦县域经济，产业转型再攻坚

围绕"工业打头阵，旅游有突破，农业有特色"的要求，以产业转型升级推动经济高质量发展，确保到 2020 年三次产业结构调整为 10：50：40。

一是推动工业平稳增长。坚持东川资源为东川人民服务的理念，强化矿山服务监管，加快矿山转型升级步伐，促进涉矿企业尽快复产，年内实现所有保留矿山稳定生产。不断延伸铜产业链，积极争取绿色低碳 40 万吨水电铝一体化项目落地东川。全力做好统筹谋划，提升磷矿资源利用水平，积极培育生物制药、新型建材、稀贵金属和食品加工业。

二是推动三产繁荣发展。重塑东川红土地品牌，推进金沙江高峡平湖旅游区、乌蒙巅峰运动公园等重点项目建设。加大与旅游企业合作力度，推动区内景点连线开发，打造一批立得住、叫得响的旅游品牌，确保年内牯牛山景区挂牌营业，三年内至少打造四星级景区 1 个。

三是推动农业提质增效。发挥立体气候优势，坚定不移走特色化、多样化、时鲜性、高附加值的特色农业发展道路。加快农业品牌培育，打造东川高山药材和小江瓜果蔬菜品牌。

（三）聚焦绿水青山，生态环保再加力

牢固树立和践行"绿水青山就是金山银山"的理念，坚定不移走生态优先、绿色发展高质量发展路子，打造天蓝地绿、山青水净的美好环境。

一是狠抓植树造林。坚持因地制宜、建管并重，以城市面山、公路沿线和小江沿线为重点，全力做好"林业三防"工作。多渠道筹措造林资金，继续推进实施林业生态建设"三年行动计划"，确保到 2020 年森林覆盖率达 40%。

二是落实生态补偿。实施退耕还林还草、天然林保护、特色林果产业、生态护林员等林业重点生态工程项目，推进国家级、省级和市级公益林森林生态效益补偿工程，对 25 度以上坡耕地实施退耕还林，因地制宜、应退尽退；支持易地扶贫搬迁地区贫困人口利用退耕补助增收，稳定核桃种植 1.63 万公顷、花椒种植 1333.33 公顷、特色水果种植 2333.33 公顷，提升改变贫困地区群众的生活质量与生存环境。

三是倡导绿色理念。加强生态文明教育，倡导绿色生产方式、生活方式和消费模式，让尊重自然、顺应自然、保护自然、共享自然成为全社会的行动自觉。

（四）聚焦人民福祉，民生保障再夯实

坚持以人民为中心的思想，持续加大民生领域投入力度，切实提升人民群众的幸福感和获得感。

一是大力发展文教。巩固义务教育均衡发展成果，加强教师队伍建设，完成"全面改薄"项目建设，推进东川五小、东川一幼项目建设，办好人民群众满意的教育。争取东西协作学校加大对口帮扶力度，建立先进地区学校干部、教师到东川交流的制度，提升教育教学质量。

二是提升医疗水平。持续推进健康扶贫定点医院（卫生院）建设，提升区、乡村医疗卫生服务条件，服务能力和服务水平，实现大病基本不出区，因病致贫、因病返贫问题得到有效解决。巩固与上海市肺科医院、清华大学第一附属医院、朝阳区卫计委的帮扶合作，加强医疗专业人才的交流培训，推动卫生人才队伍和医院重点学科建设，提升医疗卫生服务水平。

三是健全社保体系。发挥农村最低生活保障与脱贫攻坚政策合力，确保符合农村居民最低生活保障条件且完全丧失劳动能力和部分丧失劳动能力的贫困人口实现兜底保障。坚持"全覆盖、保基本、多层次、可持续"的方针，巩固城乡居民基本医疗保险、社会养老保险工作成效，进一步扩大各类社会保险的覆盖范围。

（五）聚焦党的建设，党建引领再加强

贯彻落实新时代党的组织路线，坚持"抓好党建是最大政绩"的理念，推进全面从严治党向纵深发展。

一是夯实基层基础。选好配强村"两委"班子，强化农村基层党组织和农村干部管理，提高农村基层党组织的凝聚力和战斗力，为持续稳定脱贫、全面建成小康社会奠定坚实基础。突出党建核心引领，落实基层党组织"五个功能"和党支部"七项职责"，不断增强党的政治领导力、思想引领力、群众组织力、社会号召力。

二是积极引进人才。坚持党管人才原则，健全改善人才培养与引进机制，统筹推进各类人才队伍建设，做到内培靠得住、外引提质量。着力培育引进符合东川实际的高技术医疗人才、高水平教师队伍，不断提升东川教育医疗水平。

三是激发担当作为。强化党员意识"回归"、唤醒党员党性，引导广大党员示范带头、冲锋在前、积极主动，充分发挥好党员先锋模范作用。巩固"庸懒散滑贪"专项整治成果，认真落实干部"容错防错纠错"机制，旗帜鲜明地为担当者担当、为负责者负责，激发广大党员干部新时代新担当新作为。

第三节　禄劝县脱贫攻坚的主要特色

2016 年以来，禄劝县委、县政府坚持以习近平新时代中国特色社会主义思想为指导，深入学习贯彻习近平总书记精准扶贫精准脱贫战略思想，认真履行脱贫攻坚主体责任，始终把脱贫摘帽当作最大的政治、最大的民生。聚焦"两不愁三保障"脱贫目标，坚持"六个精准"，落实"五个一批"，压实"三级书记抓扶贫"责任，按照昆明市委"两出两进两对接一提升"脱贫思路，整合资源、汇聚力量，精准施策、攻坚克难，各项工作精准推进、高效落实，走出精准扶贫禄劝路子、形成精准脱贫禄劝模式。2019 年 4 月 30 日，云南省人民政府下发文件，批准禄劝县退出贫困县序列[8]。

一 建立"七个攻坚体系"，脱贫责任全面压实

禄劝县从全局着眼、从体系着手，构建精准脱贫体系。

（一）建立指挥体系，强化组织领导

成立县农村扶贫开发领导小组、县脱贫摘帽总指挥部、重点贫困乡前线指挥所和 11 个分指挥部、16 个乡（镇、街道）战区指挥部、187 个行政村作战室、2601 个村小组攻坚队，建立县、乡、村、组四级脱贫攻坚指挥体系，保证各级组织作用有效发挥。

（二）建立目标体系，细化攻坚方案

对照"两不愁三保障"脱贫要求，按照"两出两进两对接一提升"脱贫思路，明确"当前脱贫、近期稳定、远期跨越""六个一"的工作目标，制定年度脱贫攻坚工作规划、专项方案，实现行有参照、干有标准、做有规范。

（三）建立动员体系，营造作战氛围

突出群众主体，强化干部主责，按照县、乡（部门）、村、组各层级，区分贫困群众、普通群众、党员干部各类别，采用多种形式、多种方式，深入开展思想发动、政策宣传，激发贫困群众内生动力、感恩意识，增强干部职工为民情怀、责任意识，营造决战决胜氛围。

（四）建立措施体系，实施精准脱贫

落实"六个精准"要求，严把"识别、施策、退出"三大关口，全域开展贫困对象遍访摸排，精准识别建档立卡贫困户，确保"应纳尽纳"。对接致贫原因，聚焦脱贫标准，全力推进"十大工程"，实现"五个一批"精准覆盖、"一户一策"精准治贫、"多法并举"巩固成效。

（五）建立责任体系，细化工作任务

坚持"党政主责、干部主帮、基层主抓、社会主扶"，细化任务指标、明确责任要求，签订军令状，落实责任书，落实县级领导包乡、科级领导包村、干部职工包户制度，压实"三级书记抓脱贫"责任，确保职责分明、任务明确、进度衔接、高效落实。

（六）建立监督体系，保障脱贫实效

坚持从严治党要求，强化扶贫领域、脱贫攻坚监督执纪问责力度，实行常委带班、成立督导组，建立微信群，设立举报热线，开通"群众诉求"平台，召开周工作例会，实行"每周一督查""每周一通报"，建立"纪委专项检查、业务部门工作督查、目督部门重点督办、督导组全面督导"工作机制。

（七）建立考核体系，实现有序退出

细化考核指标，组织脱贫成效监测、乡际交叉检查，落实战区指挥长挂钩帮扶责任、监督考核责任"双负责制"，定期考核脱贫成效、评估群众满意度，开展贫困对象动态管理，组织有序退出，有效杜绝假脱贫、被脱贫、数字脱贫。

二 组织"三个百日会战"，攻坚任务全面推进

坚持党委高位统筹，坚持一年一个战役，结合每年工作重点，根据时节气候特点，按照每年"3 个 100 天"，以打仗方式推动脱贫攻坚工作落实。

2016 年，以"先行先试、精准施策"为主线，以"路、房、水、业"为重点，率先启动、抢先发力，全面打响"遭遇战、攻坚战、持久战"三个百日会战，优化产业布局，组织外出务工，实施基础设施建设，初步实现重点工作全面突破、基础设施基本完成、增收项目清晰到位。

2017 年，以"动态调整、全域覆盖"为主线，着眼转思维、强基础、优产业、拓增收、保民生，全面打响"稳定增收阵地战、危房改造歼灭战、人居环境提升战"三个百日会战，全面落实精准扶贫举措，全面启动环境卫生整治行动，村容环境差、有新房无新村、有新村无新貌等脏乱差面貌有效改善，贫困对象精准识别、动态管理工作全覆盖开展，实现贫困对象全方位识别、挂钩帮扶全方位享受、生产生活全方位提升。

2018 年，以"查缺补漏、问题清零"为主线，紧盯脱贫指标、稳定脱贫，组织"三个百日会战"，成立 644 个遍访工作组，围绕"访农户、听心声、找差距、促提升"主题，逐户逐人、逐组逐村开展差距指标排查，找准指标差距，落实整改清单，补齐脱贫短板，开展百日冲刺"十项达标行动"，规范档案台账，收集佐证材料，开展考核访谈，组织实战演练，准备考核验收，群众认可度、满意度进一步提升，贫困退出、考核验收准备工作全面完成。

三 实施"五个到户到人"，精准施策全面落实

坚持精准方略，对接群众需求，落实到户到人举措。

（一）精准识别到户到人

把精准识别作为精准扶贫的"第一粒扣子"扣好，采取"望、闻、问、切"四种方式，严格"五查五看""三评四定""两公示一公告一对比"程序，精准识别贫困人口，实现应纳尽纳、精准分类、精细管理，做到一户一本手册、一户一个计划、一户一套措施。

（二）思想发动到户到人

紧盯群众思想变化，深入开展"三讲三评""五进五讲""六个百家""自强、诚信、感恩"主题实践活动，采用学习培训、标语标牌、广播电视、"村村响"、"村村通"等方式，采取政策汇编、须知卡片、文化节目、励志对联、彩色张贴画、"三语"宣教片等形式，印发《应知应会手册》4000 余册，下发脱贫攻坚宣传贴画 6100 套 70 余万张，发放"感党恩、跟党走"系列宣传海报 9 套 9 万余份、对联 3 万多副，开展文艺汇演 160 余场次，开办新时代农民讲习所 24 所、农民夜校 29 所，成立红白理事会共 2438 个，评选先进典型，推广"六小创新"，开展文艺创作，实现思想发动到户到人。

（三）精准施策到户到人

对标致贫原因，落实"五个一批"，做到一户一策、一人一方、多法并举。按照"群众自选、政策扶持、单位（公司）帮扶、企业带动"模式，能养则养、能牧则牧、能种则种、能栽则栽，实现村村有主导产业、户户有具体产业、人人有产业收入，夯实持续增收产业基础。采取以帮扶资金、土地、林地等入股的方式，扶持发展重点农民专业合作社，组织群众外出务工，发展农村电子商务，保证群众多渠道增收。全面落实教育扶贫、健康扶贫、生态扶贫、农村低保、民政救助、挂钩帮扶等政策，确保每户贫困户实现享受 3 项以上帮扶政策，实现政策享受全覆盖。

（四）项目实施到户到人

全面推进道路交通、活动场所、水利设施、公共服务、党建引领等普惠脱贫项目建设，推进农业基础设施、产业体系建设，确保项目建设到村、到户，改善贫困地区生产生活条件，增加贫困群众稳定增收渠道，增强群众获得感，确保家家受益、人人受惠。

（五）资金落实到户到人

健全实施脱贫攻坚财政投入保障机制，统筹扶贫资金、帮扶资金、救助资金，投入各类扶贫资金 75.20 亿元，落实贫困人口人均 2500 元的产业扶持基金，设立产业扶贫风险补偿金 1500 万元，实现资金落实到户到人。

四　坚持"多个渠道增收"，群众收入全面提升

紧扣产业和就业两个增收关键点，多措并举，精准到户，促进贫困户增收。

（一）健全产业发展体系

坚持"因地制宜，一乡一品"原则，明确县、乡、村产业发展方向，全力打造"八大重点特色产业"（撒坝猪、乌骨鸡、葡萄、猕猴桃、水蜜桃、中药材、核桃、板栗），落实"五个一"（一项种养殖业、一份合作股份、一亩土地流转、一亩经济果林、一个光伏扶贫）稳定增收举措，优先发展蟠桃、葡萄等特色精品水果，黑山羊、撒坝猪、乌骨鸡等生态禽牧产品，板栗、核桃等优质坚果，党参、当归、葛根等特色中草药，形成"百万亩经济林果、十万亩中药材、万亩特色水果、万亩高粱、万亩西柚"规模化发展，分别覆盖贫困户 19090 户、12564 户、2950 户、2024 户、665 户；建成撒坝猪、黑山羊、乌骨鸡等养殖场 129 个，覆盖贫困户 21631 户；实施光伏太阳能项目 1 个，覆盖贫困户834 户；流转土地 10000 公顷，覆盖贫困户 8622 户。

（二）培育新型经营主体

积极发展多种经营主体，提升产业组织化程度，成立县、乡、村三级脱贫攻坚致富带头人帮扶协会 219 个，发展会员 8014 人，投入帮扶资金 2467.8285 万元，带动贫困人口就业 21854 人次，贫困户入股 3188 户，成立 189 个村级重点合作社，带动建档立卡贫困户 16367 户 54421 人。

（三）拓展产品销售渠道

紧盯市场需求，发展"农超对接""农校对接""农批对接""农工对接""农社对接"模式，实施"订单式"农业，畅通农产品"走出去"渠道，建成县级电子商务公共服务中心、县级物流仓储中心、县级物流分拣配送中心和乡（镇、街道）服务站 16个、村级服务点 130 个，组织电商培训 10208 人次（其中贫困户 5850 人次），完成网上销售 7693.63 万元，成功创建国家和省级电子商务进农村综合示范县。

（四）有序组织外出务工

开展"定向、订单、订岗"培训，完成转移培训 81126 人（贫困户 49491 人），实施"百人出村、千人出乡、万人出县"等行动，通过"班、排、连、营、团"形式，由县、乡、村、组干部带队，组织农村劳动力到昆明市主城区、北京市朝阳区、新疆生产建设兵团等地务工，累计实现转移就业 93202 人次（贫困户 29435 人次），增加就业收入 9.96 亿元；针对有意愿、有劳力、无条件或没办法外出务工的特定人群，开发村庄保洁员、水利管护员、道路养护员等乡村公共服务岗位 5304 个，实现户均增收近6000 元。

（五）加强生态补偿力度

兑付云龙水库水源区群众生产生活补助 4304.88 万元、涉及农户 14012 户 57722 人（贫困户 2989 户 10199 人）；兑付退耕还林、陡坡地生态治理、公益林生态补偿等补助资金 39134.66 万元。聘用生态护林员 700 人（贫困户），实现年人均增收 1 万元。

五　突出"四种方式推进"，安全住房全面保障

统筹推进宜居农房、危房改造、易地搬迁、环境提升工作，保障群众住房安全、宜居宜业。

（一）推进宜居农房建设

统筹民居保护、文化传承、历史基因，通过农村房屋新建、改建、迁建、风貌改造，实施整村提升工程。2016 年，完成宜居农房建设 9154 户。

（二）推进农村危房改造

2017 年以来，聚焦"四类重点对象"，实施全域排查，精准识别农村 C、D 级危房，坚持"以己为主、多方施策、一房一策"原则，落实"五个一"要求，采取"修缮、加固、拆除重建、兜底重建"方式，坚持"三统筹"保障，突出示范引领，投入资金 19.54 亿元，完成农村 C、D 级危房改造 54801 户（四类重点对象 23454 户），全面消除农村危房。全国农村危房改造试评价工作会议、全省农村危房改造现场推进会先后在我县成功举行。

（三）推进易地扶贫搬迁

解决"一方水土养不活一方人"问题，坚持宜居、宜业、宜游原则，精准识别搬迁对象，严格实施问题整改，全面落实建新拆旧、复垦复绿要求，鼓励村民自愿拆除旧房，完成易地扶贫搬迁集中安置点建设 3 个，560 户 1949 人（建档立卡贫困户 535 户 1833 人）全部搬迁入住。推进乌东德电站移民安置工作，精心规划建设枢纽区和皎平渡集镇安置点安置房，建强基础设施，拓宽增收渠道，实现"搬得出、稳得住、能致富"。

（四）推进人居环境提升

深入开展"七改三清"工作，实施农村厕所革命，强化农村生活垃圾和生活污水治理，全面推进示范创建活动，乡镇生活垃圾有效治理率达 100%。制定乡规民约，推动移风易俗，倡导文明新风，变革农村群众生产生活习惯，农村脏乱差环境得到有效改善。

六　强化"三类民生扶贫"，社会保障全面覆盖

聚焦教育扶贫、健康扶贫、社会保障，抓实民生保障举措。

（一）实施教育扶贫政策

严格落实控辍保学"双线十人制"、动态归零督导制和"一票否决"制，义务教育阶段实现零辍学，义务教育基本均衡发展通过国家督导评估，发展民族教育，推行双语

教育，扩大职业教育规模，投资 2.48 亿元改扩建职业高中实训基地，在校生由 370 人扩大到 2850 人（建档立卡户学生 704 人）。开展贫困学生资助救助，落实"雨露计划""营养改善计划"，建立教育扶贫基金，实施县域内职高、高中阶段农村学生"两免一补""三免一补"政策，加大学前、中专、大学阶段农村困难学生资助救助力度。2018 年，我县高考取得历史最好成绩（考取清华大学 1 名、北京大学 2 名）。

（二）落实健康扶贫举措

健全农村基本医疗服务保障体系，推进县、乡、村三级医疗卫生服务网络标准化建设，全县 16 个乡（镇、街道）卫生院和 189 个村卫生室全部达标。落实健康扶贫 30 条，开展因病返贫动态筛查，制作贫困人口专用门诊病历，建立大病、慢性病救助基金，出台贫困家庭危急重症患者费用减免救助政策，落实建档立卡贫困户、城乡低保和特困人员供养对象、困难重度残疾人基本医疗保险和大病保险个人缴费部分财政补助政策，实行"先诊疗后付费""一站式结算"，救助大病患者 1719 人、慢性病患者 7403 人，兜底救治 34296 人（次），为 30989 名住院贫困群众报销医疗费 2659.17 万元，报销比例达到 90.8%；组成家庭医生签约服务团队 259 个，配备乡村医生 498 人，贫困人口家庭医生签约服务率 100%，"四重保障"全面落实。

（三）统筹社会保障覆盖

推动低保政策和脱贫政策有效衔接，全面开展农村低保精准核查、动态管理和"回头看"，实现应保尽保、应扶尽扶。现有农村低保对象 6333 户 12977 人（贫困户 4102 户 8321 人），A 类农村低保补助标准从 2017 年的 3540 元/年提高到 4080 元/年，三年累计拨付农村低保补助资金 2.26 亿元，保障 71908 人次。开展残疾人筛查和集中鉴定办证工作，全县共有持证残疾人 16492 人，7680 人享受残疾人"两项补贴"，6658 人被纳入最低生活保障并享受困难残疾人生活补助，累计发放补贴 1179.1 万元，保障困难残疾人 41183 人（次）。加大临时救助力度，救助突发意外事故、突发重大疾病、突发自然灾害等特殊情况困难群众 55749 人次，发放临时救助资金 3053.75 万元。推进贫困老年人集中供养，建成医养结合敬老院 7 所。

七 推进"五网同步建设"，基础设施全面改善

按照"两出两进两对接一提升"要求，加大农村基础设施建设，畅通"进出"通道。

（一）建设安全通畅路网

投资 10.514 亿元，实施农村公路路面硬化 1451 千米，完成农村路基改扩建 712 千米，完成农村公路安保工程建设 1725 千米，全县行政村硬化率达 100%，自然村公路通达率达 100%，行政村 100% 通客车，生命防护工程基本覆盖通村委会道路一类安全隐

患点。

（二）建设安全便捷水网

投入 1.72 亿元，实施集镇供水工程 12 项，农村人饮巩固提升工程 466 项，易地搬迁饮水保障工程 34 项，安装净水设备 5589 套，定期开展农村饮用水水源点水质检测检验，解决全县 176261 人的农村饮水安全问题，农村供水保证率、水量、水质和取水方便程度达到国家标准。

（三）建设安全可靠电网

投入 1.83 亿元，实施农网升级改造、农村低电压台区改造等项目，覆盖全县农村 10kV/400V 中低压配网线路，全县电网供电可靠率达到 99.74%，全面达到"贫困村通 10 千伏动力电"的目标。

（四）建设广播电视网络

深入推进"村村通""户户通""村村响""中央广播电视节目无线覆盖"工程建设，行政村广播电视覆盖率达到 100%。

（五）建设宽带信息网络

实施"宽带乡村"工程，实现全县村委会、卫生室、学校全部通光纤网络，4G 网络自然村覆盖率达 92.6%。

八　实现"党建扶贫双推进"，基层堡垒全面夯实

贯彻落实新时代党的组织路线，以实施"基层党建推进年""基层党建提升年""基层党建巩固年"为抓手，全面实施党建扶贫"双推进"。

（一）推进基层党组织建设

统筹推进村组活动场所建设，共建成村组活动场所 812 个，打造村史党史陈列室 84 个，实现基层组织、基层工作、基层阵地全覆盖。围绕"五个基本建设标准化"，全面开展支部规范化达标创建工作，整治软弱涣散党组织 221 个，规范党支部建设 351 个，打造"彝山苗岭"基层党建示范点 88 个、党建示范线 3 条、红色文化教育基地 2 个，农村基层党组织带领群众脱贫致富、建设美丽乡村的政治引领力、核心凝聚力、工作带动力得到进一步增强。

（二）建强基层领头雁队伍

实施"领头雁"培养工程，选优配强村"两委"班子，调整撤换基层党组织书记 17 人、新选任村党组织书记 26 人、储备村级后备力量 466 人，组织村（社区）党组织书记（副书记）、村（居）委主任、监督委主任等培训 8 期 1390 余人次，实施村"两委"干部、村小组长脱贫攻坚考核，切实提升村委会、村小组干部领导脱贫，服务脱贫

能力。发展强基惠农"股份合作经济",采取"支部 + 合作社 + 企业 + 农户"等模式,把党支部建在产业链上,打造重点专业合作社 187 个,实现村集体经济增收,带动贫困群众致富,基层无人管事、无钱办事、无场所议事的问题得到有效解决。

(三)发挥基层先锋队作用

制定下发《关于在脱贫攻坚中充分发挥各级党组织战斗堡垒作用和共产党员先锋模范作用的实施意见》,成立党员义务建房队、党员互助建房队、党员工程质量监督队,开展"双带一帮扶""三亮一树""双亮双强"主题实践活动,寻找"第一名党员""第一任书记",传承弘扬"马鹿塘精神",以党员先锋模范作用带动群众脱贫攻坚。推进"三培养"工程,推广乡镇"农村党员干部实训基地",着力把致富能手培养成党员、把党员培养成致富能手、把党员中的致富能手培养成村干部,发展 35 岁以下农民党员 128 人,发放"基层党员带领群众创业致富贷款"1670 万元,扶持 286 名党员和群众创业致富。

(四)强化监督保障队力量

强化扶贫领域监督执纪问责,制定出台《深化扶贫领域监督执纪问责工作方案》等工作制度,构建纪检监察、目标督查、部门检查、交叉检查、自检自查等多方式工作督查机制,公布举报电话,设立举报信箱,紧盯扶贫领域不作为、慢作为、乱作为等突出问题,运用监督执纪"四种形态",推动脱贫攻坚工作落地见效,形成"政策在一线落实、问题在一线解决"的工作态势。

九 整合"社会各方力量",持续帮扶全面到位

坚持借势,整合资源,凝聚力量。

(一)统筹整合资金

积极争取各级支持,汇聚各方财力保障脱贫。2016 年以来,共整合扶贫资金 75.20 亿元,其中:中央和省级财政资金 21.82 亿元,市级财政资金 33.95 亿元,县级财政资金 4.09 亿元,帮扶资金 8.46 亿元,融资 6.89 亿元。保障农村基础设施建设、农村危房改造、农业产业发展、教育扶贫保障、健康扶贫保障、农村环境提升等扶贫项目,做到了扶贫资金使用精准、安全高效。

(二)实施驻村扶贫

落实"挂包帮""转走访"要求,按照贫困村不少于 5 人、一般村不少于 3 人标准,派出驻村工作队员 742 人、第一书记 187 人,实现驻村扶贫工作队行政村全覆盖,严格驻村工作"全时驻村、全面融入、统一管理"机制,打造懂农村、懂扶贫、驻得下、干得实的脱贫攻坚队伍。

（三）强化协作帮扶

积极争取对口协作扶贫，主动对接上海市普陀区、北京市朝阳区、南光集团、中烟公司等先进发达地区和央企，先后与上海市普陀区、北京市朝阳区签订对口帮扶协议。昆明市五华区、官渡区、盘龙区、西山区、安宁市、呈贡区等兄弟县（市）区及省市共86家单位挂钩帮扶禄劝。三年来，33名省部级以上领导到我县调研指导脱贫攻坚47次，帮扶单位累计选派驻村工作队员207人、派出帮扶干部5249人，实施产业项目10个、基础设施140件，解决就业3049人、公益岗位2080个。

（四）凝聚社会力量

发挥群众组织作用，组建党员先锋队、工会帮扶队、青年突击队、巾帼建功队；动员社会力量，组织爱心机构、爱心企业、爱心人士，开展"同心共铸中国心"扶贫帮困、医疗慈善、爱心公益活动；开展"万企帮万村"行动，与上海绿地集团、北京中民集团、上海天天果园有限公司等企业签订产业合作协议，助力禄劝脱贫攻坚。

参考文献

［1］昆明市人民政府.昆明市扶贫开发规划（2016—2020年）［EB/OL］.（2017 – 12 – 26）［2020 – 02 – 29］. http：//fpb. km. gov. cn/c/2017 – 12 – 26 /2334221. shtml.

［2］杨子生，等.精准扶贫：寻甸县创新扶贫模式研究［M］.北京：社会科学文献出版社，2019.

［3］云南省人民政府.云南省人民政府关于批准寻甸县等15个县退出贫困县的通知［R］.云南省人民政府公报，2018，（18）：6.

［4］国家发展改革委员会.全国"十三五"易地扶贫搬迁规划［EB/OL］.（2016 – 09 – 20）［2020 – 02 – 29］. http：//www. ndrc. gov. cn/zcfb/zcfbghwb /201610/W020161031520838587005. pdf.

［5］中共云南省委办公厅，云南省人民政府办公厅.关于加强全省脱贫攻坚4类重点对象农村危房改造工作的意见［N］.云南日报，2017 – 07 – 27（6）.

［6］中共昆明市委办公厅，昆明市人民政府办公厅.关于推进农村"七改三清"工作的实施意见［EB/OL］.（2016 – 11 – 29）［2020 – 02 – 29］. http：//www. km. gov. cn/c/2016 – 11 – 29/1640918. shtml.

［7］习近平.在中央扶贫开发工作会议上的讲话［C］//中共中央党史和文献研究院.十八大以来重要文献选编（下）.北京：中央文献出版社，2018：29 – 51.

［8］云南省人民政府.云南省人民政府关于批准东川区等33个县（市、区）退出贫困县的通知［R］.云南省人民政府公报，2019，（9）：3.

［9］国务院．国务院关于同意新增部分县（市、区、旗）纳入国家重点生态功能区的批复［EB/OL］．（2016 － 09 － 28）［2020 － 02 － 29］．http：//www. gov. cn/zhengce/content/2016 － 09/28/content_5112925. htm.

［10］国务院．全国资源型城市可持续发展规划（2013—2020 年）［EB/OL］．（2013 － 12 － 03）［2020 － 02 － 29］．http：//www. gov. cn/zwgk/2013 － 12/03/content_2540070. htm.

［11］中共中央，国务院．中共中央　国务院关于打赢脱贫攻坚战的决定［M］．北京：人民出版社，2015：1 － 33.

［12］中共中央办公厅，国务院办公厅．关于建立贫困退出机制的意见［N］．人民日报，2016 － 04 － 29（04）.

［13］中共中央办公厅，国务院办公厅．脱贫攻坚责任制实施办法［N］．人民日报，2016 － 10 － 18（1、3）.

［14］莫衍，邹腊，刘继慧．禄劝县决战脱贫攻坚决胜全面小康　奋力开创跨越发展新局面［EB/OL］．（2018 － 01 － 22）［2020 － 02 － 29］．http：//yn. yunnan. cn/html/2018 － 01/22/content_5052260. htm.

第二篇
昆明市创新扶贫模式研究

第四章
禄劝县农村危房科学识别与精准改造模式

第一节　研究目的与意义

2015 年 11 月 29 日，中共中央、国务院印发的《中共中央　国务院关于打赢脱贫攻坚战的决定》（中发〔2015〕34 号），确定了我国打赢脱贫攻坚战的总体目标："到 2020 年，稳定实现农村贫困人口不愁吃、不愁穿，义务教育、基本医疗和住房安全有保障（简称'两不愁三保障'）。"[1] 由此，"两不愁三保障"成为建档立卡贫困户精准脱贫的基本标准。其中，住房安全有保障是精准脱贫战略的硬性要求。住房安全有无保障，通常是基于农村房屋危险性而言的。2009 年 3 月 26 日住建部制定的《农村危险房屋鉴定技术导则（试行）》将房屋危险性分为 4 个等级[2]：A、B、C、D。A 级指房屋结构能够满足正常使用的要求，没有发现危险点，房屋结构安全；B 级指房屋结构能基本满足正常使用的要求，个别结构构件处于危险的状态，但不会影响主体结构安全，基本满足正常使用的要求；C 级指房屋部分承重结构已不能满足正常使用的要求，局部已出现险情，构成局部危房；D 级指房屋承重结构已不能满足正常使用的要求，房屋整体已出现险情，构成整幢危房。在具体认定上，等级为 A、B 级的住房属于安全稳固住房，视为住房安全有保障；反之，等级为 C、D 级的住房属于危险房屋（危房），视为住房安全无保障。因此，农村危房改造不仅是关系广大农村群众的民生工程，也是打赢脱贫攻坚战的重大工程。住建部、财政部、国务院扶贫办 2017 年 8 月 28 日印发的《关于加强和完善建档立卡贫困户等重点对象农村危房改造若干问题的通知》（建村〔2017〕192 号），明确提出"4 类重点对象农村危房改造力争到 2019 年基本完成，2020 年做好扫尾工作"[3] 的目标，这是确保我国打赢脱贫攻坚战的重要举措。

位于我国西部金沙江高山峡谷区的禄劝彝族苗族自治县，既是一个集山区、农业、贫困为一体的少数民族地区县，也是省级革命老区县，同时也是我国乌蒙山集中连片特困地区重点县和全国 73 个国家扶贫开发工作重点县之一。山高、谷深、坡陡、弯急、路险是禄劝县地势地貌的基本写照，全县山区占总面积的 98.4%。县内海拔最高点为乌蒙山主峰马鬃岭，海拔 4247 米，最低点为普渡河与金沙江交汇处的小河口，海拔 746 米，相对高差 3501 米。特殊的高山峡谷区地理环境、恶劣的自然条件，使禄劝县的发展受到较大限制，其贫困面广、贫困程度深[4]。全县 189 个村（居）委会中，贫困村达 115 个，其中深度贫困村 83 个。全县累计建档立卡贫困户为 26083 户、贫困人口为 91586 人，贫困发生率（这里指建档立卡贫困人口数占 2014 年农业户籍人口总数的比例[5]）达 22.21%。在禄劝县脱贫攻坚战中，住房安全短板最为突出，其危房数量多、改造难度大、实施成本高、群众接受修缮加固的意愿低等诸多问题层出不穷，成为脱贫攻坚的重点、难点和焦点，也是全面小康建设的最大短板和突出瓶颈。为此，2017 年初以来，禄劝县委、县政府积极作为，审时度势，迎难而上，深入贯彻落实国家、云南省和昆明市扶贫政策，结合县情、村情、民情，把农村危房改造作为脱贫攻坚的重点工作来抓，创新性地全面开展农村危房改造，共完成农村危房改造 54801 户（占全县 2017 年农户总数的 47.16%），闯出了一条富有特色和成效的农村危房改造之路，探索出了一套行之有效、值得借鉴和推广的农村危房科学识别与精准改造模式。

第二节　农村危房改造的具体做法

围绕"产业发展脱贫一批"的工作任务，在昆明市农业局、寻甸县委和县政府的统一安排与部署下，创新"党支部 + 企业（合作社、大户）+ 建档立卡贫困户"帮扶模式，围绕"一乡一业、一村一品、户有产业"菜单式产业扶贫，"栽好大金元、排好大洋芋、养好大胖猪、种好大白菜"，产业发展脱贫一批得到较好落实。结合县情、民情和脱贫攻坚实际，寻甸县重点围绕"八个一"和"八个龙头"抓好产业扶贫工作，保障建档立卡贫困户产业扶贫达到全覆盖。

一　"五层级"识别法，安居保障精准不漏一户

按照"全面摸排、专家审查、五级签字、村组公示"的方式，紧扣房屋外观、基础、屋面、墙体、梁柱五个重点，由乡镇（街道）对辖区内农村房屋全覆盖摸排，提出初步名单；由 12 名外聘专家、县级职能部门 13 名技术人员组成专家队伍，进村入户、逐户核查；由户主、村民小组、村委会、乡镇（街道）、专家"五层级"全程参与人员在"农村危房精准核实认定表"上逐一签字确认，精准锁定 C、D 级危房。经公示无异议后，将识别出农村 C、D 级危房需要改造的内容逐一列入改造清单，缺一项补一项，缺多项补多项，确定改造方案。同时，开展危房"示范识别"工作，把茂山镇德卡村打造成为 C、D 级危房识别示范点，对房屋结构形式、危房判定依据、危房等级分类和认

定依据进行示范，统一危房认定标准。

二 "四类型"改造方式，因房分类施策重实效

实施一户一表（危房认定表）、一户一方案（施工方案）、一户一清单（工程量清单）、一户一承诺（自愿改造和执行政策承诺）、一户一协议（村委会、农户、施工方三方协议）的管理机制，将农村危房改造对象划分为修缮、加固、拆除重建、政策兜底帮建4种类型，因房分类施策。一是房屋结构基本完善、局部存在危险点的C级危房，采取修缮方式，主要解决遮风避雨、阴暗潮湿的问题；二是房屋结构不完善、加设钢屋架或采用钢丝网片、扁铁加固就可以满足抗震要求的C、D级危房，采取加固并同步实施修缮方式；三是墙体、梁柱危险点明显、飘摇欲坠、危险程度大，修缮加固后达不到安全稳固要求，或者修缮加固费用超过重建费用60%的D级危房，采取拆除重建方式；四是无经济来源、无劳动力的"双无"建房户，采取政策兜底帮建方式，采用轻型钢结构、树脂瓦屋面，建设60平方米以内的保障房。同时，打造"示范样板"推动危房改造，把团街镇大木城村打造成两山墙"墙抬梁"示范点，示范木屋架和墙体混合承重（墙抬梁）房屋的危房改造方法；把中屏镇火本村打造成钢丝网片加固危房示范点，重点示范如何解决危房承重墙有明显歪闪、局部酥碎的问题；把马鹿塘乡长坪子村打造成"土库房"加固示范点，重点示范如何解决危房墙体单独承重的土木结构房屋（土库房）加固的问题；把茂山镇大石头村打造成"轻钢木塑结构"拆除重建示范点，推广装配式工艺，重点示范如何解决建材"二次搬运"成本高的问题。通过示范样板、现场观摩、群众评议等方式，每月都选取一个乡（镇、街道）召开试点示范现场推进会，采取电视、广播、微信等形式，多维度宣传农危改政策、技术标准、资金补助等内容，真正让干部群众知晓、支持、参与并加快推进危房改造。

三 "三统筹"保障，合力推进农村危房改造

一是统筹资金投入。按照"向上级争取一点、县级融资整合一点、建房户自筹一点"的思路，市级统筹中央和省级资金共投入16.25亿元，县级筹措资金3.40亿元，全面解决农村危房改造资金不足问题。

二是统筹建材供给。采取统购统供方式，统一水泥、钢材、砂石等建材供应，由县级平台公司与昆钢集团、富民水泥厂签订统购协议，以低于市场价15%的价格供应钢材，以出厂价每吨优惠50元的价格供应水泥，在每个乡镇特批一个砂石料厂，以50元/米³的价格低价供应。同时，统筹拆除重建农房老旧建材使用，由村委会统筹调配，保障修缮加固农房，有效降低危房改造成本，保证资金使用效益。

三是统筹施工力量。根据农村劳动力、群众积极性、道路通达情况，采取群众自建、干部帮建、施工单位统建方式，统筹施工队伍，加大建筑工匠、技术人员、管理人员、驻村干部、群众农户培训力度，各乡（镇、街道）成立民兵义务建房队、党员互助建房队，协助帮助劳力不足自建户拆危房、建新房。规范施工程序，组织施工队伍，按照乡（镇、街道）统筹、村委会组织、工程队实施的要求，在明确每个村委会施工队不得少于 5 支、每支施工队人数不得少于 20 人、改造任务不得超过 70 户要求的基础上，县级统筹两个施工单位 5600 余人，全县施工队总人数高峰时有 23900 余人，组织开展培训 18 场共 1850 人次，实现"懂技术、懂管理、懂建设"施工队伍、管理人员全覆盖，确保施工进度和工程质量。

四 "两强化"质量措施，确保达到安全稳固标准

一是强化安全设计。坚持选址安全、地基坚实、结构稳定、抗震强度满足要求的质量标准，抓住地基基础、承重结构、抗震构造措施、围护结构等分项工程的建设要点，县住建部门设计出各类抗震加固的图纸和从 36 米^2 至 108 米^2 的 5 种户型图（36 米^2、54 米^2、72 米^2、90 米^2、108 米^2），供施工单位和农户建设使用。

二是强化质量监管。针对农村危房改造面广、分散、技术指导力量不足的问题，村组干部、驻村工作队、包村领导全程监管，同时发挥专业监管的优势，在乡（镇、街道）聘请 16 个监理队伍的基础上，县级筹资聘请 45 人第三方检测验收单位，每个乡（镇、街道）派驻 1 个检测验收组；县住建局向每个乡（镇、街道）派驻一名专业技术人员，指导农村危房改造，全过程、无死角、零容忍监管，形成以专业化监管为主，各方力量共同参与的监管格局，确保危房改造后达到安全稳固要求。

第三节　农村危房改造的主要成效

一　农村危房识别与改造情况

2017 年初以来，禄劝县紧盯全面消除农村危房的目标，成立县级专家组、16 个乡级指导组、189 个村级工作队、2605 个村民小组工作组，依据住建部《农村危险房屋鉴定技术导则》、云南省住建厅《农村危房认定技术指南》等技术规范，落实"乡有指导组、村有工作队、组有工作组"的危房摸排识别工作机制，组织 3000 余名县、乡、村、组干部，对全县 116213 户农户逐村逐户全覆盖排查，实现乡不漏村、村不漏户、户不漏房，共计识别出农村 C、D 级危房（包括四类重点对象和非贫困户）54801 户（见表 4－1），占全县农户总数的 47.16%。其中，C 级危房 24100 户，占危房总数的 43.98%；

D 级危房 30701 户，占危房总数的 56.02%。

通过近两年的精心分类改造，截至 2018 年 12 月 31 日，禄劝县危房改造工程共计已开工 54801 户，开工率 100%；竣工 54801 户，竣工率 100%；已验收和入住 54801 户，入住率 100%。在"四类型"改造方式中，修缮（C 级）18956 户，占危改总数的 34.59%；加固＋修缮（C、D 级）5783 户，占危改总数的 10.55%；拆除重建（D 级）29515 户，占危改总数的 53.86%；兜底帮建（"双无"户）547 户，占危改总数的 1.00%。

表 4 - 1　禄劝县 2017～2018 年危房识别与改造一览

乡镇	2017 年农户总数（户）	2017～2018 年危房识别数（户）			2017～2018 年危房改造数（户）	危房改造完成情况（户）		
		C 级	D 级	合计		已开工	已竣工	已验收（已入住）
屏山街道	13767	954	2061	3015	3015	3015	3015	3015
翠华镇	10332	2018	2771	4789	4789	4789	4789	4789
九龙镇	11223	2253	3228	5481	5481	5481	5481	5481
茂山镇	9442	1721	1527	3248	3248	3248	3248	3248
云龙乡	7094	1685	1426	3111	3111	3111	3111	3111
团街镇	2832	1459	426	1885	1885	1885	1885	1885
中屏镇	4880	1996	1190	3186	3186	3186	3186	3186
撒营盘镇	12392	3301	3186	6487	6487	6487	6487	6487
皎平渡镇	5801	1216	2064	3280	3280	3280	3280	3280
汤郎乡	4076	942	1988	2930	2930	2930	2930	2930
马鹿塘乡	5916	1218	1909	3127	3127	3127	3127	3127
乌东德镇	5002	1364	1946	3310	3310	3310	3310	3310
则黑乡	7431	1354	1162	2516	2516	2516	2516	2516
转龙镇	8709	1607	2376	3983	3983	3983	3983	3983
乌蒙乡	4398	873	1762	2635	2635	2635	2635	2635
雪山乡	2918	139	1679	1818	1818	1818	1818	1818
总　计	116213	24100	30701	54801	54801	54801	54801	54801

二　危房改造工程实施的扶贫效果

禄劝县由于高山峡谷区地形条件等诸多方面的制约，不仅危房数量多，而且危房改造难度大、实施成本高，是脱贫攻坚战中最难啃的"硬骨头"。在省委、省政府和昆明市委、市政府的正确领导与强力支持下，禄劝县举全县之力，把解决农村危房、提升农村人居环境、保障农村群众住房安全作为脱贫攻坚的硬性指标，抢抓机遇，因地制宜，全域覆盖，全力攻坚，统筹农村人居环境综合提升，积极探索脱贫攻坚的农村危房改造精准模式，取得了显著的扶贫效果。全县2017～2018年共计改造农村危房54801户，加上2016年危房改造9669户，三年（2016～2018年）累计实施农村危房改造64470户，实现农村危房改造的全覆盖。经住建部门认定，全县建档立卡贫困人口91586人（含2018年脱贫建档立卡贫困人口55148人）的住房均达到了本行业政策规定"安全稳固、遮风避雨"的标准，符合贫困县退出考核中"无住C、D级危房情况，住房遮风避雨，房屋结构体系整体基本安全"的标准。不仅如此，由于禄劝县的危房改造覆盖了县域范围内的全部农户（包括建档立卡贫困户和非建档立卡户），有效解决了关系全县农村群众的住房安全问题，全面提升了农村人居环境，改善了村庄落后面貌，为全县决胜全面小康大局、增进民生福祉、保障农民群众生命财产安全提供了基本保障，因而极大地提升了脱贫攻坚工作的群众满意度、认可度，群众的获得感也得到了提升。

结合产业扶贫、教育扶贫、健康扶贫等多种精准扶贫举措，禄劝县脱贫攻坚战取得了决定性的胜利：到2018年12月底，全县已累计脱贫25236户（89355人），剩余贫困户仅847户（2231人），贫困发生率降至0.54%，较2015年的22.21%降低了21.67个百分点，115个贫困村（含83个深度贫困村）均达到了贫困村退出标准，已顺利退出（见表4-2）。

表4-2 禄劝县2018年末与2015年贫困发生率的对比

乡镇	历年累计建档立卡贫困人口		2014年末农业户籍人口数（人）	2015年贫困发生率（%）	2018年末未脱贫人口数		2018年末贫困发生率（%）	贫困村总数（个）（含深度贫困村）	到2018年末已退出贫困村总数（个）
	户数（户）	人数（人）			户数（户）	人数（人）			
屏山街道	1113	3934	40373	9.74	56	154	0.38	2	2
翠华镇	2776	9575	35989	26.61	113	269	0.75	12	12
九龙镇	2310	7992	42480	18.81	104	276	0.65	12	12
茂山镇	1654	5560	35734	15.56	92	202	0.57	4	4
云龙乡	787	2492	9617	25.91	12	29	0.30	6	6
团街镇	509	1598	24294	6.58	21	51	0.21	1	1
中屏镇	1521	5365	18002	29.80	28	74	0.41	8	8
撒营盘镇	1921	6240	43903	14.21	104	268	0.61	5	5
皎平渡镇	1558	5740	21677	26.48	39	118	0.54	5	5
汤郎乡	1507	5452	13820	39.45	20	51	0.37	9	9
马鹿塘乡	1550	5013	19387	25.86	36	101	0.52	8	8
乌东德镇	1957	6630	15776	42.03	30	77	0.49	8	8

乡镇	历年累计建档立卡贫困人口		2014 年末农业户籍人口数（人）	2015 年贫困发生率（%）	2018 年末未脱贫人口数		2018 年末贫困发生率（%）	贫困村总数（个）（含深度贫困村）	到 2018 年末已退出贫困村总数（个）
	户数（户）	人数（人）			户数（户）	人数（人）			
则黑乡	2074	7804	27614	28.26	51	152	0.55	11	11
转龙镇	2305	8335	34222	24.36	82	226	0.66	9	9
乌蒙乡	1174	4545	17633	25.78	35	96	0.54	8	8
雪山乡	1367	5311	11802	45.00	24	87	0.74	7	7
总计	26083	91586	412323	22.21	847	2231	0.54	115	115

第四节 农村危房改造模式的特色与亮点

禄劝县实施的精准危房改造模式，呈现许多特色、亮点和创新点。主要体现在四个方面。

一 科学识别与精准认定

禄劝县紧盯全面消除农村危房的目标，坚持"全域摸排、全面识别、精准认定"的原则，组建强有力的县级专家组、乡镇级指导组、村级工作队、村民小组工作组，依据住建部《农村危险房屋鉴定技术导则（试行）》[2]、云南省住建厅《云南省农村危房认定指南（试行）》[6]等技术规范，科学调查房屋危险性等级，准确识别县域内危房的现状，全面掌握危房底数，实现"乡不漏村、村不漏户、户不漏房"。在全面摸排、识别和认定中，紧紧聚焦农房外观、基础、屋面、墙体、梁柱等五个重点部位，对照标准表，查找隐患点，把结构基本完善、局部危险、外观破损的农房列为 C 级危房，把结构不完善、地基不稳当、墙体开裂透亮的农房列为 D 级危房，确保精准识别无差错。

二 分类施策，避免大拆大建

在科学识别和精准认定危房等级（C 级、D 级）的基础上，采取"因房分类施策重实效"的策略，合理确定具体的危房改造方式。通常，C 级危房采取修缮加固方式进行改造，而 D 级危房则常常采取拆除重建方式。为了推广低成本改造方式，有效避免因建房而致贫返贫，2017 年住建部明确规定："原则上 C 级危房必须加固改造，鼓励具备条件的 D 级危房除险加固。"[3]云南省亦规定："C 级危房原则上采用加固改造方式。D 级危房通过加固改造可以达到抗震要求的，应当采用加固改造方式；通过加固改造达不到抗震要求的，应当拆除重建。"[7]为此，禄劝县准确把握国家和云南省危房改造政策，结合县情，本着"能加固修缮的尽量加固修缮，切实避免大拆大建"的原则，将县内 D 级危房能采取加固修缮措施达到安全稳固住房要求的尽量采取加固修缮举措，使村庄面貌焕然一新，既保留了传统民居的风貌，又达到房屋改造后的安全稳固目标。

三 重在三个统筹，既保证质量又节约成本

禄劝县突出强调"三个统筹"（统筹资金、统筹建材和统筹施工力量），合力推进全县农村危房改造。通过统筹资金投入，切实解决农村危房改造资金缺口。在统筹建材供给方面，采取统购统供方式，向农村危房户提供低于市场价格的水泥、钢材、砖、砂石料等建材，并将拆除重建户可再次利用的瓦片、木料等建材二次利用于修缮加固户，进一步减轻贫困户负担。通过统筹施工力量，保障农村危房改造有充足力量的同时，实施工匠管理，确保每个村均有熟悉农村危房改造工作流程和技术规范要领的技术业务骨干，有效保障危房改造质量。

四 不增加贫困户的经济负担，同时还给予农户创收机会

禄劝县的危房改造自始至终尽量不给贫困户增加经济负担，甚至还积极给予农户创收机会，增加农户收入，从而有效避免了因建房而致贫或返贫。一是禄劝县充分调动农户积极性，积极提倡和鼓励"农危改"农户积极参与本户的"农危改"工作，通过投工投劳，赚取 1000 元以上的劳动收入（投工投劳拿报酬）；二是"农危改"农户通过为县、乡组织的施工队伍提供餐饮服务，收取合适的餐饮服务费，促进农户增收。

第五节　农村危房改造模式的成功经验

一 上级党委政府和主管部门高度重视，是危改工程取得成功的前提和保障

在国家和云南省的统一部署下，昆明市委、市政府高度重视农村危房改造工作，《昆明市脱贫攻坚责任制实施细则》第二十八条专门规定：县级党委政府"负责完成农村危房改造建设任务。聚焦建档立卡贫困户等 4 类重点对象，精准核实存量危房，统筹整合各级各类资金，科学实施危房改造，以县级为实施主体全面消除农村危房"[8]。在昆明市委、市政府的大力支持下，市级统筹中央和省级资金共投入 16.25 亿元，切实解决了禄劝县农村危房改造资金的缺口。此外，云南省住建厅、昆明市住建局专门派出专业技术人员进行精心指导，有力地保证了禄劝县危房改造的专业化和技术的精湛化。

二　县委、县政府高度重视，举全县之力重点推进，是危改工程取得成功的根本保证

针对农村危房改造这一突出短板，禄劝县委、县政府高度重视，2017年初以来，将"农危改"作为全县打赢脱贫攻坚战的一项重点工程来推动，举全县之力，全员参与。一是全县的各级干部职工均参与到"农危改"工程中，监督并促进挂钩帮扶的贫困户积极开展危房改造，各脱贫攻坚战区的指挥长对所在乡镇的"农危改"负全责。二是县政府常务副县长亲自抓"农危改"工作，每周召开一次"农危改"调度会，会议形式多样，旨在查找问题、分析原因、强化措施、全力推进。三是自2016年全面开展脱贫攻坚工作以来，每周一次的脱贫攻坚例会都突出强调"农危改"工作，及时通报"农危改"进展情况，对"农危改"工作进行精心安排和部署，有力地保障了全县"农危改"工程的顺利实施。

三　积极开展各类业务培训和政策培训，是危改工程顺利实施的关键环节

为了顺利实施农村危房改造工程，禄劝县高度重视并积极组织开展农村危房改造的各类业务培训和政策培训。2017年共进行了18场共1850人次的各类业务培训，2018年则主要是政策宣传，共组织进行了13场共2000多人的政策培训。县委组织安排领导干部大讲堂和万名党员进党校的"农危改"专题学习活动，学习人员包括各级领导干部和帮扶骨干。通过这些培训，县内各级干部和挂钩帮扶人员清楚地了解了"农危改"政策和相关业务，进而对农户进行准确的政策宣传和业务引导，确保县、乡镇、村委会、村民小组和农户五级联动，有效开展农村危房的科学识别和精准改造工作。

第六节　农村危房改造模式的启示与借鉴

一　值得其他县（区）学习和借鉴之处

禄劝县的农村危房改造工程无疑是成功的，其特色和亮点突出，即危房的科学识别与精准认定；既保留传统民居风貌又达到安全稳固目标的分类施策型危改，避免大拆大建；既保证质量又节约成本的"三个统筹"；既不给贫困户增加经济负担又能给予农户创收机会的投工投劳型参与方式。这些亮点值得云南省内其他贫困县（区）乃至其他省（区、市）类似贫困地区学习和借鉴。

二 对更高层面的政策制定有着一定的现实意义

禄劝县近年来在农村危房改造上的成功做法已得到省、市两级的认可，并逐步在全省范围内得到推广。2015 年 10 月，昆明市"农危改"启动仪式在禄劝县翠华镇召开；2017 年 10 月 26~27 日，昆明市农村危房改造脱贫分指挥部组织的"全市农村危房改造推进工作暨加固改造现场会议"在禄劝县召开，参会人员现场观摩了禄劝县中屏镇中屏村委会火本村小组、撒营盘镇芝兰村委会本增村小组农危改示范点；2018 年 7 月 9~10 日，云南省脱贫攻坚领导小组组织的"全省农村危房改造现场推进会"在昆明市禄劝县召开。全省各州（市）和部分县（市、区）党委、政府分管领导、住建和扶贫部门负责同志共 180 余人参加了会议，会议期间与会代表们参观了禄劝县撒营盘镇芝兰村委会本增村、中屏镇中屏村委会火本村农村危房改造工作。此后，省内许多县（市、区）纷纷到禄劝县危房改造示范点进行观摩和学习。

此外，北京市住建委调研组于 2018 年 4 月 11~12 日莅临禄劝县，深入禄劝县皎平渡镇永善村委会永善大村村小组、中屏镇中屏村委会火本村小组和团街镇运昌村委会大木城村小组调研农村危房改造工作。

2017 年 12 月 6 日，全国农村危房改造绩效评价工作在禄劝县中屏镇中屏村委会火本村小组进行现场试评，住建部村镇司王旭东副司长、村镇司农房处陈伟处长等领导和有关省（区、市）的专家 70 余人现场指导、观摩禄劝县的"农危改"工作，认为禄劝县的"农危改"做到了认识到位、组织到位、示范到位、监管到位。

参考文献

[1] 中共中央，国务院. 中共中央 国务院关于打赢脱贫攻坚战的决定 [M]. 北京：人民出版社，2015：1-33.

[2] 住房和城乡建设部. 农村危险房屋鉴定技术导则（试行）[EB/OL].（2009-03-26）[2009-03-30]. http://www. mohurd. gov. cn/wjfb/200903/t20090330_188114. html.

[3] 住房和城乡建设部，财政部，国务院扶贫开发领导小组办公室. 关于加强和完善建档立卡贫困户等重点对象农村危房改造若干问题的通知 [EB/OL].（2017-08-28）[2017-09-06]. http://www. mohurd. gov. cn/wjfb/201709/t20170906_233201. html.

[4] 杨人懿，朱洁，杨诗琴，等. 云南禄劝县精准推进农村危房改造模式分析 [C] //刘彦随，杨子生，方斌. 中国土地资源科学创新与精准扶贫研究. 南京：南京师范大学出版社，2018：88-91.

［5］YANG Zi – sheng. Discussion on Calculation Method of Poverty Incidence in the Exit Evaluation of Poverty – Stricken Counties and Villages ［J］. *Agricultural Science & Technology*, 2017，18（9）：1766 – 1769.

［6］云南省住房和城乡建设厅 . 云南省农村危房认定指南（试行）［EB/OL］.（2018 – 09 – 07）［2018 – 10 – 25］. https：//wenku. baidu. com/view/948d3653c381e53a580216fc700abb68a882ad7a. html？ from = search.

［7］中共云南省委办公厅，云南省人民政府办公厅 . 关于加强全省脱贫攻坚 4 类重点对象农村危房改造工作的意见［N］. 云南日报，2017 – 07 – 27（6）.

［8］中共昆明市委办公厅，昆明市人民政府办公厅 . 昆明市脱贫攻坚责任制实施细则［EB/OL］.（2017 – 08 – 11）［2017 – 11 – 27］. http：//fpb. km. gov. cn/c/2017 – 11 – 27/2329745. shtml.

第五章
寻甸县健康扶贫 "5 + 5" 模式

第一节　研究目的与意义

　　实施精准扶贫、精准脱贫重大政策，已成为推进落实"十三五"规划和实现 2020 年全面建成小康社会目标的时代使命[1]。在实施精准扶贫战略中，稳定实现农村贫困人口"不愁吃、不愁穿，义务教育、基本医疗和住房安全有保障"（简称'两不愁三保障'），是我国精准脱贫的标准和打赢脱贫攻坚战的总体目标[2]。在"两不愁三保障"中，基本医疗有保障是"三保障"的重要组成部分。让群众"病有所医，医有所保"，保障人民群众身体健康是全面建成小康社会的重要内涵[3]。2013 年以来，中共中央把健康扶贫作为打赢脱贫攻坚战的一项重要举措，做出了一系列重大决策部署。中共十九大把实施健康中国战略上升到决胜全面建成小康社会、开启全面建设社会主义现代化国家新征程的战略部署[4]。可以说，没有全民健康，就没有全面小康。许多研究表明，低收入群体罹患重大疾病的可能性大于高收入群体，贫困人口即使已经脱贫也可能面临患病风险，导致再次因病返贫。同时，非贫困户也面临因病致贫而成为新贫困户的风险。贫困与疾病通过许多联结而相互影响，反复循环。因此，健康扶贫将是一个长期的重点扶贫方式[5]。健康扶贫是脱贫攻坚战中的一场重要战役，事关群众切身利益，事关脱贫攻坚大局。

　　寻甸县是全国 592 个国家扶贫开发工作重点县之一，山区占全县总面积的 87.5%，集"民族、贫困、山区、革命老区"四位一体。2014 年，全县有建档立卡贫困人口 33358 户 127960 人，贫困发生率为 26.93%。其中，因病致贫和返贫 2743 户 3095 人，因病致贫、返贫率为 8.2%。通过近几年的脱贫攻坚工作，截至 2017 年底，全县 8 个贫困乡 113 个贫困村达到脱贫标准，全县累计减少农村贫困人口 126311 人，贫困发生率由 2014 年的 26.93%下降到 2017 年末的 0.35%，农村常住居民人均可支配收入由 2014 年的 6113 元增长到 8229 元，城乡面貌发生巨大变化，农民生活水平显著提高，全县整体达到现行脱贫摘帽标准，终于摘掉戴了 30 多年的"穷帽子"，成为云南省首批脱贫摘帽县。2017 年末全县未达脱贫标准的 594 户 1649 人中，因病致贫返贫 208 户 647 人，因病致贫返贫人数占未达脱贫标准人数的 39.2%。为有效防止因病致贫、因病返贫现象，根据《昆明市人民政府办公厅关于印发昆明市贯彻落实云南省健康扶贫 30 条措施实施方案的通知》（昆政办〔2017〕144 号）要求，寻甸县结合本县实际情况，研究并提出了健康扶贫"5＋5"工作模式。通过实施这一工作模式，探索出一条符合寻甸县实际情况的健康扶贫之路。截至 2018 年底，寻甸县贫困发生率已进一步降至 0.25%。这一模式极大地改善了群众的就医环境，改善了贫困地区的医疗条件，得到了各族群众的一致认可，提高了群众的满意度和获得感，有效防止了因病致贫、因病返贫的现象发生，也为其他贫困地区推进健康扶贫工作提供了宝贵的经验。本章着力总结和凝练了寻甸县健康扶贫的具体做法、主要成效、成功经验、启示与借鉴。同时，还分析了该模式当前存在的主要问题，并提出了相应的对策建议，旨在为其他贫困地区健康扶贫提供参考和借鉴。

第二节　健康扶贫"5＋5"模式的具体做法

寻甸县决定在"寻甸县脱贫攻坚指挥部"之下专门设立"健康救助脱贫攻坚分指挥部"，这一分指挥部紧紧围绕加强医疗服务能力建设、提升公共卫生服务能力等方面，着力实施"5＋5"工作模式，有效防止因病致贫、因病返贫和因病漏评。

一　建立完善"五重保障"医疗体系

一是基本医疗保险。建档立卡贫困人口在乡镇卫生院住院实施零起付线，按照分级诊疗、转诊转院的规范在定点医疗机构住院，提高城乡居民基本医疗保险报销比例，合规医疗费用在一级联网结算医疗机构报销比例达到 95%，在二级联网结算医疗机构报销比例达到 85%，在三级联网结算医疗机构报销比例达到 80%。2015 年以来，全县建档立卡贫困人口医疗费用基本医疗保险报销 8665.9 万元。

二是大病保险。建档立卡贫困人口大病报销起付线由原来的 2 万元降低为 1 万元，降低 50%，大病保险最高支付限额由原来的 9.8 万元提高到 18.3 万元。建档立卡贫困人口在自然年度内个人自付医疗费超过 1 万元以上（含 1 万元）3 万元以内的报销 50%，3 万元以上（含 3 万元）4 万元以内的报销 60%，4 万元以上（含 4 万元）5 万元以内的报销 70%，5 万元以上（含 5 万元）25 万元以下的报销 80%。2015 年以来，全县建档立卡贫困人口医疗费用大病保险报销 334.6 万元。

三是民政医疗救助。取消建档立卡贫困人口民政医疗救助起付线，年度累计救助封顶线不低于 10 万元。2015 年以来，全县建档立卡贫困人口医疗费用民政救助 457.2 万元。

四是政府兜底保障。建档立卡贫困人口通过基本医疗保险、大病保险、民政医疗救助报销后，符合转诊转院规范住院治疗费用实际补偿比例达不到 90% 和个人年度支付符合转诊转院规范的医疗费用仍然超过当地农村居民人均可支配收入的部分，由政府进行兜底保障。确保建档立卡贫困人口住院医疗费用个人自付比例不超过 10%，门诊费用个人自付比例不超过 20%，年度个人自付累计费用不超过当地居民人均可支配收入。2015 年以来，全县建档立卡贫困人口医疗费用政府兜底保障 1288.8 万元。

五是临时医疗救助保障。对建档立卡贫困人口和农村低收入人口，其政策范围内的医疗费用经基本医保、大病保险、民政医疗救助和政府兜底保障等救助措施后，个人年度累计自付部分还有可能造成"因病致贫、因病返贫"的，通过本人申请给予临时医疗救助。原则上每人每年救助金额不超过 2 万元。2015 年以来，全县建档立卡贫困人口医疗费用临时医疗救助保障 384.9 万元。

二 落实五项优惠服务政策

一是全员免费参保待遇。建档立卡贫困人口全员参加城乡居民基本医疗保险和大病医疗保险，个人缴费部分由政府全部兜底，建档立卡贫困人口全员享受城乡基本医疗保险和大病保险相关待遇。2017 年全县参加城乡居民基本医疗保险和大病医疗保险建档立卡贫困人口 127957 人，达到 100% 参保，政府补助 2303.2 万元。

二是"先诊疗、后付费"及"一站式"结算服务。建档立卡贫困人口在"健康扶贫定点医院"（县第一人民医院、县中医医院和 16 家乡镇卫生院）看病就医实行"先诊疗、后付费"服务，无须缴纳住院押金，直接治疗。"健康扶贫定点医院"均开设"建档立卡贫困人口服务窗口"，实行"一站式"结算服务，医院对各类报销补偿资金统一进行垫付，建档立卡贫困患者只需缴清个人自付费用即可。2017 年建档立卡贫困人口看病就医 160294 人次。

三是大病集中救治服务。建档立卡贫困人口罹患儿童白血病、儿童先天性心脏病、食管癌等 9 类 20 种大病的，优先安排集中救治。2017 年，全县患 9 类 20 种大病的建档立卡贫困人口有 1100 人，由县第一人民医院联合省、市级医院，按照"病人不动专家动"的原则，实现建档立卡贫困大病患者 100% 救治，做到"一人一档一方案"。

四是家庭医生签约服务。建档立卡贫困人口享受家庭医生签约服务，由家庭医生团队提供基本医疗、公共卫生和约定的健康管理服务。2017 年，全县组建家庭医生团队

179 个，签约建档立卡贫困户 127957 人，随访服务 511828 人次。

五是巡回医疗帮扶服务。由市、县级医院派出专家，与乡镇卫生院医生和乡村医生组成医疗帮扶小分队，定期对建档立卡贫困人口进行义诊、健康指导等巡回医疗帮扶服务。2017 年，昆明市 16 家城市医院与寻甸县 2 家公立医院和 16 家乡镇卫生院建立长期稳定的结对帮扶关系，派出医疗技术指导人员 1501 人次，接诊贫困患者 12516 人，免费发放药品 88143 元；县级 2 家医院派出医疗技术指导人员 670 人次，接诊贫困患者 5222 人，免费发放药品 51885 元；乡级 16 家卫生院派出医疗技术指导人员 870 人次，接诊贫困患者 8454 人，免费发放药品 15466 元。

第三节　健康扶贫"5＋5"模式的主要成效

通过实施健康扶贫"5＋5"工作模式，寻甸县医疗卫生工作得到持续提升，基础设施建设得到不断加强，乡镇卫生院、村卫生室标准化建设达标，设施设备标准化配置到位，极大地改善了群众的就医环境，改善了贫困地区的医疗条件，得到了群众的信任和一致认可，提高了群众的满意度和获得感，有效防止了因病致贫、因病返贫的发生。

一　全面提升了群众满意度和获得感

全县 2 家公立医院和 16 家乡镇卫生院为"健康扶贫定点医院"，设立"贫困人口健康服务窗口"，开通绿色通道方便就诊。建档立卡贫困人口看病就医实行"先诊疗、后付费"服务，无须缴纳住院押金，直接住院治疗，极大地方便了贫困群众看病就医。各健康扶贫定点医院建成"一站式"结算平台，实现了患者医疗费用一次性结算和报销。组建家庭医生团队 179 个，建档立卡贫困户家庭医生签约 127957 人，由家庭医生团队为建档立卡贫困人口提供基本医疗、公共卫生和约定的健康管理服务，进一步增强了群众的满意度和获得感。

对 20 户大病户 2018 年医药费状况调查表明，这 20 户大病户 2018 年应付医疗费占家庭总纯收入的比例平均为 41.62%，最低的为 16.66%，最高的达 106.11%（应付医疗费超过了家庭总纯收入）；按健康扶贫政策报销后，实际支付医疗费占家庭总纯收入的比例平均为 4.11%，最低的仅为 1.57%，最高的也只有 10.61%，报销比例均在 90% 以上（见表 5－1）。

表 5-1　寻甸县部分大病户 2018 年医药费状况调查

调查农户编号	家庭人口数（人）	家庭纯收入合计（元）	家庭人均纯收入（元）	应付医药费情况		实付医药费情况		报销比例（%）
				应付医疗费（元）	占家庭总纯收入的比例（%）	实付医疗费（元）	占家庭总纯收入的比例（%）	
01	4	21893	5473.25	8090.00	36.95	807.50	3.69	90.02
02	4	19730	4932.50	6675.58	33.83	627.56	3.18	90.60
03	3	11651	3883.67	8744.77	75.06	864.48	7.42	90.11
04	3	17236	5745.33	8755.99	50.80	870.10	5.05	90.06
05	3	24312	8104.00	4290.42	17.65	427.34	1.76	90.04
06	5	29983	5996.60	8350.75	27.85	816.90	2.72	90.22
07	4	16253	4063.25	4109.67	25.29	400.97	2.47	90.24
08	2	13044	6522.00	2515.16	19.28	231.52	1.77	90.80
09	5	26913	5382.60	28556.36	106.11	2855.64	10.61	90.00
10	2	11848	5924.00	5472.48	46.19	537.25	4.53	90.18
11	2	20497	10248.50	17746.02	86.58	1714.60	8.37	90.34
12	3	28403	9467.67	4730.63	16.66	446.65	1.57	90.56
13	4	37402	9350.50	9127.08	24.40	886.29	2.37	90.29
14	4	51039	12759.75	19903.64	39.00	1980.36	3.88	90.05
15	5	27888	5577.60	13233.56	47.45	1313.36	4.71	90.08
16	5	30730	6146.00	5597.50	18.22	539.75	1.76	90.36
17	3	13862	4620.67	2325.54	16.78	217.01	1.57	90.67
18	7	86842	12406.00	25136.14	28.94	2503.62	2.88	90.04
19	2	13862	6931.00	2384.95	17.20	225.00	1.62	90.57
20	4	44696	11174.00	42392.78	94.85	4239.28	9.48	90.00
平均	4	27404.20	7235.44	11406.95	41.62	1125.26	4.11	90.14

二　减少了建档立卡贫困户因病致贫、因病返贫的现象发生

通过严格按照"三个一批"（大病集中救治一批、慢病签约管理一批、重病兜底保障一批）进行分类管理，全县建档立卡贫困人口中因病致贫、返贫人数核准完成率达到100%，录入全国健康扶贫动态管理系统"三个一批"4468人，其中需要大病集中救治一批985人，已救治985人，救治率100%；需要慢病签约管理一批3481人，已签约3472人，签约率99.7%；需要重病兜底保障一批2人，已兜底2人，兜底率100%。通过实施健康扶贫"5+5"模式，寻甸县因病致贫、返贫人数已从2743户3095人降至208户647人，截至2018年底，寻甸县贫困发生率已经从2014年的26.93%降至0.25%。

三　医疗卫生工作得到持续提升

寻甸县医疗基础设施建设得到不断加强，乡镇卫生院、村卫生室标准化建设达标，设施设备标准化配置到位，极大地改善了群众的就医环境，改善了贫困地区的医疗条件。通过巡回医疗帮扶服务，偏远地区的贫困户也能得到高水平医生的诊断和治疗。通过激励优秀医学人才向基层流动政策，越来越多的高素质医学人才深入基层，使基层的医疗卫生得到明显提升，各项工作可以更加高效地开展。

第四节　健康扶贫"5＋5"模式的成功经验

一　政府主导与推进是前提和保障

健康扶贫"5＋5"模式，是根据《昆明市人民政府办公厅关于印发昆明市贯彻落实云南省健康扶贫30条措施实施方案的通知》（昆政办〔2017〕144号）要求，在贯彻落实《云南省健康扶贫30条措施》和《昆明市健康扶贫攻坚工作方案》过程中，寻甸县结合本县实际情况而探索出来的一项行之有效的健康扶贫政策措施。整个健康扶贫模式的运转全部基于政府的支持和推进，所有健康扶贫资金均由政府投入。如果没有政府主导，那么这个模式就会不复存在。因此，政府的主导与推进是整个健康扶贫模式的前提和保障。

二　五重保障与五项优惠是中心内容

健康扶贫"5＋5"模式，指的就是上述五重保障和五项优惠，这是这个健康扶贫模式的中心内容。简言之，五重保障包括基本医疗保险、大病保险、民政医疗救助、政府兜底保障、临时医疗救助保障。五项优惠包括全员免费参保待遇、"先诊疗、后付费"及"一站式"结算服务、大病集中救治服务、家庭医生签约服务、巡回医疗帮扶服务。五重保障与五项优惠政策相互衔接、相互支撑，共同推进了健康扶贫工作的开展。

三　注重加强政策宣传引导是关键措施

各级各部门积极制订宣传工作方案，采取群众通俗易懂、喜闻乐见的形式进行广泛宣传，加大宣传工作力度，提高健康扶贫各项政策措施的知晓率。大力宣传健康扶贫的典型案例和工作成效，营造良好的舆论环境和社会氛围。通过家庭医生签约服务和巡回医疗帮扶服务，把有关的健康扶贫政策宣传到每家每户。驻村工作队、包村干部与帮扶责任人切实做好宣传政策的工作，同时要印发相关的手册。只有政策宣传好了，农户才能了解政策、享受政策、从政策中获得切实利益。注重加强政策宣传是一项不可或缺的措施。

第五节　健康扶贫"5 + 5"模式的启示与借鉴

一　通过体制机制创新解决贫困人口看病负担重的问题

鼓励各地组建医疗联合体（医疗共同体），积极开展按人头打包付费试点，按照"超支自负，结余留用"的原则，将区域内建档立卡贫困人口或城乡居民的基本医保、大病保险、医疗救助、兜底保障、家庭医生签约服务费等资金统一打包给医疗联合体（医疗共同体）牵头医院，由牵头医院负责建档立卡贫困人口或城乡居民的医疗卫生服务和医疗保障，并确保建档立卡贫困人口个人年度支付的符合转诊转院规范的医疗费用不超过当地农村居民人均可支配收入。

二　建立激励优秀医学人才向基层流动的政策措施

对到县级医疗卫生机构工作的高级专业技术职务人员或医学类专业博士研究生给予每人每月 1000 元生活补助，医学类专业全日制硕士研究生给予每人每月 800 元生活补助。对到乡镇卫生院工作的高级专业技术职务人员或医学类专业博士研究生、全日制硕士研究生给予每人每月 1500 元生活补助，经全科住院医师规范化培训合格的本科生给予每人每月 1000 元生活补助，医学类专业全日制本科毕业生取得相应执业资格的给予每人每月 1500 元生活补助。县级及以上具有中级以上职称的专业技术人员、具有执业医师资格的卫生技术人员，到乡镇连续工作 2 年（含 2 年）以上的，从到乡镇工作之年起，给予每人每年 1 万元工作岗位补助。积极争取国际支持，继续实施特岗全科医师招聘计划。鼓励公立医院医师利用业余时间到基层医疗卫生机构执业。

三　注重远程医疗服务体系建设

2018 年上半年，已经完成全县 16 个乡镇卫生院在基础医疗、公共卫生服务、中医药服务、儿童和孕产妇管理信息系统的统一布置，建成县域居民健康档案数据库。虽然寻甸县远程医疗服务体系建设已经取得一些成效，但是，还要争取在 2020 年前，完成全民健康信息平台建设，实现电子病历居民健康档案、全员人口健康等数据的互联互通，实现公共卫生、计划生育、医疗服务、医疗保障、药品供应、行业管理、健康服务、大数据挖掘、科技创新等全业务信息系统应用，同时完成医学影像、临检、心电、病理等管理系统建设，依托省、市远程诊疗系统，建成覆盖县、乡两级医疗机构间信息共享的远程诊疗服务体系。

四　广泛开展健康促进与健康教育

推进健康扶贫首先要解决"未病先防"的问题，这就要求抓好全民健康教育，着力提升贫困地区居民健康素养。加强健康教育机构和队伍建设，配置健康教育专业工作人员 3~5 人，构建健康科普宣传平台。实施健康素养促进行动项目，落实健康巡讲，公益广告播放，结核病、艾滋病等传染病，高血压、糖尿病等慢性非传染性疾病，地方病健康教育等工作措施，广泛开展居民健康素养基本知识和技能宣传教育，有针对性地对学生、老年人、慢性疾病患者等重点人群开展健康教育，有效提高居民健康素养水平，指导开展居民健康素养监测工作。到 2020 年，力争居民健康素养水平达到 16%。

第六节　健康扶贫"5＋5"模式存在的问题

一　健康扶贫资金压力过大

按照脱贫不脱政策的要求，全县有建档立卡贫困人口 130202 人，2017 年省、市、县投入 2535.5 万元，其中县级投入 500 万元。随着建档立卡贫困人口看病就医需求的不断增长，今后所需健康扶贫政府兜底资金将不断增加，2018 年县级拟投入 1000 万元，若省、市投入减少，县级投入将会更多，存在资金压力过大的问题。

二　跨区域就诊报销不方便

实施健康扶贫后，建档立卡贫困人口在"健康扶贫定点医院"（县第一人民医院、县中医医院和 16 家乡镇卫生院）看病就医实行"先诊疗、后付费"服务，无须缴纳住院押金，实行"一站式"结算服务，全市医保系统自动对建档立卡贫困户患者医疗费用进行核算，医院对各类报销补偿资金统一垫付，患者只需缴清个人自付费用即可。周边东川、嵩明、禄劝等县区建档立卡贫困户患者会到寻甸县内健康扶贫定点医院就诊，存在"一站式"结算后医院垫付的健康扶贫政府兜底资金向外县区索要困难的问题。寻甸县也存在建档立卡贫困户患者到周边县区就诊，外县医院为避免垫付资金索要麻烦不给予报销的情况。

三　基层医疗机构人员服务能力仍需提高

由于受政策限制，且基层工作条件差、待遇低，高端人才引进困难，即使建立了激励优秀医学人才向基层流动政策措施，很多医学院校的大学生也不愿意从事乡村医生行业，偶有从事乡村医生的也流动较快，基层留不住人才。另外，在全县524名乡村医生中，取得执业助理医师或者执业医师资格的仅有17人，其他人员都是经培训合格后取得乡村医生资格，专业技术水平较低，村卫生室整体医疗服务水平不高。

四　目前有两重保障已经不再实施

政府兜底保障与临时医疗救助保障于2019年起已经不再实施。关于这两重保障不再实施的原因，有一个重要的背景就是机构改革，是为了适应社会政治经济发展的需要而对党政机关的管理体制、职能配置、机构设置、人员配备以及这些机构人员的组合方式、运行机制所做的较大调整和变革。机构改革之后，民政医疗救助这一部分的工作划分给了医保相关部门，并且根据省级的有关指示做了调整，五重保障实际已经变为三重保障。

第七节　对策建议

一　加大资金投入，并确保健康扶贫资金用在刀刃上

首先，要提高各级政府对健康扶贫工作的重视程度，加大对健康扶贫事业的投入、资金支持，提高贫困患者看病就医的可及性。其次，紧紧围绕精准扶贫、精准脱贫的基本方略，以规范健康扶贫项目的实施、提高财政资金使用效益为目的，建立高效、便捷、安全的项目资金监管模式，确保健康扶贫领域项目实施落在实处，健康扶贫资金真正用在刀刃上。最后，增加健康扶贫专项资金，以保障贫困群众基本医疗需求，保障医疗机构正常运转。根据健康扶贫需要，积极调整优化支出结构，盘活存量，用好增量，强化健康扶贫资金保障，同时加强资金监管，确保健康扶贫资金规范使用、安全有效。

二　建立异地就医结算机制，加强跨区域相关部门的合作与协作

首先，要建立异地就医结算机制，探索异地就医、就地结算办法。其次，要激励健全联动机制，聚合资源形成合力，有效推动工作任务落实。各级各部门要加强协调配合，形成上下联动、左右衔接的工作格局。提升健康扶贫工作信息化水平，加强跨区域相关部门之间的信息共享。建档立卡户跨地区就诊时，相关基础数据应及时反馈给建档立卡户户籍所在地的相关部门，相关部门应将外县垫付资金及时报销。

三　加快引进培养高端医学人才，提升医疗卫生服务水平

全面认识医学人才对医疗卫生事业发展的重要意义，为人才引进创造良好的环境。

要主动出击，面向县内外广招人才；要拓展思维，创新人才引进模式，比如与有关医疗单位、专家签订合同，邀请知名专家前来指导；要"工作留人"，改善工作条件；要"待遇留人"，改善生活环境；要"感情留人"，改善人际环境。加大资金投入以提高对医学高端人才引进的力度，要坚持引进与培养并重，加大人才培养的投入，提升人才培养的能力。积极招聘和引进医疗卫生人员，加强乡村医生队伍建设，加大业务能力的培训力度，改善基层医疗卫生设施，通过上级医院的对口帮扶，不断提升基层医疗卫生服务能力。

四　要确保建档立卡贫困户"病有所医,医有所保"

政府兜底保障与临时医疗救助保障这两重保障虽然已不再实施，但是要确保建档立卡贫困户"病有所医，医有所保"，确保每名建档立卡的贫困人口都能享受到国家、省、市、县各级健康扶贫政策，使每名建档立卡贫困人口"看得起病、医得好病、有钱看病"。在健康扶贫工作上，各相关部门要按照"核心是精准、关键在落实、确保可持续"的工作思路，出实招、做实事、见实效，有力地确保贫困群众看得好病、看得起病、看得上病。

参考文献

[1] 刘彦随，周扬，刘继来 . 中国农村贫困化地域分异特征及其精准扶贫策略 ［J］. 中国科学院院刊，2016，31 （3）：269 – 278.

[2] 中共中央，国务院 . 中共中央　国务院关于打赢脱贫攻坚战的决定 ［M］. 北京：人民出版社，2015：1 – 32.

[3] 林永胜 . 切实解决贫困人口因病致贫返贫问题 ［N］. 中国人口报，2018 – 07 – 20（003）.

[4] 习近平 . 决胜全面建成小康社会　夺取新时代中国特色社会主义伟大胜利——在中国共产党第十九次全国代表大会上的报告 ［M］. 北京：人民出版社，2017：1 – 71.

[5] 侯慧丽 . 健康扶贫的实践与对策 ［J］. 中国国情国力，2019，（05）：55 – 56.

第六章
禄劝县"六个一"精准打造"穷县富教育"模式

第一节 研究目的与意义

稳定实现农村贫困人口不愁吃、不愁穿以及义务教育、基本医疗和住房安全三者有保障（简称"两不愁三保障"）是我国打赢脱贫攻坚战的总体目标[1]。由此，"两不愁三保障"成为当今我国建档立卡贫困户精准脱贫的基本标准。其中，义务教育有保障是精准脱贫战略的硬性要求之一，属于"一票否决"的指标。因此，教育扶贫已成为贫困地区精准脱贫的重要路径之一。教育精准扶贫由于兼具"扶教育之贫"和"依靠教育扶贫"的双重属性，对于提高贫困地区教育水平与质量、阻碍贫困的代际传递、打赢脱贫攻坚战具有重要意义。教育精准扶贫就是要消解传统机制难以确保针对性的弊端，根据贫困地区的不同教育需要，制定积极而有效的教育帮扶政策，促进贫困地区教育事业发展[2]。位于我国西部金沙江高山峡谷区的禄劝彝族苗族自治县，既是一个集山区、农业、贫困为一体的少数民族自治县，也是省级革命老区县，同时还是我国乌蒙山集中连片特困地区重点县和国家扶贫开发工作重点县之一。2016年禄劝县人均GDP只有19870元，在云南省129个县（市、区）中居第91位；农村常住居民人均可支配收入仅为7301元，在云南省129个县（市、区）中居第114位[3]，其贫困程度可见一斑。一个家庭里只要有一个孩子考上大学，毕业后就可能带动一个家庭脱贫，进而可能带动一个村寨进行思想脱贫，贫困地区和贫困家庭只要有了文化和知识，发展就有希望[4]，因此，教育扶贫非常重要。

近几年来，禄劝县坚持"再穷也不能穷教育，再苦也不能苦孩子"的理念，通过全力打造"六个一"教育扶贫特色亮点工程，努力实现"六个解决"，让每个孩子都能享受到优质公平的教育，确保"进得来、留得住、学得好"，展现了新时代彝山苗岭的新气象。本章分析和凝练了该县"六个一"精准打造"穷县富教育"模式的具体做法及成效、特色与亮点、取得的经验以及启示与借鉴，为云南省乃至类似省（自治区、直辖市）贫困县开展农村教育扶贫提供必要的参考和借鉴。

第二节　"六个一""穷县富教育"模式的
具体做法及成效

禄劝县近年来紧紧围绕党中央的脱贫攻坚政策,积极推进民族地区教育精准扶贫,不断突破民族地区教育发展中的瓶颈,推动民族地区公共教育服务发展和政府服务创新,不断激发社会力量参与的活力,实现教育发展的规模、结构、质量和效益优化,以适应民族地区少数民族的发展需要和当地社会经济发展需要。禄劝县始终坚定"再穷也不能穷教育,再苦也不能苦孩子"的理念,通过全力打造"六个一"教育扶贫特色亮点工程,切实做好"六个坚持",努力实现"六个解决",让每个孩子都能享受到优质公平的教育,确保"进得来、留得住、学得好",展现了新时代彝山苗岭的新气象。

一　帮扶"一条龙",资助全覆盖,解决上不起学的问题

精准资助是教育扶贫的兜底工程。禄劝县在贯彻落实中共中央、云南省、昆明市的"两免一补""营养改善计划""雨露计划""国家助学金"等阳光政策的基础上,制定了《禄劝彝族苗族自治县实施农村家庭学生高中阶段免费教育工作方案》,出台了《禄劝彝族苗族自治县教育扶贫方案》。从2017年起,每年投入教育扶贫救助基金3200万元,实施县域内农村家庭学生高中阶段和职业中学阶段免费教育,截至2018年已惠及贫困户学生8727人22905人次。具体是:普通高中学生免教科书费500元/(生·年),免学费800元/(生·年),免住宿费160元/(生·年),补助生活费2500元/(生·年);职业中学学生免教科书费500元/(生·年),免住宿费400元/(生·年),补助生活费3000元/(生·年);投入资金310.9万元,资助学前、中专、大学阶段困难学生1116人。在全县建档立卡贫困户及非建档立卡贫困户中逐户摸底、精准识别,对特别贫困家庭学前教育学生每生每年资助1000元;对县外就读中等职业学校贫困学生每生每年资助2000元,其中建档立卡贫困户子女每生每年资助3000元。对在县外就读的家庭特别贫困的大学生(含专科生、本科生)每生每年资助3000元。基本实现全县学生从学前到大学"应免尽免,应补尽补,应助尽助"。

同时,积极争取社会资助。近三年来,各爱心企业、爱心人士频频到县内学校开展捐资助学活动。其中,2018年8月禄劝县在北京市朝阳区来广营乡和昆明春雨爱心社的资助下,对成绩优异、家庭困难的优秀学子共发放励志助学金160万元,220余名成绩优异或家庭贫困的学生获得了爱心助学金。

此外,禄劝职业高级中学逐年引进帮扶企业,2018年共引进12家省内外企业,并

安排 357 名学生到各企业顶岗实习，实习期间实行同工同酬待遇，年薪均不低于 4 万元，使职业教育真正实现"招来一人、授于一技，就业一人、脱贫一户"，提升了贫困家庭学生的就业机会。

二 呵护"一群人"，全方位帮扶，解决有人掉队的问题

（一）实施双线控辍，织牢学生入学网底

严格执行中共中央、云南省、昆明市的控辍保学政策，制定《禄劝彝族苗族自治县义务教育阶段控辍保学工作方案》，建立"县长、乡镇长、村主任、组长、家长"政府一条线和"教育局局长、校长、年级组长（完小校长）、班主任、教师"教育一条线的"双线十人"负责制，明确并压实各级政府、相关部门、学校的工作职责。同时，实施"动态归零督查制"，精准摸底排查义务教育阶段辍学学生；建立建档立卡贫困户在校学生档案，实施从幼儿园到大学一人一档精准管理，织牢学生入学网底，严控辍学指标。2018 年，适龄儿童小学入学率达 99.89%；初中毛入学率达 119.80%，巩固率达99.9%。全县 16011 名建档立卡贫困户学生无一人因贫辍学，全县 41764 名义务教育阶段学生无一人辍学，真正践行了"一个都不能少"的教育承诺，破解了数十年来义务教育发展之困。

（二）开展全员家访，"一生一案"劝返

为使教育扶贫政策家喻户晓、深入人心，提升群众对教育扶贫的认知度、满意度，让家庭经济困难学生充分感受到党和政府的温暖，让贫困家庭父母送子女上学无后顾之忧，禄劝县教育局在全县范围内开展了全员家访宣传行动。活动开展以来，每年印制5000 册脱贫摘帽全员家访记录本，组织全县 4949 名教师开展全员家访，深入每一个家庭，发放《致家长的一封信》，一对一向学生和家长宣传、解读国家扶贫政策和控辍保学法律法规，共发放就学明白卡和资助明白卡 31 万份，最大限度动员贫困学生到校就读。同时，制定了详细的辍学学生劝返复学制度，要求各学校在摸清辍学学生底数的前提下，对基本确定辍学和有辍学隐患的学生情况进行分析，及时沟通引导。对于未到学校 3 天以上的学生，要根据学生自身及其家庭情况，因户因人施策，制订行之有效的"一生一案"劝返计划，并协同村委会和村组干部等深入辍学学生家庭晓之以理、动之以情加以动员，逐生劝返。特别是对厌学或学习困难不想上学的学生，积极开展心理激励和学业帮扶，帮助其树立信心，返校就读。

（三）启动送教上门，保障残疾儿童就学

针对部分残疾儿童无法随班就读的情况，制定了《禄劝彝族苗族自治县特殊适龄儿童送教上门工作方案》，由教育、残联、卫计、民政 4 个部门联动，按计划轮流对 6～15

周岁因身体状况不能随班就读的残疾儿童开展"送教上门"工作。辖区内共有残疾儿童406人，其中，随班就读的义务教育阶段6~15周岁残疾儿童有221人。为保障残疾儿童受教育的权利，县里专门选派责任心强、有爱心和耐心、业务水平较高且具有丰富实践经验的教师，轮流对119名残疾儿童开展送教上门工作。送教上门工作遵循家庭自愿、定期入户、一人一案、免费教育的原则，严格要求教师认真分析服务对象的身体状况、心理发展、接受能力等因素，因人而异制定适合残疾儿童自身发展的送教内容。送教内容主要包括知识教育、语言能力、认知能力、身体康复、心理康复、潜能开发、运动协调能力、生活自理能力、社会适应能力及社会救助等学习训练。教师每次送教上门要求有教案、有辅导、有与学生的互动过程等，同时保留与家长交流或进行培训的相关图片资料，并按要求及时填写《送教上门工作记录表》。每个服务对象每周送教上门1次，每次3课时，每学年不少于120课时，有效确保了不能随班就读的残疾儿童在家中也能接受义务教育。

三　办好"一桌餐"，伙食大改善，解决营养不良的问题

禄劝县从2012年3月1日起全面启动实施农村义务教育学生营养改善计划。近三年加大投资力度，共投资4480.8万元，改造165所中小学食堂，改造面积达27275平方米，并通过公开招标，统供国标二级粳米和非转基因压榨菜籽油，严把食品安全关。以营养早餐、营养午餐、午间营养加菜三种形式，科学合理安排供餐，保证国家营养改善计划政策落到实处。截至目前，全县218所义务教育阶段学校41189名学生享受了营养改善计划补助，实现了学生营养改善计划补助全覆盖。"小餐桌"办好以后，学生体质明显得到改善，中考体育成绩逐年得到提升，学生及家长的满意度均大幅提高。2016年8月30日，禄劝秀屏中学初一学生刘红英受邀前往北京参加教育部营养改善计划新闻发布会，分享营养改善计划政策实施带来的益处。

四　稳定"一支队伍"，着力留住人，解决师资不均衡的问题

以健全绩效工资制度、提高乡村教师待遇等为抓手，积极推进中小学教育干部、教师轮岗交流工作，助推全县教育师资均衡互补发展，确保乡村教师下得去、留得住、教得好。每年提取县城义务教育学校奖励性绩效工资总量的1%，向农村学校倾斜分配。从2015年起，按人均1200元的标准将教师年度绩效奖励纳入县财政统筹安排，并逐年提高。根据路程远近、条件艰苦程度，将全县学校（除县城外）分为4个类区29个档次，每师每月发放500元乡镇岗位津贴、500元至1950元乡村教师生活补助和800元的自治县津贴。近三年来，共交流教育干部91人、教师823人，从县城优质学校选派8名

优秀中层干部到乡镇薄弱学校担任校长，从乡镇学校选拔 180 名一线教师到县城学校顶岗学习，从县城优质学校选派 100 名骨干教师到农村学校支教。县城优质学校与农村薄弱学校结对帮扶 15 对，开展各项交流活动 54 次，参与教师 2705 人次。实施名师带动工程，组建潘加海高中物理名师工作室、董加维高中英语名师工作室、杨天海初中数学名师工作室。

五　结好"一批对子"，着力补短板，解决能力不足的问题

综观我国教育扶贫实践，政策制定层面侧重聚焦基础教育领域的减贫和脱贫；学术研究层面则倾向于对时间跨度短、见效快的职前教育的扶贫功能进行理论研究和实证分析[5]。精准落实教育扶贫，理应根据各类各级教育效果合理投放资源。禄劝加快教育现代化步伐，创新施策，逐年通过招聘特岗教师、普岗教师，选调外地优秀教师等方式不断加强教师队伍建设。2015～2018 年共补充义务教育阶段教师 450 人；立足长远，提前谋划人才补充机制，定向培养免费师范生 128 人；投入 6137 万元，实施教育信息化计算机配备、多媒体"班班通"、教育城域网"校校通"、录播室系统、视频会议教学教研系统、"平安校园"视频监控系统、阅卷系统等 7 项工程；投资 240 万元引进成都七中先进教学资源，采用"双师教学"，创新开展"互联网＋教研"的新教学模式，通过网络授课的形式，在禄劝一中、屏山中学等 9 所学校开展初、高中直、录播教学，使禄劝的学生可以通过教室的大屏幕直观、形象、实时地分享优质教育资源和教学内容，并通过与北京市朝阳区 11 所学校、昆明市 12 所优质学校结对帮扶，探索出了一条城市优质教学资源与乡村共享的教学之路，大幅度提升了学校管理能力和教育教学水平，教学质量得到逐年提升。2018 年高考，直播班毕业生陈泓旭被清华大学录取，苏丹丹、耿世函被北京大学录取，"一清二北"实现历史性突破，交出了近 30 年来最好高考成绩单。

六　下好"一盘棋"，推三大工程，解决基础薄弱的问题

"十二五"以来，禄劝县紧紧抓住教育均衡发展的关键节点，结合地区经济社会发展大势，因需施策，投资 66875.5 万元实施昆明市农村中小学校标准化建设工程，建成 42 所农村中小学标准化学校，总面积 292907.20 平方米，购置设备 4844.94 万元。综合施策，投资 49385.41 万元实施义务教育阶段教育扶贫基础设施建设工程，其中，投资 10781.9 万元实施校安工程。投资 26675 万元实施"全面改薄"和农村初中改造工程。投资 4480.8 万元实施学校食堂改造。投资 2319.18 万元，按一县一示范，每乡（镇）有一所公办中心幼儿园的要求，实施 13 所幼儿园学前教育项目建设。投资 800 万元扩建和改造 25 所中小学浴室 2585 平方米。投资 931.17 万元实施 186 所学校抗旱保教项

目,保障师生饮用水安全。投资 1927.36 万元实施设备购置项目,购置食堂设备,改善学生生活设施。投入 5064 万元省级资金,购置教学仪器、电教设备、学生课桌椅和学生床架。投资 1470 万元建成 11 所中小学教师周转宿舍 294 套,改善教师居住条件,为教师安心从教提供保障。

第三节 "穷县富教育"模式的特色

有研究者发现,虽然近几年我国民族地区教育扶贫力度不断加大,但是贫困群体获得感并未获得相应提升[6]。其中,最主要的原因是扶贫政策的制定和实施并未精准瞄准贫困群体。但是禄劝县实施的精准教育扶贫模式,呈现许多不同之处。

一 持续开展全员家访,动态管理教育扶贫对象

根据精准识别的全县建档立卡贫困户 26101 户 91572 人的具体名册,持续开展全员家访工作,动态关注建档立卡户子女在校就读情况,做到底数清,情况明。每学年定期进行贫困户学生信息动态管理,及时更新,动态销号,确保精准掌握建档立卡贫困户学生的就学情况,对有辍学苗头的建档立卡户子女,因人施策,及时劝返。对出现因贫失学或遇到突发变故造成家庭特别困难的学生,做到及时掌握,及时帮扶。对孤儿、残疾儿童和留守儿童等特殊群体积极动员广大教师及社会各界开展关爱服务。

二 完善贫困学生资助服务体系,推进教育精准扶贫

全面完善从学前教育到高等教育家庭经济困难学生资助政策体系,优先将建档立卡贫困家庭学生纳入各级各类资助范围,发挥教育基金、教育扶贫救助基金的补充作用,保障不让一个学生因家庭经济困难而失学。建立以学籍为基础的全省学生资助信息管理系统,实现与人口、低保、扶贫等信息系统的对接,提高教育扶贫精准度。

三 拓宽教育扶贫政策宣传渠道,加大教育扶贫宣传力度

要求全县各级各类学校加大对控辍保学、学生资助等相关扶贫政策的宣传力度,做到教育扶贫政策宣传与教育扶贫工作同研究、同部署、同推进,切实提高群众对教育扶贫政策的知晓率,提升教育扶贫群众满意度,让教育扶贫政策在全县广大群众中深入人心,并限期完成以下工作任务:①根据 2018 年县委政府脱贫攻坚新的战略部署和学生资助政策,进一步更新、完善学校教育扶贫宣传专栏或展板内容;②面向学生深入开展 2~3 次主题班(队)活动,并充分发动学生以"小手拉大手"的方式向家长及社会进

行教育扶贫政策宣传；③面向家长认真组织召开 1~2 次专题家长会，将控辍保学、学生资助相关政策向学生家长讲深讲透；④核实前期《致家长的一封信》发放情况，确保每一名学生家长收到《致家长的一封信》；⑤组织开展"自强、诚信、感恩"主题教育活动不低于 2 次；⑥持续深入开展全员家访活动，因地制宜、因人而异进行精准宣传。

四 大力推动发展高中阶段教育

组织实施好普通高中改造计划和禄劝中学建设项目，大力提高贫困地区普通高中普及程度。积极探索高中阶段学校多样化办学模式，不断优化网络直播班集中办学模式，持续实施"三名工程"。借助外力，继续与云南省教育科学研究院签订《云南省教育科学研究院与禄劝彝族苗族自治县人民政府共同开展科研综合试验的合作协议》，由省教育科学研究院牵头，成立禄劝教育咨询专家委员会，为禄劝教育改革和发展评估把脉，出谋献策，把禄劝打造为全省"双师型"教学亮点县；完善机制，激发内生动力，教育局与学校签订教学管理目标和教学质量目标责任书，实行目标化管理、精细化跟踪、全程化考核，构建上下齐心抓质量的良好机制。建立"一年高考、三年备考"机制，狠抓高中教学质量，推动高中教育又好又快发展。

五 加快发展职业教育

把禄劝职业中学教育作为普及高中阶段教育的重点，切实改善禄劝职业中学办学条件，加大基础能力建设资金倾斜力度，优化调整课程结构，开设与当地经济社会发展相适应的专业，针对当地卫生、医疗等人才急需，开展订单式职业教育。面向初中毕业生加强职业教育政策宣传，加强高中阶段教育招生统筹，保持高中阶段年度招生职普比例大体相当，帮助更多贫困地区学生免费接受中职教育。支持贫困地区中等职业学校与发达地区优质中等职业学校结对子，开展对口帮扶，引导贫困地区初中毕业生到发达地区中等职业学校接受职业教育。到 2020 年，高中阶段毛入学率达 90%。

第四节 "穷县富教育"模式的亮点

一 开创全省先河，农村学生免费上高中

在全省率先制定《禄劝彝族苗族自治县实施农村家庭学生高中阶段免费教育工作方案》，从 2017 年起，每年投入教育扶贫基金 3200 万元，实施县域内农村家庭学生高中阶段免费教育，成为云南省第一家县级财政支撑实施高中阶段免费教育的县区。具体而言，就是由县财政支持实施"三免一补"，即普通高中生每人每年免教科书费 500 元，

免学费 800 元，免住宿费 160 元，补助生活费 2500 元，共计 3960 元。该项政策使农村学生特别是贫困家庭学生的梦想不至于止步在义务教育阶段，保证了他们能够接受高中阶段再教育，进而"鱼跃龙门"考上理想的大学。

二　点亮"艺术之光"，为山区民族学生发挥特长提供更多可能

结合少数民族学生能歌善舞的特长，在全县中小学组建多支合唱队伍和艺术团队，开展"音乐教育扶贫"。其中，崇德小学彝苗童声合唱团多次参加国家、省、市、县的比赛和展演活动，获得多项荣誉，成绩斐然，成为禄劝艺术教育扶贫成果中的一张亮丽名片。2017 年 7 月 5 日，中央电视台《经济半小时》频道以合唱团为切入点，以"彝山苗岭飞出'百灵鸟'"为题，对禄劝教育精准扶贫进行了特别报道；7 月 26 日，荣获第六届中国童声合唱节 A 组金奖第一名；12 月 23 日至 27 日，参加中央电视台《银河之声——2018 少儿频道新年特别节目》录播活动；2018 年 1 月 31 日，受邀参加昆明市委、市政府举行的 2018 年春节招待会，为各国外交官员及在昆工作的外国专家等进行演唱；5 月 17 日至 23 日，赴京参加中国音乐学院指挥系 2017～2018 年度青年指挥人才培养计划的音乐会及学术交流活动；7 月 16 日至 20 日，参加文化和旅游部主办的第九届中国少年儿童合唱节，荣获十佳"最受欢迎合唱团"荣誉称号；7 月 19 日至 25 日，获得第十四届中国国际合唱节暨国际合唱联盟合唱教育大会最高奖项——"A 级合唱团"金奖；11 月 9 日，CCTV 12《社会与法》频道以"山里的唱歌娃"为题，再次播出禄劝教育扶贫的音乐扶贫之路。这种跨越贫富、穿越大山的艺术教育深受少数民族学生的喜爱，不仅让他们在艺术殿堂大放异彩，也让他们对未来充满了希望。

第五节　"穷县富教育"模式的主要经验

政府作为民族地区公共利益的代表，不仅是各项教育扶贫政策的制定者，而且掌握着国家各类教育扶贫资源，是教育扶贫工作的主导者[7]。因此，领导班子的做法决定着民族地区教育脱贫的关键。

一　加强组织领导，健全工作机制

组织十分重视脱贫攻坚各项工作，把精准扶贫作为当前的重要政治任务，将各项脱贫工作提上议事日程，精心组织成立相关领导小组，制订相关工作实施方案，通过加强组织领导，形成领导班子主导、全体干部职工参与的良好局面，形成推动"百日会战"攻坚制胜的合力。

二 明确工作职责，强化监督检查

切实落实"一岗双责""党政同责"制度，根据脱贫攻坚相关工作要求，在各项工作实施方案中，明确领导干部工作目标任务，创新工作绩效考核机制，将扶贫开发工作列入各级责任目标考核，并对实施过程进行动态监督。

三 领导率先垂范，发挥堡垒作用

领导班子成员在推进各项扶贫攻坚工作中，主动认领联系挂钩学校和帮扶贫困户，积极深入基层和贫困户进行调研指导工作，切实履行工作职责。党员干部发挥先锋模范作用，率先垂范，带动全体干部职工发扬艰苦创业的优良作风。

四 创新工作思路，讲求工作实效

在扶贫攻坚工作中，以工作实效为目标，以精准为抓手，以人为核心，以资金为保障，以监督指导为动力，结合实际创新思路，推动落实，使扶贫攻坚各项工作稳步开展。

第六节 "穷县富教育"模式的启示与借鉴

我国教育扶贫开发进入新的阶段，必须改变以往"大水漫灌"式的扶贫，着力实施"精准滴灌"的做法。禄劝县全面实施义务教育学校标准化建设，改善基本办学条件。同时，学校设点充分考虑资源配置最大化，着力于贫困校区信息化基础建设，通过教育平台将优质的教育资源输送到山区学校，真正使贫困孩子享受扶持政策。开展民族特色文化教育，利用少数民族能歌善舞的天性，达到因材施教的目的，使山区的贫困孩子得以发挥特长。在教师队伍建设中，提高偏远山区教师补贴，精确识别教师任教地区工作、生活条件的艰苦程度，实行不同程度的补贴。这些特色与亮点值得云南省内其他贫困县乃至其他省（区、市）类似贫困地区学习和借鉴。

参考文献

［1］中共中央，国务院. 中共中央 国务院关于打赢脱贫攻坚战的决定［M］. 北京：人民出版社，2015.

［2］李祥，曾瑜，宋璞. 民族地区教育精准扶贫：内在机理与机制创新［J］. 广西社会科

学，2017，（2）：201 – 206.

［3］云南省人民政府办公厅，云南省统计局，国家统计局云南调查队．2017 云南领导干部手册［M］．昆明：云南人民出版社，2017：151 – 263.

［4］廉军，徐升．教育扶贫是彻底稳定脱贫的重要推手［EB/OL］．http://news. cnr. cn/native/comment/20160216 /t20160216_521391694. shtml.

［5］王建民．扶贫开发与少数民族文化——以少数民族主体性讨论为核心［J］．民族研究，2012，（3）：46 – 54.

［6］李峰．"获得感"提升视角下民族贫困地区教育扶贫的困境与出路［J］．民族论坛，2017，（3）：100 – 104.

［7］张翔．集中连片特困地区教育精准扶贫机制探究［J］．教育导刊，2016，（6）：23 – 26.

第七章

寻甸县"党支部＋"助推产业脱贫模式

第一节　研究目的与意义

消除贫困、改善民生是党中央和国务院孜孜不倦的追求。扶贫开发事业在时代变革需求中不断得到充实和完善,当下火热开展的精准扶贫就是时代发展的趋势。2013 年 11 月,习近平总书记在湘西考察时提出了"扶贫要实事求是,因地制宜,要精准扶贫,切忌喊口号,也不要定好高骛远的目标"[1];2015 年 1 月,习总书记在云南考察时再一次指出"要以更加明确的目标、更加有力的举措、更加有效的行动,深入实施精准扶贫、精准脱贫,项目安排和资金使用都要提高精准度,扶到点上、根上,让贫困群众真正得到实惠"[2]。精准扶贫理念被明确提出后,中共中央办公厅、国务院办公厅印发了《关于创新机制扎实推进农村扶贫开发工作的意见》(中办发〔2013〕25 号),确立精准扶贫工作机制为六项扶贫机制创新之一[3]。随后,国务院扶贫办及时响应制定了《建立精准扶贫工作机制实施方案》,表明在全国推行精准扶贫工作的决心。精准扶贫实施过程中呈现的扶贫方式和脱贫途径形式多样,其中产业扶贫逐渐成为解决生存和发展的根本手段,是脱贫的必由之路[4][5][6],位居我国精准扶贫方略"五个一批"之首[7]。

随着脱贫攻坚的不断深入,基层党组织在产业扶贫中发挥着积极作用,基层党组织与精准扶贫的融合发展是新时期社会发展的题中之义,也是党中央在新的历史时期为解决农村改革、脱贫解困而探索出的新举措,能够有效提升扶贫开发工作的精准度。习近平总书记强调,越是进行脱贫攻坚战,越是要加强和改善党的领导,要把扶贫开发和基层组织建设结合起来。到 2020 年全面建成小康社会,关键在于发挥基层党组织的引领和保障作用,牢固树立"党支部＋"助推产业脱贫的理念,全面推进党的建设固本强基工作,找准基层组织与扶贫开发的结合点,为实现"十三五"全面脱贫摘帽目标提供坚强的组织保障和力量支撑。"党支部＋"助推产业脱贫对于促进我国经济、文化和社会发展,扩大政治参与,实现民主管理等具有十分重要的意义。"党支部＋"助推产业脱贫模式就是将党组织活力变为脱贫动力,将党建势能变为扶贫动能,促进扶贫和党建工作的双赢，在党建和扶贫两个维度上，促进互动，以产业脱贫为根，以扶志为本，依托本地优势资源，充分发挥党组织的引领作用，以期形成"党支部+"助推产业脱贫新模式，践行全心全意为贫困户服务的崇高宗旨，为基层党组织助推脱贫攻坚提供有益的参考与借鉴。

自实施精准扶贫战略以来，寻甸县坚持以脱贫攻坚统揽县域经济社会发展全局，结合县情民情实际，认真抓好产业扶贫这个关键，把产业作为实现从"输血式"扶贫到"造血式"扶贫的根本动力。创新"党支部+"产业脱贫模式，遴选187户农业企业（合作社、大户）带动建档立卡贫困户达到全覆盖，取得了显著成效，实现了每个贫困村有1~2个主导产业，每户贫困户有1~2个产业增收项目，累计带动贫困户30500户、户均增收1850元以上，最终贫困发生率由2014年的26.93%下降到2017年末的0.35%，成功列入云南省第一批退出贫困县之一，也是云南省唯一获得国务院脱贫攻坚组织创新奖的县。基于多次实地调研、入户调查和乡村干部访谈，本章着重总结和分析该县"党支部+"助推产业脱贫模式的具体做法、主要成效，并总结出该模式的创新之处和成功经验，进而提出进一步推广实施该模式的措施建议，为云南省乃至类似省（区、市）贫困县因地制宜实施"党支部+"助推产业脱贫模式提供必要的参考和借鉴。

第二节　"党支部+"助推产业脱贫模式的具体做法

围绕"产业发展脱贫一批"的工作任务，在昆明市农业局、寻甸县委和县政府的统一安排与部署下，创新"党支部+企业（合作社、大户）+建档立卡贫困户"帮扶模式，围绕"一乡一业、一村一品、户有产业"菜单式产业扶贫，"栽好大金元、排好大洋芋、养好大胖猪、种好大白菜"，产业发展脱贫一批得到较好落实。结合县情、民情和脱贫攻坚实际，寻甸县重点围绕"八个一"和"八个龙头"抓好产业扶贫工作，保障建档立卡贫困户产业扶贫达到全覆盖。

一　"八个一"措施：党支部贯穿产业扶贫全过程，助推精准脱贫

一是支部引领。以基层党组织建设为引领，实现以产业发展促党支部建设、以党支部建设带动产业发展的双推进，做到产业发展、"党支部+"全覆盖。

二是支部总揽全局。制订产业扶贫实施方案，提出可行的措施和计划，做到实施方案全覆盖。

三是支部建立企业。以企业为龙头，带动产业发展，充分发挥企业帮带作用，做到

企业帮带全覆盖。

四是支部制定产业清单。每个乡镇（街道）村委会结合自身优势，列出适合建档立卡贫困户发展的产业清单，做到清单全覆盖。

五是支部监管资金使用。企业与帮带的建档立卡贫困户根据实际和双方意愿采取相应的合作方式，签订合作协议，做到协议签订全覆盖，确保产业发展资金用到产业发展上。

六是支部组织对产业方案、措施评审。产业扶贫方案、扶贫措施及绩效评价等要经乡镇（街道）组织相关部门、行业专家评审通过，做到评审全覆盖。

七是支部组织帮带企业遴选。乡镇遴选的帮带企业，入户资金兑付等必须经党支部公示，做到公示全覆盖。

八是支部加强项目管理。整个产业发展过程按照项目管理模式进行管理，做到项目管理全覆盖。

二　八个龙头措施：龙头意识渗入产业扶贫实施，保障精准脱贫

一抓规划龙头。制定了全县产业扶贫的总体规划总揽全局；突出重点制订特色产业专项规划实施方案，因地施策制定乡镇（街道）、村委、贫困户的产业扶贫方案和具体措施，以规划引领产业发展促扶贫攻坚。

二抓项目龙头。实施粮食作物高产创建 12 片 8000 公顷，稻鱼综合种养技术推广示范样板 95.33 公顷，中央生猪调出大县项目建设标准化生猪规模养殖场 36 个，奶牛标准化项目建设标准化奶牛场 1 个，市级畜牧业扶持项目建设规模养殖场 7 个，退牧还草项目、中央草原生态补助奖励绩效资金草原畜牧业转变方式项目、草牧业示范项目、粮改饲试点项目等 19 个，投入资金 4314.8 万元。不断改善农业生产条件，提高农业综合生产能力，培育壮大主导产业，促进农民增收致富。

三抓企业龙头。经过认真遴选，全县共筛选农业企业（合作社、大户）187 户，建档立卡贫困户帮扶带动达到基本全覆盖。采取"党支部＋企业（合作社）＋基地＋建档立卡贫困户""党支部＋能人大户＋建档立卡贫困户"等，通过资金入股、务工增收、土地流转、提供农副产品等生产经营模式与贫困户建立合理、紧密、稳定的利益联结机制。

四抓基地龙头。培育和壮大农业生产基地，充分发挥基地辐射作用，发展主导产业，改善农业生产条件和生态环境，有效解决规模种养问题。以烤烟、马铃薯、蔬菜、畜牧、水产等产业为重点，推动优势产业向优势区域集中，推进农业重点产业上规模、上档次、上水平。

五抓产业龙头。结合寻甸实际情况，按照产业有龙头，龙头引领产业发展，龙头带动贫困户的产业发展格局，全力抓好烤烟、蔬菜、马铃薯、特色林果、山地牧业、淡水渔业六大产业。实现农业产业的质量效益提升，增加农民收入，带动贫困群众脱贫致富，巩固边缘贫困人口不返贫。2017 年，全县种植烤烟 9733.33 公顷、粮食 61000.00 公顷、蔬菜 11966.67 公顷、马铃薯 19666.67 公顷、中药材 2666.67 公顷；渔业养殖面积 2133.33 公顷，其中稻田养鱼 483.33 公顷；预计大小牲畜存栏 112.2 万头（只），出栏 116.4 万头（只）。家禽存栏 235.6 万羽，出栏 253.3 万羽。

六抓科技龙头。以科技为指导，依靠科技进步，大力发展优质马铃薯、优势养殖业、蔬菜产业、淡水渔业养殖等高原特色农业，促进农业生产向产业化、规模化、商品化和现代化转变，促进数量型向质量效益型的转变。实施"县、乡、村三级动物疫病防控核心能力建设"项目，对县级兽医实验室进行改造，购置更新设备；对全县 15 个乡镇兽医站进行基础设施建设提升和配置动物防疫设备；在全县 165 个村委会建设"五有"村兽医室，改善和提升寻甸县动物防疫条件和水平，为畜牧业发展和农民群众增收致富提供有力的支撑保障。

七抓园区龙头。以寻甸现代农业园区建设为引领，推动产业扶贫。着力抓好园区的基础设施建设、特色产业发展，示范带动贫困群众抓产业，谋致富，转移劳力，提高素质，增加收入。

八抓宣传龙头。实时总结推广发展产业过程中好的做法、经验、措施，加大宣传力度，转变生产观念，改善生产方式，加快推进高原特色都市现代农业发展。如万担坪种植专业合作社的马铃薯种植、岚亚苗鸡养殖专业合作社的苗鸡养殖等。

第三节　"党支部＋"助推产业脱贫模式的主要成效

一　种植业方面

栽好大金元。建档立卡贫困户 5295 户 20975 人种植烤烟 2246.67 公顷，户均增收 6102 元。

种好大白菜。建档立卡贫困户 1566 户 4533 人种植蔬菜 479.43 公顷，户均增收 2687 元。

排好大洋芋。建档立卡贫困户 16136 户 54590 人种植马铃薯 4157.93 公顷，户均增收 2266 元。

中药材种植。建档立卡贫困户 804 户 3082 人种植中药材 919.67 公顷，户均增收 717.5 元。

水稻种植。建档立卡贫困户 5770 户 21160 人种植水稻 617.13 公顷，户均增收 680 元。

玉米种植。建档立卡贫困户 19229 户 66546 人种植玉米 3315.67 公顷，户均增收 721 元。

大麦种植。建档立卡贫困户 667 户 2662 人种植大麦 141.47 公顷，户均增收 399 元。

白云豆种植。建档立卡贫困户 85 户 476 人种植白云豆 21.73 公顷，户均增收 1096 元。

青稞种植。建档立卡贫困户 402 户 1422 人种植青稞 194.27 公顷，户均增收 726 元。

苦荞种植。建档立卡贫困户 1376 户 4321 人种植苦荞 700.80 公顷，户均增收 614 元。

玉米制种。建档立卡贫困户 503 户 1597 人玉米制种 41.38 公顷，户均增收 884 元。

工业辣椒。建档立卡贫困户 65 户 129 人种植工业辣椒 23.73 公顷，户均增收 13261 元。

香瓜种植。建档立卡贫困户 425 户 1348 人种植香瓜 4.67 公顷，户均增收 315 元。

食用菌种植。建档立卡贫困户 70 户 282 人种植食用菌 28 棚，户均增收 1250 元。

二 养殖业方面

生猪出栏 65.8 万头，带动建档立卡贫困户 4688 户 15693 人，户均增收 700 元。

肉牛出栏 11.06 万头，带动建档立卡贫困户 2797 户 9179 人，户均增收 700 元。

肉羊出栏 19.9 万只，带动建档立卡贫困户 427 户 1493 人，户均增收 700 元。

家禽出栏 227 万羽，带动建档立卡贫困户 1807 户 5970 人，户均增收 700 元。

奶牛存栏 1000 头，带动建档立卡贫困户 206 户 719 人，户均增收 700 元。

稻田养鱼 95.33 公顷，带动建档立卡贫困户 162 户 648 人，户均增收 1000 元。

三 新型经营主体培育方面

现有种植大户 368 户，养殖大户 687 户，家庭农场 3 个，农民专业合作社 866 个，培训新型职业农民 160 人，新增农业龙头企业 3 个，都市农庄 1 个，带动建档立卡贫困户 12617 户 41437 人，户均增收 898 元。

四 土地流转

全县家庭承包经营权流转面积 16256.67 公顷，占家庭承包面积 32335.27 公顷的 50.27%。土地流向主要是种养殖专业大户、农民专业合作社、公司（企业）等。带动建档立卡贫困户户数 8572 户 31424 人，户均增收 1541 元。

第四节　"党支部＋"助推产业脱贫模式的成功经验

一　党建扶贫双推进模式，"党支部＋"全覆盖

以党支部为核心，以企业（合作社、产业基地）为依托，以建档立卡贫困户为主体、以富民强村为目的，通过"党支部＋"，建立党支部、企业、合作社、建档立卡贫困户的紧密联合体，形成支部引领，企业、合作社推动，党员带头、群众参与的党建与扶贫工作同频共振、互动双赢的良好格局。着力构建了农村党建促发展、促增收、助脱贫的工作机制，有效发挥了以党支部为核心的作用，达到农村党建工作与扶贫工作"双推进"。

塘子街道易隆村委会依托岚亚养殖专业合作社，采取"党支部＋合作社＋农户"模式，贫困户自愿以帮扶资金入股合作社进行寻甸特色土鸡养殖，每年向贫困户支付入股资金的 10% 作为一年的分红。分红部分的资金，由合作社按市场价的 90% 以提供雏鸡或育成鸡的方式给贫困户自主经营，合作社负责贫困户养殖生产的信息技术和培训工作，指导贫困户科学养殖，预防疾病，提高养殖质量，贫困户自养的土鸡（鸡蛋）可自主销售，也可由合作社按保护价收购；若贫困户无条件自养的，直接付给分红款。合作期限为 3 年，合作到期后，贫困户自主选择是否继续合作，不合作的无条件全额退还股本，以每户入股 7000 元计，每年分红 700 元，以 50 天的雏鸡每只 20 元计，每户可养殖 35 只鸡，饲养半年后，每只鸡可卖 150 元，收入可达 5250 元，且一年可循环养两次，从而享受到产业发展的成果，现已覆盖贫困户 121 户。

二　企业帮带模式，企业帮带全覆盖

产业发展是脱贫的核心，寻甸整合全县已有的产业企业、合作社和种养殖大户，通过合作的方式帮扶贫困村和贫困户，让每个贫困行政村至少有一个主导产业，让建档立卡贫困户都能参与进来，带动稳步增收。根据对建档立卡贫困户的摸底情况，使自我发展和帮扶带动相结合，采取政府引导，以贫困户为主体，同时建立在贫困户和企业自愿的基础上，共同发展。产业扶贫以直接扶持、资金入股、合作经营、跨区域扶持四种帮扶模式深入推开，企业帮带建档立卡贫困户达到全覆盖。

采取直接扶持和合作经营模式的，由党支部牵头，帮带企业对建档立卡贫困户从事种植、养殖业提供技术帮扶。采取资金入股模式的，建档立卡贫困户将 7000 元产业扶持资金自愿入股到企业，企业每年按照股金 10% 的利润分红给建档立卡贫困户，3 年

后，企业退还建档立卡贫困户7000元本金，建档立卡贫困户也可以继续入股分红。实现了产业扶贫资金变股金，建档立卡贫困户变股民，龙头企业承担风险，确保扶贫资金安全、增值，3年内有收益。同时，建档立卡贫困户通过土地流转，外出务工，实现了"1＋1＝N"（"资金入股＋务工＝入股分红＋土地流转＋务工增收"），实现了造血式扶贫。

六哨乡万担坪种植专业合作社探索土地入股合作经营集体经济模式。合作社社员以土地入股，年初可获得每公顷15000元的土地经营权流转费，年终种薯销售后可获得土地入股分红，每公顷土地可分红3000～6000元。合作模式有三种类型：①青壮年出去打工，劳动力缺乏的家庭选择资金入股合作社，一次签订3年入股协议，年底按入股资金的10%分红，41户在规划区范围内的建档立卡户通过土地流转入股合作社，年初有土地租金收入，年底有入股分红；②有劳力、土地面积大的家庭选择从合作社购买优质种薯，自己发展生产，增加收入；③有劳力，但土地面积不多的，选择购买一部分种薯自己生产，并将一部分资金入股合作社。各村委会根据本村建档立卡贫困户的实际情况，选择合适的合作模式，促进贫困户增产增收。

三　奖补龙头企业模式

对带动50户以上建档立卡贫困户资金入股的龙头企业给予扶持，有效鼓舞了企业的扶贫热情，助推了产业发展，带动了脱贫增收，实现了企业与贫困户的利益联结机制。

四　收益保险模式

全省首创生猪、肉牛、山羊养殖业收益（收入）保险，创造了保险新品种，开辟了金融助推产业扶贫的新局面。截至2017年12月，全县收益（收入）保险已完成并生效，投保企业合计71个。其中，肉牛企业26个，生猪企业38个，山羊企业7个，71个企业共帮带建档立卡户6698户21926人发展产业增收脱贫。全县总投保费用256.36575万元，县级财政承担投保费179.456025万元，企业承担投保费76.909725万元，总保险额5127.315万元。

第五节　"党支部＋"助推产业脱贫模式的
推广应用举措

我国多年精准扶贫工作虽取得了成绩，但也存在问题，尽管在社会各界支持和大量扶贫资金投入的情况下，贫困区的经济得到快速发展，农民收入有所增加，但是从贫困人口的绝对数量和地区发展差距上看，我国扶贫任务依然艰巨，推行"党支部＋"助推产业脱贫模式，把产业扶贫导入党组织建设工作，充分发挥"五星争创""党员先锋指数""红色细胞工程"等活动的优势，逐步构建红色细胞、红色阵地、精准扶贫的网络党建新体系[8]。加快推进新形势下精准扶贫的主体党组织建设工作，促进党支部与产业脱贫的深度融合，激发两者融合的内生动力，使贫困山区的脱贫攻坚事业得到事半功倍的效果，并形成可借鉴与推广的典型模式。

一　充分整合资源，实现党建扶贫突破

扶贫攻坚自上而下的政策、项目、资金扶持较多，但在具体操作中因资源分散、制度条例等限制，基层普遍存在单打独斗的工作态势。因此必须坚持统筹各方资源，在推进党建扶贫中树立"一盘棋"观念，充分发挥组织优势，注重项目、资金、人力、政策整合，集中攻坚，精准发力，切实保证扶贫攻坚效益最大化[9]。

二　完善现有贫困地区"党支部＋"助推产业脱贫体制机制

扶贫开发作为长期性、系统性工程，要常态长效推进，健全体制机制是重要保障。只有制定科学的保障机制、激励机制、责任机制、考评机制，促进各级党组织自觉履行政治责任，主动激发决战决胜内生动力，才能保障扶贫攻坚常态发力、久久为功。不完善的法律体制和"党支部＋"助推产业脱贫机制，还不能建立起农民对此项工作的信任，要及时使体制机制的建立与完善跟上改革的步伐，提高农民的参与度，共享改革成果[10]。

三　丰富"党支部＋"助推产业脱贫模式方式方法

边疆少数民族贫困地区党组织要充分发挥组织优势、组织功能和组织力量，科学制定发展规划，挖掘地方优势资源，选准目标产业，打造特色品牌。加大招商引资力度，整合项目资金，创新探索多种"党支部＋"助推产业脱贫模式，因地制宜发展脱贫产业，深入细致做好产业发展风险评估，尊重群众主体地位，做优、做特、做强产业，为农民脱贫致富提供有力支撑[11]。

四　发挥党员同志的先锋模范作用，激发贫困户的内生动力

党员宣传送进来，群众双手动起来。贫困村第一书记经常带领党员干部深入贫困户家中，了解贫困户的思想动态，积极引导他们努力克服"等靠要"思想，树立起"宁愿苦干，不要苦熬"的意识，充分发挥贫困户主观能动性，变被动脱贫为主动脱贫，从"要我脱贫"到"我要脱贫"，不断提振他们自力更生、艰苦奋斗的精气神。经过反复宣

传有关产业帮扶政策，反复宣传勤劳致富、脱贫光荣思想，贫困群众的主观能动性被充分调动起来，内生动力被充分激发出来。

五 发挥基层党组织在产业扶贫中的坚强后盾作用

"输血"式扶贫能够解决困难群众的"燃眉之急"，但并非"管根本、利长远"之策。现阶段提高困难群众自我发展能力的"造血"式扶贫、凸显贫困户的主体性作用已成为产业精准扶贫的重中之重，需要发挥基层党组织的坚强后盾作用，着重强调贫困户自身拥有的土地、劳动力要素的参与，真正建构多主体、多要素参与的机制，实现贫困户自身潜力的挖掘。在党组织的带动下，助力搭建产业发展的实体框架，农户或是以土地入股、就地务工，或是自己利用土地发展产业，积极参与生产，以实现长效可持续发展[12]。

参考文献

［1］武盛明. 精准扶贫对"金融＋"提出的新要求 ［J］. 现代营销（下旬刊），2016，（6）：248.

［2］习近平. 坚决打好扶贫开发攻坚战 ［J］. 老区建设，2015，（1）：2.

［3］中共中央办公厅，国务院办公厅. 关于创新机制扎实推进农村扶贫开发工作的意见 ［N］. 人民日报，2014－01－26（1）.

［4］YANG Ren－yi，ZHAN Wen－hui，QIAN Qian，et al. The Model of Poverty Alleviation and Income Growth by Developing Plateau－characterized Agriculture and Its Achievements Analysis in Yunnan Province——A Case Study in Midu County，Dali Bai Autonomous Prefecture ［J］. Agricultural Science & Technology，2017，18（4）：744－746，752.

［5］Zisheng YANG，Renyi YANG，Yanbo HE，et al. Industrial Poverty Alleviation Model in Southwestern High－altitude Mountainous Areas of China——A Case Study of Industrial Poverty Alleviation of Xueshan Township in Luquan County of Yunnan Province through Planting Codonopsis Pilosula ［J］. Asian Agricultural Research，2019，11（3）：48－54.

［6］杨子生. 大盈江流域土地资源开发保护与精准扶贫方略 ［C］//刘彦随，杨子生，方斌. 中国土地资源科学创新与精准扶贫研究. 南京：南京师范大学出版社，2018：19－27.

［7］国务院. "十三五"脱贫攻坚规划 ［M］. 北京：人民出版社，2016：1－79.

［8］徐明强，许汉泽. 新耦合治理：精准扶贫与基层党建的双重推进 ［J］. 西北农林科技大学学报（社会科学版），2018，18（3）：82－89.

［9］曾美海. 新时代党建扶贫精准化路径探索 ［J］. 理论与当代，2018，（7）：16－18.

［10］田骄．基层党建与精准扶贫何以协同并进［J］．人民论坛，2018，（29）：112－113．

［11］杨龙，李宝仪，赵阳，等．农业产业扶贫的多维贫困瞄准研究［J］．中国人口·资源与环境，2019，29（2）：134－144．

［12］刘益曦．"党建＋"模式下社会力量参与农村精准产业扶贫的模式构建——以三魁镇薛内村村企合作模式为例［J］．湖北农业科学，2018，57（11）：135－139．

第八章
禄劝县雪山乡党参种植产业扶贫模式

第一节　研究目的与意义

消除（或减少）贫困，是人类社会发展的基本要求[1]。我国是世界上最大的发展中国家，肩负着反贫困的重大使命和艰巨任务，2014 年以来开始实施精准扶贫战略。2015 年 9 月联合国在《变革我们的世界：2030 年可持续发展议程》中提出到 2030 年在世界各地"消除一切形式和表现的贫困"[2]，我国政府及时制定了《中国落实 2030 年可持续发展议程国别方案》[3]，提出到 2020 年农村贫困人口全部实现脱贫、贫困县全部摘帽、解决区域性整体贫困的精准脱贫中国方案[3][4][5]。实施精准扶贫、精准脱贫政策，已经成为我国推进、落实"十三五"规划和实现全面建成小康社会目标的时代使命[6]；中共十九大报告将精准脱贫列为决胜全面建成小康社会的三大攻坚战之一[7]。尽管扶贫方式和脱贫路径多种多样，但实践证明，产业扶贫是解决生存和发展的根本手段，是脱贫的必由之路[8][9][10]，位居我国精准扶贫方略"五个一批"之首[5]。

禄劝县是云南省的国家级贫困县之一，其贫困面广、贫困程度深[11]。雪山乡是该县海拔高低悬殊最大、自然条件最为恶劣、贫困发生率最高的高海拔山区乡镇。全乡位于我国西南部金沙江高山峡谷区，最高海拔 4247 米，最低海拔 794 米，海拔高差达 3453 米，"山高、谷深、坡陡、弯多、路险"是该乡的基本写照。该乡大部分土地属于高海拔山区，以山地为主，总体坡度较大，气候寒冷，交通不便，产业发展严重受限。2015 年前当地群众仅靠种植玉米、马铃薯等传统农作物维持生计，收益低下，致使该乡贫困面积广、贫困程度深，全乡建档立卡贫困户为 1367 户、贫困人口为 5311 人，贫困发生率（这里指建档立卡贫困人口数占 2014 年农业户籍人口总数的比例[12]）达 45.00%，居禄劝县 16 个乡镇之冠。全乡所辖 7 个村委会均为贫困村，其中有 5 个村为深度贫困村。如何在高海拔山区的贫瘠土地上发展适宜的产业，带动贫困群众持续增收和稳定脱贫，是雪山乡面临的最大难题。为了脱贫攻坚这一宏伟的民生工程，雪山乡党委、政府积极作为，大胆开拓创新，2015 年 3 月经多方咨询、外出取经，决定引种适合高海拔山区种植的党参等中草药来发展产业，在书姑村委会先行先试，取得初步成效后，于 2017 年决定把发展中草药种植作为产业扶贫之策在全乡范围内进行推广，形成了独特的高海拔山区产业扶贫模式，到 2018 年末已取得了较好的扶贫效果，雪山乡2018 年末贫困发生率降至 0.74%。基于多次实地调研、入户调查和乡村干部访谈，本章对该乡党参种植产业扶贫模式的具体做法、主要成效、成功经验以及推广应用举措作一挖掘、总结和凝练，旨在为云南省乃至其他省（区、市）高海拔山区精准扶贫与脱贫攻坚提供必要的参考和借鉴。

第二节　发展党参种植产业的具体做法

一　科学规划，明确产业发展新思路

一是基于 2015～2016 年书姑村委会的先行先试，确定雪山乡"种植规模化、布局区域化、生产标准化、品种专业化、营销市场化"的产业发展思路，按照高山峡谷区的立体气候特征，以高、中、低三个海拔层合理进行产业布局，积极争取相关政策，稳步推进实施。具体布局是：在海拔 ≥2400 米的高海拔冷凉山区，着重轮流种植党参、当归等耐寒中药材；在海拔 1500～2400 米的中等海拔地带，主要种植药用木瓜、红花椒等经济作物；在海拔 <1500 米的低热河谷山区，重点种植青花椒、高粱和佛手，并适度试种热区水果[13]。

二是充分发挥产业扶贫资金的引导、拉动效应，精准规划，从土地流转、农作物管护费、种苗提供、种植奖励等方面，激励引导产业帮扶对象积极主动参与产业发展，推动全乡扶贫产业发展和壮大，实现老建档立卡贫困户平稳脱贫和非贫困户持续增收，新识别建档立卡贫困户 3 年内每年在种植业上持续收入 2700 元/户以上，并确保 3 年内农村劳动力得到解放，外出务工人员增多，农户家庭经济收入得到进一步提高。

二　出台细化产业发展方案，因户施策，用活产业扶持资金

一是细化产业发展方案，因户施策。深入落实禄劝县"五个一"稳定增收模式（一项种养殖业、一亩土地流转、一份合作股份、一亩经济林果、一个光伏扶贫）和"一户一策"发展计划，菜单式发展种植业，每户贫困户均有 2 项以上稳定产业项目（户均 0.133 公顷土地流转，每公顷流转费 7500 元/年，按 3 年核定；户均 0.133 公顷中草药或青（红）花椒种植，户均签订一份订单种植协议；新识别建档立卡户户均 0.133 公顷农作物管护费，每公顷为 8250 元/年，按 3 年核定），保障农户持续稳定增收。

二是千方百计整合、用活产业扶持资金。种植党参的农户，每户按 0.133 公顷核

定，每公顷补助 7500 元苗木成本（书姑村委会农户补助 300 元）。同时，按党参成活率对农户进行奖励：苗木成活率≥60% 的，给予 300 元奖励；苗木成活率在 40%～60% 的，给予 200 元奖励；苗木成活率 <40% 的，不给予任何奖励。种植青（红）花椒的，由乡政府统一免费提供种苗，苗木成活后，按每成活 1 株兑付 5 元的方式兑付苗木奖励费，以 0.133 公顷为限；种植青（红）花椒、党参以外品种的，苗木成活率≥60% 的给予 300 元奖励，苗木成活率在 40%～60% 的给予 200 元奖励。

三 探索和践行"党支部 + 企业 + 合作社 + 农户"党参种植模式

认真研究、积极探索党建与扶贫"双促进"的路径，找准基层党建与脱贫攻坚工作的结合点，实现基层党建与脱贫攻坚目标任务的有机融合，将抓基层党建、促脱贫攻坚的重心真正放在除"贫"根和去"困"源上，确保基层党建与脱贫攻坚的"无缝对接"。形成"党支部 + 企业 + 合作社 + 农户"的模式，把党组织建于产业链上，把党员致富带头人聚于产业链上，充分发挥党组织的示范引领作用，通过党组织指导合作社，合作社带动群众，公司保障市场运作销售、提高农民抵御市场风险能力，实现基层党组织在政治领导、政策引导、发动群众等方面的优势与公司、农民专业合作社在技术、信息、市场、资金等方面的优势的有机结合。充分拓宽贫困农户增收的渠道，确保贫困群众脱贫致富，有力地带动和促进全乡各村贫困群众增产和增收，将雪山乡打造成为名副其实的"党参之乡"，实现扶贫产业持续、稳定增收。

四 多措并举，提升组织化程度

一是扶持多种经营主体。引进昆明有志农业科技服务有限公司等多家公司，成立 5 家农业合作社，大力发展农村集体经济，积极推动新型农村合作组织对贫困户的全覆盖，带动 2657 户（其中建档立卡户 1367 户）农户，实现农户产业持续、稳定增收。

二是借力电子商务平台。建立 1 个乡级电商平台和 7 个村级电子商务站点，从农场产品销售、订单式种植和金融服务等多方面拓宽农户致富路径，实现收入 196 万元。

三是将该乡地理环境条件与农户产业发展相结合，加强村集体经济的发展规划，研究因村因户帮扶产业的发展方案，一村一策，一村一个亮点，确保每一个行政村都有持续稳定的村集体经济项目，达到贫困村脱贫标准。同时，大力推广"党支部 + 公司 + 合作社 + 农户"的模式，由公司和村委会签订采购协议，合作社与农户签订种植协议，议定最低保护价，由村委会、合作社组织收购、企业回购村委会与公司、合作社议定每千克党参返还 0.2 元作为村党组织集体经济收入。截至 2018 年底，该乡 7 个行政村已全面实现村集体经济收入在 2 万元以上的标准，其中书姑村委会集体经济收入实现 6.4 万元。

第三节　发展党参种植产业的主要成效

一　农户增收情况

通过全乡 1.2 万人民群众近几年的辛苦努力，雪山乡取得了以党参种植为代表的产业结构性突破。实地调研表明，雪山乡党参种植业真正成了雪山乡的明星产业，也成了雪山乡贫困群众增收的"摇钱树"。

2018 年，雪山乡共计种植党参 200 多公顷、当归 33.00 公顷、重楼 13.33 公顷、花椒 586.67 公顷、药用木瓜 33.33 公顷、高粱 13.33 公顷、附子 3.33 公顷，实现农户产业发展全覆盖。其中，党参种植共涉及农户 691 户（建档立卡贫困户 347 户、一般农户 344 户），总收益达 2400 万元，户均收益达 34732 元；当归种植共涉及农户 327 户（建档立卡贫困户 173 户、一般农户 154 户），总收益达 297 万元，户均收益达 9083 元。

二　典型脱贫户党参种植收益与产业扶贫效果

通过对该乡书姑村委会 50 户典型脱贫户 2018 年党参种植产业收入状况进行调查（见表 8 - 1），结果表明，50 户脱贫户 2018 年家庭纯收入合计平均为 42746.76 元，人均纯收入 9915.74 元，远超过 2018 年云南省贫困线标准（3500 元）。从党参产业的扶贫效果来看，这 50 户脱贫户 2018 年种植党参等药材面积为 0.1915 公顷/户，2018 年党参等药材种植纯收入 29262.14 元/户，占 2018 年家庭纯收入总数 42746.76 元/户的 68.45%。从平均水平来看，即使不计其他方面的收入，只计党参等药材种植纯收入，这 50 户脱贫户（共 211 人）的人均纯收入亦达 6934 元，明显超过 2018 年云南省贫困线标准。可见，党参种植的产业扶贫成效是显著的。

表 8 - 1　雪山乡书姑村委会典型脱贫户 2018 年党参种植产业收入状况

调查农户编号	家庭人口数（人）	家庭纯收入合计（元）	家庭人均纯收入（元）	党参等药材种植面积（公顷）	党参等药材种植纯收入（元）	党参等药材种植纯收入占家庭总纯收入的比例（%）
01	4	36020	9005	0.1667	26870	74.60
02	5	34250	6850	0.1333	17967.5	52.46
03	4	35036	8759	0.1467	21590	61.62

调查农户编号	家庭人口数（人）	家庭纯收入合计（元）	家庭人均纯收入（元）	党参等药材种植面积（公顷）	党参等药材种植纯收入（元）	党参等药材种植纯收入占家庭总纯收入的比例（%）
04	3	21645	7215	0.1333	18215.5	84.16
05	4	53016	13254	0.3333	42510	80.18
06	4	49832	12458	0.2000	29852	59.91
07	3	75030	25010	0.2000	36611	48.80
08	4	34080	8520	0.2067	25690	75.38
09	5	51375	10275	0.2333	30602.5	59.57
10	4	45424	11356	0.1333	14337	31.56
11	3	16284	5428	0.0667	4870	29.91
12	6	215958	35993	1.6000	195440.8	90.50
13	4	29072	7268	0.1000	27204	93.57
14	5	97620	19524	0.2000	49852	51.07
15	4	31412	7853	0.0933	18203	57.95
16	3	18645	6215	0.0667	4808	25.79
17	5	44770	8954	0.1333	37296	83.31
18	5	43370	8674	0.1333	28650	66.06
19	5	48290	9658	0.2333	28050	58.09
20	4	35808	8952	0.1333	14825	41.40
21	4	54080	13520	0.1667	46830	86.59
22	4	34096	8524	0.1000	26490	77.69
23	4	35008	8752	0.0667	18480	52.79
24	3	26856	8952	0.1000	26020	96.89
25	4	38080	9520	0.2000	26588	69.82
26	5	62910	12582	0.2667	38005	60.41
27	6	59136	9856	0.3333	51704.5	87.43
28	5	47910	9582	0.3333	43697	91.21
29	4	28084	7021	0.1667	21947.5	78.15
30	4	54080	13520	0.3667	44457.5	82.21
31	4	39408	9852	0.2000	21634	54.90
32	4	30608	7652	0.1000	12650	41.33
33	3	25803	8601	0.1333	18034.5	69.89
34	4	32004	8001	0.1667	21029	65.71
35	5	29810	5962	0.1000	14234.5	47.75
36	5	43760	8752	0.2000	28004	63.99

续表

调查农户编号	家庭人口数（人）	家庭纯收入合计（元）	家庭人均纯收入（元）	党参等药材种植面积（公顷）	党参等药材种植纯收入（元）	党参等药材种植纯收入占家庭总纯收入的比例（%）
37	4	39416	9854	0.2000	25046	63.54
38	4	28560	7140	0.1333	11787	41.27
39	5	42700	8540	0.2000	35240	82.53
40	4	34568	8642	0.1333	27215	78.73
41	4	28060	7015	0.1000	24465	87.19
42	4	23984	5996	0.0667	5956	24.83
43	6	45144	7524	0.1667	42326	93.76
44	5	35730	7146	0.1000	24804	69.42
45	4	41000	10250	0.2000	32410	79.05
46	4	28096	7024	0.1333	10416	37.07
47	3	22902	7634	0.1333	11742	51.27
48	4	34524	8631	0.0800	21556	62.44
49	4	39468	9867	0.1000	30298	76.77
50	4	34616	8654	0.1800	26596	76.83
平均	4	42746.76	9915.74	0.1915	29262.14	68.45

对全乡 1367 户（5311 人）建档立卡户逐户考核和验收结果，到 2018 年 12 月底，雪山乡已脱贫 1343 户（5224 人），剩余贫困户仅 24 户（87 人），贫困发生率降至 0.76%，较 2015 年的 46.50% 降低了 45.74 个百分点，7 个贫困村（含 5 个深度贫困村）均达到了云南省规定的贫困村退出标准，已顺利退出（见表 8-2）。

表 8-2　雪山乡 2018 年末与 2015 年贫困发生率的对比

村委会	历年累计建档立卡贫困人口		2014 年末农业户籍人口数（人）	2015 年贫困发生率（%）	2018 年末未脱贫人口数		2018 年末贫困发生率（%）	备注
	户数（户）	人数（人）			户数（户）	人数（人）		
拖木泥村	111	382	1104	34.60	2	6	0.54	深度贫困村
丰租村	164	644	1627	39.58	2	10	0.61	深度贫困村
乐乌村	129	519	775	66.97	3	9	1.16	深度贫困村
石城村	287	1110	1726	64.31	5	20	1.16	贫困村
基多村	353	1389	2320	59.87	4	15	0.65	贫困村
哈衣村	110	406	1258	32.27	2	8	0.64	深度贫困村
舒姑村	213	861	2611	32.98	6	19	0.73	深度贫困村
合计	1367	5311	11421	46.50	24	87	0.76	

第四节 党参种植产业扶贫模式的成功经验

雪山乡党参种植产业扶贫的实践表明，产业扶贫是山区贫困群众脱贫致富的重要突破口，是确保贫困群众持续、稳定地脱贫致富奔小康的有效途径。雪山乡创立的党参种植产业扶贫模式能够有效开发利用高海拔山区土地资源，发展特色中药材产业，不仅让贫困群众合理地享受到了各级政府所给予的帮扶政策，破解了"精准到户"的难题，还发挥了高海拔山区资源的优势，创新了精准扶贫政策对贫困户的"瞄准"机制，是新时代打赢脱贫攻坚战的生动实践。2018 年 10 月 15 日，昆明市委书记程连元赴雪山乡调研脱贫攻坚工作并实地察看了雪山乡书姑村委会的党参种植情况后，要求雪山乡结合独特的立体气候特点，大力发展高原特色现代农业，打响"雪山牌"这一特色产业品牌[13]，全力打造"党参之乡"，让自然生态优势变成经济优势，打赢脱贫攻坚战。

一 政府积极引导是支柱

雪山乡的党参种植产业实现了可持续扶贫。在这一产业扶贫模式中，雪山乡党委、政府充分发挥贫困群众的积极性、主动性和创造性，自强自立，在国家、云南省、昆明市、禄劝县和社会各界的必要扶持下，注重"授人以渔"，极力提高贫困群众的自我发展能力，在党参种植产业扶贫模式中自始至终起着"支柱"性的核心作用。2015 年前，雪山乡农户受高山峡谷区地貌、气候等地理环境因素限制，仅靠种植玉米、马铃薯等传统农作物维持生计，每公顷收益不足 0.75 万元。2015 年，乡党委、政府在多方咨询、外出取经的基础上，决定引种党参等中草药来发展产业，在书姑村委会先行先试，再逐步推广。时值 3 月，农户的土地已基本种植了玉米等传统作物，在没有任何党参种植经验的情况下，乡党委、政府组织工作队挨家挨户上门为农户做思想工作，要求村组干部和党员先行先试，拔了家里的"禾苗"，种上"党参苗"。2015 年采用全额补助种植成本引导种植，按每公顷补贴 3 万元种苗（补贴方式为乡政府承担 70%，公司承担 30%）的方式试点种植党参 4 公顷，当年实现产量 43 吨，总收入 48.54 万元，部分农户每公顷收入 15 多万元，是以前种植玉米、马铃薯收入的 20 倍以上。2016 年，乡党委、政府继续推广种植党参，采取每公顷补贴 7500 元扶持资金，持续提高农户的党参种植积极性。书姑村委会动员 138 户农户种植面积 16.08 公顷，实现产量 173 吨，总收入 384.11 万元，种植户户均增收 7285.6 元。2017 年，乡党委、政府在科学总结归纳 2015 年和 2016 年党参种植情况后，决定把发展中草药种植作为产业扶贫之策在全乡范围内进行推广，实施集中连片开发，构建扶贫产业支撑。为此，雪山乡按照"高起点、大手笔、全方位"的要求，编制了《雪山乡特色中草药产业连片开发规划》，坚持按照高、中、低三个海拔层和"一村一品""一村多品"的布局来实施连片开发项目，积极推进雪山乡扶贫产业的规模化、专业化、信息化和品牌化，大力提高产业的组织化程度，并延伸产业链条，形成"产+销"一条龙体系，为贫困户的脱贫致富构建起产业支撑。

二　龙头企业带动是载体

如何破解贫困户"种什么、怎样种、如何卖、怎么卖个好价钱"是当今脱贫攻坚工作的出发点和重要着力点[14]。高海拔山区一家一户的贫困群众要想真正做到与日益成熟的大市场相对接，获取较好的经济收益，必须要通过市场经济的手段，用利益联结的方式，将龙头企业与贫困群众、扶贫资金三者有机地连为一体，使龙头企业成为扶贫产业项目实施与资金周转的有效载体，促进产业扶贫工作的社会化与市场化。为此，雪山乡坚持引进昆明有志农业科技有限公司、禄劝百味中草药有限公司等龙头企业，并加大对这些扶贫龙头企业的扶持力度。通过扶贫龙头企业与贫困户直接签订种植和收购合同，确定最低保护价收购和企业回购措施，让农产品进入市场，有效解决了农户的产品销售难问题，实现了分散经营的农户与大市场的有效对接，有效稳定了党参市场，确保了农户的根本利益。昆明市人大常委会主任拉玛·兴高于 2018 年 9 月到雪山乡书姑村"党建+扶贫"示范基地调研党参产业发展情况时，在场的建档立卡贫困户们异口同声地对拉玛·兴高主任说："只要党参市场稳定，价格不跌，那就不用政府来扶贫了，我们自己就能增收致富！"

三　合作社组织是桥梁

为贫困户搞好"产前—产中—产后"的一条龙服务，是雪山乡产业扶贫项目顺利实施、确保贫困群众增收的关键环节。按照雪山乡党委、政府制定的"逐步组建产业合作社，实现规模化、标准化生产"的产业工作思路，为了发展中草药特色产业，雪山乡先后建立了轿子雪山中草药种植专业合作社等 7 家专业种植合作社。目前，全乡 7 个贫困村全部建档立卡贫困户 1367 户均已成为合作社的社员。合作社定期组织贫困群众参观培训、交流经验和外出考察取经，不仅提高了党参种植产业项目的组织化程度，还有效破解了贫困群众缺技术和缺信息的难题。通过近三年的不断探索和完善，雪山乡党委、政府运用市场经济的手段，让贫困群众与合作社组织实现了利益联结，结成了利益共同体，充分发挥了合作社带动贫困群众增收致富的桥梁纽带作用，使贫困户从以往的"单打独斗"变为现今的"抱团发展"。

第五节　党参种植产业扶贫模式的推广应用举措

近几年来，雪山乡逐渐摸索出一条富有雪山乡特色的党参种植产业扶贫之路，但雪山乡的党参种植模式并非不可复制，在很多相同或相似条件的地方也适合发展党参（或其他中药材）种植产业。同时，很多经验和启示在本质上是相通的，只要抓住该模式的核心思路，抓住产业发展的关键，就可以借鉴雪山乡党参种植模式。

一　紧紧抓住当地特色作物种植的地理环境条件和人文条件

一是党参 ［Codonopsis pilosula（Franch.）Nannf.］属于深根性植物，适宜生长于土层深厚、疏松、排水良好的砂质壤土中，其适应性较强，喜欢温和凉爽的气候，怕热、怕涝、较耐寒，在云南通常适合生长于海拔 2000～3000 米（属暖温带和温带气候）的温凉山区。

二是党参适合种植在低产出、低附加值、投入和产出不成正比的高海拔山区，这样才能凸显党参种植的优势。与种植玉米、马铃薯等传统农作物相比，种植党参的收益提升了 10～20 倍。

三是党参种植属于劳动密集型产业，从育苗、中期管理到后期收获均需要投入大量劳动力，适合剩余劳动力（特别是老年人）较多的地方，可以充分消化富余劳动力，带动就业，为农户创收。

从以上条件来分析，在高海拔贫困山区推广党参等中药材种植是大有可为的。从禄劝县来看，党参等温凉气候区中药材适种范围较广，据量算和统计，禄劝县海拔 2000～3000 米土地面积达 3094.41 平方千米，占全县土地总面积的 72.83%；从云南省来分析，据云南省农业区划办公室量算，全省暖温带和温带气候（西部海拔 2000～3000 米，东部海拔 1900～2800 米）的土地面积达 125545.54 平方千米，占全省土地总面积的 32.75%[15]。这表明，禄劝县乃至云南省高海拔贫困山区发展党参等中药材产业的土地资源禀赋较好。

二　因地制宜地创建特色作物种植的产业扶贫模式

一是坚持因地制宜的产业发展原则，积极引导贫困村立足于当地自然资源禀赋，发挥其比较优势，大力推动集中连片的特色扶贫产业集群发展，按照专业化布局、区域化生产的要求，形成"一乡一业、一村一品"的特色优势扶贫产业。

二是积极创新体制机制，大力引进和培育新型经营主体，切实探索"党建＋企业＋

合作社＋贫困户"的产业帮扶新模式，保障贫困户长期稳定的增收渠道。

三是努力发展集体经济，以巩固和提升村集体经济为重点，积极探索与市场经济要求相符的集体经济运行新机制，确保集体资产的保值增值，增加贫困群众的资产性收益，不断增强集体经济的活力。

四是切实加大产业扶贫、金融扶持力度，不断创新产业扶贫模式，探索企业与贫困户利益联结机制，着力打造一批龙头企业，带动山区农业产业壮大，促进农民增收。强化政策引导、技术指导、以奖代补等相关措施，大力发展合适的特色农业产业，并加大对已落地的扶贫产业的科学管理，使其及时发挥效益，促进贫困群众增收。

参考文献

［1］王小林．贫困测量：理论与方法（第二版）［M］．北京：社会科学文献出版社，2016：1－282．

［2］The United Nations. Transforming Our World：The 2030 Agenda for Sustainable Development，General Assembly，United Nations ［EB/OL］.（2015－10－21）［2018－06－20］. http：//www. un. org/zh/documents/view_ doc. asp？symbol＝A/RES/70/1.

［3］The State Council of People's Republic of China. China's National Plan on Implementation of the 2030 Agenda for Sustainable Development ［EB/OL］.（2016－10－12）［2018－06－21］. http：//www. fmprc. gov. cn/web/ziliao_674904/zt_674979/dnzt_674981/qtzt/2030kcxfzyc_686343.

［4］中共中央，国务院．中共中央　国务院关于打赢脱贫攻坚战的决定 ［M］．北京：人民出版社，2015：1－33．

［5］国务院．"十三五"脱贫攻坚规划 ［M］．北京：人民出版社，2016：1－79．

［6］刘彦随，周扬，刘继来．中国农村贫困化地域分异特征及其精准扶贫策略 ［J］．中国科学院院刊，2016，31（3）：269－278．

［7］习近平．决胜全面建成小康社会　夺取新时代中国特色社会主义伟大胜利——在中国共产党第十九次全国代表大会上的报告 ［M］．北京：人民出版社，2017：1－71．

［8］孙小兰．产业扶贫是脱贫的必由之路 ［Z］. www. people. com. cn/n，2013－01－16．

［9］YANG Ren－yi，ZHAN Wen－hui，QIAN Qian，et al. The Model of Poverty Alleviation and Income Growth by Developing Plateau－characterized Agriculture and Its Achievements Analysis in Yunnan Province——A Case Study in Midu County, Dali Bai Autonomous Prefecture. Agricultural Science & Technology，2017，18（4）：744－746，752.

［10］杨子生．大盈江流域土地资源开发保护与精准扶贫方略 ［C］//刘彦随，杨子生，方斌．中国土地资源科学创新与精准扶贫研究．南京：南京师范大学出版社，2018：19－27．

［11］杨人懿，朱洁，杨诗琴，等．云南禄劝县精准推进农村危房改造模式分析［C］//刘彦随，杨子生，方斌．中国土地资源科学创新与精准扶贫研究．南京：南京师范大学出版社，2018：88 - 91.

［12］YANG Zi - sheng. Discussion on Calculation Method of Poverty Incidence in the Exit Evaluation of Poverty - Stricken Counties and Villages ［J］. Agricultural Science & Technology，2017，18（9）：1766 - 1769.

［13］伏立群，毛利民．打响"雪山牌"特色产业品牌［N］．都市时报，2018 - 10 - 17（A08）.

［14］百度文库．县产业扶贫典型材料［EB/OL］.（2019 - 01 - 31）［2019 - 02 - 05］. https://wenku. baidu. com/view /64c6b078aff8941ea76e58fafab069dc51224710. html.

［15］云南省农业区划委员会办公室．云南省不同气候带和坡度的土地面积［M］.昆明：云南科技出版社，1987：9 - 50.

第九章
禄劝县老坪子村青花椒种植产业扶贫模式

第一节 研究目的与意义

贫困是全球性的重大社会问题和现实难题，消除贫困、缩小城乡差距是人类实现可持续发展的重要目标之一[1]。改革开放 40 多年来，中国扶贫开发取得了举世瞩目的成就，为中国减贫工作乃至全球减贫事业做出了不可估量的贡献。但是，作为全球最大的发展中国家，贫困问题一直是国家经济社会发展进程中必须有效应对的重要挑战。特别是在全面建成小康社会的背景下，我国扶贫开发进入了新的历史时期[2]。产业化项目扶贫是当前中国农村扶贫、减贫与促进贫困地区乡村社会建设与社会发展的主要方式[3]。立足贫困地区的资源禀赋，发展特色农业产业，实施农业产业精准扶贫，能够有效提高贫困地区自身发展能力，实现由"输血式"扶贫向"造血式"扶贫转变[4]。

位于金沙江中游的老坪子村委会隶属昆明市禄劝县皎平渡镇，位于禄劝县皎平渡、马鹿塘、乌东德三个乡镇的交汇处，海拔较低，地貌复杂，裸岩广布，土地破碎零星，耕地稀少，属于典型的金沙江干热河谷地区。老坪子村委会土地总面积 20.10 平方千米，其中，耕地面积 60.40 公顷，林地 233.33 公顷。长期以来，当地群众依靠刀耕火种、广种薄收的落后生产方式在贫瘠的土地上耕作，不仅生活极为贫困，还引发了水土流失和石漠化现象，陷入了"越垦越穷、越穷越垦"的恶性循环。整个村委会辖 7 个村民小组，共有农户 236 户 901 人，其中，建档立卡贫困户 111 户、贫困人口 411 人，贫困发生率达 45.62%，是云南省的典型深度贫困村之一。近年来，在打赢脱贫攻坚战中，老坪子村群众通过大力发展青花椒种植产业逐步摆脱了贫穷，在实现生态环境良性循环的同时，走出了一条符合自身实际的脱贫致富路。截至 2018 年底，老坪子村委会共脱贫 109 户 401 人，使贫困发生率降至 1.11%，青花椒种植产业扶贫取得了显著成效。本章总结了该村发展青花椒种植产业模式的具体做法，分析了该模式的主要成效和成功经验，探讨了推行青花椒种植对产业扶贫的启示，为类似贫困区域发展和脱贫攻坚提供了有效的实践范例。

第二节　发展青花椒种植产业的具体做法

一　政府科学规划

皎平渡镇党委和政府通过科学编制《产业发展规划》，充分发挥老坪子村委会资源优势，突出"一村一品、一户一业"，选准青椒产业，夯实种植基础。从 2004 年开始，老坪子村委会结合自身典型的干热河谷区地理环境特点，根据青花椒生长的地理环境气温、日照、土壤等条件，在全村范围内进行考察和试种，摸清全村适合种植青花椒的土地分布情况，掌握基本面积，明确发展目标，设立每年青花椒种植的目标。皎平渡镇通过采取发放种苗购买补助资金的方式鼓励农户种植青花椒，每户发放 200 元青花椒种苗购买资金，按照当年市场价 1 元一株青花椒苗计算，每户收到花椒苗补助约 200 株。同时，积极争取市级帮扶单位——昆明市城投公司的产业资金支持，组织科技培训，邀请专家进行青花椒种植的专门培训，实现规模化、科技化种植。2018 年，全村种植面积已达到 230 公顷，目前已形成较稳定的收入来源。

二　市场信息引导

市场经济是信息经济。农产品市场和工业品市场的一个重要区别在于作为市场主体的农民居住分散、经营规模小、文化素质相对较低，加之农村基础设施建设落后，这决定了其信息传播速度慢、手段落后和效率低。因此，信息闭塞、农产品流通不畅已成为阻碍农业和农村经济健康发展、影响农民增收乃至农村稳定的重要因素之一[5]。互联网技术的应用，给偏远民族地区的农产品流通注入了新的生机和活力。利用先进、便捷的技术，搭建农业信息应用平台，在网络上实施农产品的交易，这是一个历史的必然趋势。老坪子村致力于打通平台，对接农户与市场，按照"公司（禄劝科誉农业科技产品开发有限责任公司）＋支部（老坪子村委会）＋合作社（老坪子青花椒种植农民专业合作社）＋农户（327 户种植农户）"，逐步形成了"皎平渡牌青花椒"＋互联网经营的模式，共享互联网资源，搭建禄劝县青花椒产销平台。禄劝科誉农业科技产品开发有限责任公司于 2016 年 5 月 13 日申请注册了"皎平渡牌"青花椒商标，并逐步实施生态原产地保护与开发，推动青花椒产业实现了从分散零星种植到规模化生产、从单纯的种植业到综合加工贸易、从传统农业到现代农工科贸的"三个转变"，形成了产品"产供销"一条龙的质量追溯机制和体系。

三　农业科技助力

农业科技是产业扶贫的有力支撑。老坪子村的青花椒种植，始终坚持合理选地及育苗，严格按照禄劝县组织编写的《有机青花椒栽培管理技术规范》来实施，逐步规范管理，严格控制农药和化肥，按照有机青花椒栽培管理技术规程组织生产，并按相关要求组织种植、采摘、检验、包装、明牌、销售。根据不同区域特征，引进、研发和培育适宜的优良品种，加强对青花椒的品种改良技术、品质退化技术、病虫害防治技术、林下作物多样性配置技术的研究，不断提升种植技术及水平，提高产品产量和质量，推广使用科技含量高的新技术、新方法、新肥料，努力培育无公害产品。同时，针对禄劝县林农套作、果园坡大埂高的实际，以微耕机为动力，禄劝科誉农业科技产品开发有限责任公司研发与之配套的作业机具——微耕机保护性耕作刀辊，在作业过程中使杂草和秸秆被斩切，并随旋耕过程埋土还田，使机具具有土壤耕松、碎垡、灭茬、杂草或秸秆斩切还田的功效。科技助力产业的发展，有效提高了农产品产量和农户收入，为脱贫致富提供了产业支撑，为贫困户实现产业增收提供了保障。

第三节　发展青花椒种植产业的主要成效

一　农户增收情况

通过近几年来花椒产业助推脱贫工作的开展，青花椒产业已成为老坪子村农户的主要经济收入来源，同时带动村内所有建档立卡贫困户种植，使老坪子村成为皎平渡镇产业脱贫的典型示范村。目前，皎平渡镇青花椒种植面积超过266.66公顷，以老坪子村委会为核心的233.33公顷青花椒产业规划已初具规模。2018年，老坪子村委会实现青花椒总收入超过1000万元，农户种植青花椒收入最高达13万元，最低亦有近万元。老坪子村每公顷干花椒产量约1800千克，2015年、2016年、2017年三年的平均收购价格按每千克80元计算，每公顷可实现收入14.40万元。老坪子村农民通过种植青花椒，年人均收入已有8000多元，收入水平已经超过了全镇的平均水平。

二　典型脱贫户青花椒种植收益与产业扶贫效果

从皎平渡镇老坪子村委会50户典型脱贫户2018年青花椒种植产业收入状况调查表（见表9-1）可以看出，老坪子村委会50户脱贫户2018年户均家庭纯收入34386.7元，人均纯收入9479.1元，远超过2018年云南省贫困线标准（3500元）。对青花椒产业的扶贫效果进行深入分析发现，这50户脱贫户2018年平均每户种植青花椒植株260株，

2018 年青花椒的种植纯收入为 30096 元/户，占 2018 年家庭纯收入总数 34386.7 元/户的 87.52%。可见，青花椒种植收入在脱贫户的家庭收入中占比很大，表明青花椒产业的发展在皎平渡镇老坪子村的脱贫攻坚工作中起着十分重要的作用。

表 9-1　老坪子村典型脱贫户 2018 年花椒种植产业收入状况调查

调查农户编号	家庭人口数（人）	家庭纯收入合计（元）	家庭人均纯收入（元）	花椒种植面积（株）	花椒种植产业纯收入（元）	花椒种植产业纯收入占家庭总纯收入的比例（%）
01	5	61000	12200	400	40000	65.57
02	6	56765	9460	300	20000	35.23
03	6	38503	6417	200	10000	25.97
04	4	30467	7616	200	18000	59.08
05	5	41000	8200	300	39000	95.12
06	4	29000	7250	200	27500	94.83
07	4	34000	8500	300	32000	94.12
08	2	21000	10500	200	19000	90.48
09	2	19000	9500	200	17500	92.11
10	2	21000	10500	250	19000	90.48
11	2	21500	10750	200	19500	90.70
12	3	27600	9200	250	24400	88.41
13	4	37000	9250	300	33500	90.54
14	3	24000	8000	250	21500	89.58
15	3	25000	8333.33	250	21700	86.80
16	4	30500	7625	300	27600	90.49
17	4	29700	7425	250	27500	92.59
18	3	27000	9000	200	24500	90.74
19	2	20000	10000	200	18300	91.50
20	2	21000	10500	200	19400	92.38
21	3	27400	9133.33	260	25100	91.61
22	6	49600	8266.66	350	46800	94.35
23	3	29700	9900	250	27200	91.58
24	5	41000	8200	300	38400	93.66
25	6	46500	7750	300	43800	94.19
26	4	30000	7500	250	27300	91.00
27	5	40000	8000	300	28100	70.25
28	2	19800	9900	200	17400	87.88
29	4	42000	10500	300	38700	92.14

续表

调查农户编号	家庭人口数（人）	家庭纯收入合计（元）	家庭人均纯收入（元）	花椒种植面积（株）	花椒种植产业纯收入（元）	花椒种植产业纯收入占家庭总纯收入的比例（%）
30	3	29000	9666.66	200	27000	93.10
31	5	43000	8600	300	41000	95.35
32	4	39600	9900	250	37000	93.43
33	3	28000	9333.33	200	26300	93.93
34	5	48900	9780	300	46600	95.30
35	2	18800	9400	200	17000	90.43
36	3	29000	9666.66	200	27200	93.79
37	4	39000	9750	300	37000	94.87
38	3	30000	10000	250	28300	94.33
39	2	21000	10500	200	18400	87.62
40	2	19000	9500	200	16500	86.84
41	5	46000	9200	300	43800	95.22
42	4	36000	9000	250	34500	95.83
43	3	47000	15666.66	300	43500	92.55
44	3	34000	11333.33	250	31500	92.65
45	3	33000	11000	250	31000	93.94
46	4	42000	10500	300	40000	95.24
47	4	39000	9750	300	37000	94.87
48	4	40000	10000	300	38000	95.00
49	4	51000	12750	300	48000	94.12
50	7	65000	9285.71	400	62500	96.15
平均	4	34386.7	9479.1	260	30096	87.52

对老坪子全村 111 户（411 人）建档立卡户进行脱贫退出评估，到 2018 年 12 月底，老坪子村已脱贫 109 户（401 人），剩余贫困户仅 2 户（10 人），贫困发生率降至 1.11%。目前，青花椒产量逐年上涨，收益逐年增加，为老坪子村的稳定脱贫与乡村产业振兴提供了有力保障。

第四节 青花椒种植产业扶贫模式的成功经验

产业发展是精准扶贫的重要手段，是实现我国乡村振兴的重要方式[6]。实现贫困户与产业相结合，建立起发展产业助推扶贫的有效机制，将产业发展的收益精准到农户，有利于带动农户脱贫。在实际工作中，依据区域实际状况，积极发展特色产业才能有效提高该区域的经济发展水平，实现区域的可持续发展。

一 因地制宜，选准产业

在选择产业时，要注重狠抓特色产业培育。在分析贫困地区资源禀赋、产业现状、市场空间、环境容量、新型主体带动能力和产业覆盖面的基础上，因地制宜地规划发展特色产业，加快培育优势特色主导产业、脱贫增收支柱产业。产业的选择决定着产业发展的成败。老坪子村通过对当地的地理环境、气候条件和市场营销等多方面进行分析和比较，同时结合对传统粮食作物种植现状的分析，在反复论证的基础上做出了发展青花椒产业种植的选择。实践证明，青花椒这一产业不仅能帮助群众脱贫致富，还能有效防止水土流失，改善生态环境。青花椒（拉丁学名 *Zanthoxylum schinifolium Sieb. et Zucc*），属灌木，果可作调味香料；果皮可作为调味料，可提取芳香油，又可入药；种子可食用，又可加工制作肥皂；根、叶及果入药，能消寒解毒，消食健胃。李时珍《本草纲目》记载："花椒坚齿、乌发、明目，久服，好颜色，耐老、增年、健神。"青花椒的生态习性是萌蘖性强，耐寒，耐旱，但不耐涝，短期积水就会导致死亡；抗病能力强，隐芽寿命长，因而耐强修剪。老坪子村海拔较低，日照时间长，热量充足，但雨量较少，非常适合青花椒生长。正因为气候比较适宜，因而这里种植的青椒树又肥又大，结出的果实又香又麻，品质优良，深受广大消费者的喜爱。此外，种植玉米、青花椒等对土壤要求较低，但青花椒单产值显著高于玉米，因此，种植青花椒是一个十分合理的选择。在产业发展工作中，老坪子村委会精选青花椒产业，突出"一村一品"。全村共种植青花椒233.33公顷，现已形成大面积连片示范效益，每户最低收入达到万元，实现了"户户有青椒、家家有收入"的目标。

二 政府主导，多方投入

政府重视是推动农业产业发展的核心保障。政府强烈的帮扶意愿、贯彻落实的决心以及积极的行动力对制定并实施产业扶持政策、盘活农村资产资源、完善基础设施建设、创新经营管理模式、培育人力资本、带动农户生产发展等发挥了根本性、决定性的作用，为优化整个社会的产业布局、提升市场营商环境、提高社会整体竞争力打下了坚实基础。在产业发展初期，老坪子村委会制定了产业发展规划，成立了相关领导机构，明确了发展目标。一方面，将该产业作为优化农业结构的途径，整村推进，促进农民增收增效，促进生态建设良性循环，整合有关部门力量，多渠道、多方位进行综合扶持，引进青椒收购企业——禄劝科誉农业科技产品开发有限责任公司，不断打造皎平渡镇青椒产业品牌，使青椒产业知名度不断上升，并进一步引导发挥老坪子村青花椒专业合作社的作用。另一方面，大力合理利用扶贫资金，加大财政投入力度，发动群众投工投劳，加大基础设施建设力度，如"五小"水源工程等，有力地推动了青花椒产业的快速发展。

三　突出科技，规范种植

老坪子村将科技的应用和推广作为青花椒产业发展的关键，依托科技提高品质和产量，提高产品的市场竞争力。一方面，着力构建科技支撑体系，组建青花椒种植科技攻关小组，加强对青花椒种植技术的研究、示范和推广，加大对科技人才的引进和培养，定期对农技人员进行统一培训，组织有关人员赴邻乡参观学习，大力推进管理模式、先进技术和优良品种。另一方面，规范种植技术和标准，着力提升青花椒种植的规范和水平。将取得的科学研究成果转化为现实生产力，并在村委会开展青花椒种植示范与推广，对种植户进行统一技术培训，实现统一管理，在病虫害方面统一防治，做到各个环节有人指导，有人把关。农民除了可得到年底盈利分红外，还可以"以农代工"的形式解决日常生活问题，通过种植、嫁接、除草、采摘等日常农业劳动在企业中获取工资，以缓解青花椒种植初期的生活困难。

第五节　推行青花椒种植对产业扶贫的启示

一　顺应市场需求，构建产业链

青花椒的用途较为广泛，在食用、医药等方面含有巨大价值，以色泽碧绿、颗粒硕大、麻味醇正、香味浓厚持久而闻名，种植历史悠久，早在《本草纲目》中就有记载，可以说全身都是宝。因而，在我国，青花椒消费拥有巨大市场空间，可以针对青花椒本身所含有的价值，进行青花椒的深加工，并形成一定的产量。市场对精准扶贫特色产业的发展起决定性作用。农产品的产、销受市场影响较大，但其又具有滞后性，对市场反应较慢，如果盲目跟风，很容易因为市场价格走低而造成经济损失。另外，单一品种无产业链支撑会导致很多扶贫项目中途"流产"[7]。因此，在山区发展产业，需要以市场为主导，将有效资源进行整合布局，构建"种、养、加、销"一体化产业链，加强第一、二、三产业的融合，相互配套，功能互补，环环相扣，不断创造价值、输送利益，不仅增强市场抗风险能力，而且创造新的就业岗位，增加就业机会，丰富获取收益的方法和渠道，同时还让同一种产品做出不一样的效果，弥补市场的多种需求缺口[8]。

二 发挥"互联网 + 农产业"扶贫模式的优势并抓住各种机遇

首先，要发挥出"互联网 + 农产业"扶贫模式的精准识别和帮扶贫困户优势、通过产业造血功能带动当地经济发展的优势、减少"填鸭式"扶贫资金使用的优势、提高扶贫资金使用效率的优势和实现脱贫长效化机制等一系列优势，增加脱贫的信心和提高扶贫效率和效果，形成扶贫模式的良性循环发展状态。

其次，要提高扶贫主体的技能，在扶贫过程中要善于抓住当前经济、社会和生态环境变化为"互联网 + 农产业"的扶贫模式带来的众多机会，以及挖掘潜在机遇[9]。乡村振兴战略带来的潜在机遇包括国家对农村的关注会更多、农村的未来吸引力会增强、农民会更加富裕等，更有利于"互联网 + 农产业"的扶贫模式在未来得到广泛推广与发展。

再次，社会生活水平提高以及健康消费理念变化带来的市场机遇也不可忽略。当前农产品总量很大，但质量较低，在运用"互联网 + 农产业"扶贫过程中要努力抓住消费由量变到质变的市场机遇。目前，土特产品在市场上供不应求，能买到这些高质量农产品的机会不多，因此，在开展"互联网 + 农产业"扶贫过程中应该优先考虑发展土特产农业，大力发展区域特色产业，发展特色产业是提高贫困地区自我发展能力的根本举措[10]。

最后，要抓住科技机遇。国家提出实施科技创新驱动发展战略。当前科学技术进步快，科研实力有了明显提升，在开展"互联网 + 农产业"扶贫的过程中应该抓住科技机遇，积极与科研机构合作，增加农业产业扶贫对科研成果的运用，让科技力量作用于扶贫的全过程，以更好地实现脱贫的目标。

参考文献

[1] 刘彦随，周扬，刘继来. 中国农村贫困化地域分异特征及其精准扶贫策略 [J]. 中国科学院院刊，2016，31（3）：269 - 278.

[2] 黄承伟. 党的十八大以来脱贫攻坚理论创新和实践创新总结 [J]. 中国农业大学学报（社会科学版），2017，34（5）：5 - 16.

[3] 马良灿. 农村产业化项目扶贫运作逻辑与机制的完善 [J]. 湖南农业大学学报（社会科学版），2014，15（3）：10 - 14.

[4] 高宝军. 抓住产业扶贫的"牛鼻子"[J]. 中国邮政，2018，（9）：64.

[5] 包建华. 发展特色林业产业 繁荣民族地区经济——以凉山州金阳县发展青花椒产业为

例［C］//四川省林学会．四川省林权制度改革与林业产业发展研讨会文集．成都：四川省林学会，2011：5.

［6］徐胜，周金坤，周建涛．精准扶贫战略背景下高海拔地区农业产业发展规划研究——以青海省乐都区峰堆乡为例［J］．农业科技管理，2019，38（2）：35－38.

［7］王辅崇，杜娟．山西省特色产业精准扶贫问题研究［J］．湖南农业科学，2017，（7）：112－116.

［8］陈顺友，杨彩春，陈颖钰，等．生态猪养殖：一种产业化扶贫新思路——以湖北随州构树生态猪养殖及产业化扶贫为例［J］．安徽农业大学学报（社会科学版），2018，27（5）：24－28.

［9］侯智先．"互联网＋农产业"扶贫模式研究——以湖南省安化县黑茶产业扶贫为例［J］．科技和产业，2019，19（4）：33－38.

［10］熊宁，曾尊固．试论调整农业结构与构建区域特色农业［J］．经济地理，2001，21（5）：564－568.

第十章
禄劝县干热河谷区高粱种植产业引领脱贫模式

第一节　研究目的与意义

我国是世界上最大的发展中国家，肩负着反贫困的重大使命和艰巨任务。实施精准扶贫、精准脱贫政策，是我国推进、落实"十三五"规划和实现全面建成小康社会目标的时代使命[1]。中共十九大报告将精准脱贫列为决胜全面建成小康社会的三大攻坚战之一[2]。实践证明，产业扶贫是解决生存和发展的根本手段，是脱贫的必由之路[3][4][5][6]，位居我国精准扶贫方略"五个一批"之首位[7][8][9]。

我国金沙江干热河谷区分布着很多国家级贫困县（区），如云南省的东川区、禄劝彝族苗族自治县、寻甸回族彝族自治县、会泽县、双柏县、永仁县、武定县、宾川县、鹤庆县、玉龙县、永胜县、宁蒗县、巧家县、鲁甸县、大关县、永善县、绥江县等，以及四川省的木里藏族自治县、盐源县、普格县、布拖县、金阳县、昭觉县、美姑县、雷波县等。从气候条件来看，金沙江干热河谷地区冬无严寒，夏无酷暑，年降水量850~1200毫米，但干湿季分明，属亚热带季风气候，适合高粱等多种农作物生长。高粱[*Sorghum bicolor*（*L.*）*Moench*]属于禾本科一年生草本植物，喜温、喜光，并有一定的耐高温特性，全生育期适宜温度20℃~30℃，分布于全世界热带、亚热带和温带地区。中国南北各省区均有栽培。高粱米在中国、朝鲜、苏联、印度及非洲等地均为食粮。除食用外，高粱可制淀粉、制糖、酿酒和制酒精等[10]。禄劝县2017年以来在干热河谷地区引进高粱新品种红缨子1号、红茅糯2号、金粱糯1号种植的实践表明，该县海拔1800米以下的河谷和两侧坡地有较适宜高粱种植的广阔土地，适于引进种植。

为了打赢脱贫攻坚战，禄劝彝族苗族自治县（简称禄劝县）按照"产业发展脱贫一批"的总要求，把产业脱贫作为首要工作来抓。特别是在种植业增收上，想方设法，通过结合禄劝的气候特点及种植经验，自2017年以来，把高粱种植这个产业作为建档立卡贫困户减贫的产业之一，制定出台了《禄劝彝族苗族自治县优质高粱产业发展实施方案（2018—2020年）》，尝试通过"企业＋政府＋合作社＋贫困户"的形式，引进

"郎之汤"酒业落户禄劝建厂，发展规模化、产业化、特色化的高粱种植，并推动企业对贫困户的覆盖，实现贫困群众稳定增收。基于多次实地调研，入户调查和县、乡、村干部访谈，本章对该县高粱种植产业引领脱贫模式的具体做法和主要成效做一挖掘、总结和凝练，旨在为云南省乃至其他省（区、市）类似地区精准扶贫与脱贫攻坚提供必要的参考和借鉴。

第二节　发展高粱种植产业的具体做法

禄劝县高粱种植产业主要围绕市场需求，结合当地气候特点，在适宜种植的区域进行发展。在市场方面，通过招商引资引进"郎之汤"酒业落户禄劝建厂，由公司制定保护价收购加工，并与农户签订种植协议；在政府层面上，制定扶持政策，引导农户进行种植，特别是区域内的建档立卡贫困户党员积极参与，业务部门进行技术指导，确保稳产增收。

一　通过引进新品种试种，科学分析高粱种植产业的有利条件和经济效益

2017 年 5 月以来，禄劝县引进高粱新品种红缨子 1 号、红茅糯 2 号、金梁糯 1 号，这些高粱品种适宜在海拔 1800 米以下的坡旱地种植，最适宜气温在 20℃ ~ 25℃，最佳播种节令在 4 月底至 5 月底，这符合禄劝县金沙江干热河谷区地理环境条件及农业生产习惯。种植实践表明，该县海拔 1800 米以下的河谷和两侧坡地有较适宜高粱种植的广阔干旱坡地，适于发展高粱种植产业。

除了充分考虑高粱种植的气候和土地资源条件，更要考虑市场条件，尤其是该县传统酿酒产业需求。禄劝县自古有酿酒传统，高粱是酿酒的优质原料，并具有绿色安全的特点，引进高粱均为糯性品种，出酒率高，单宁含量在 1.0% ~ 2.0%。特别是 2017 年下半年，该县引进了"郎之汤"高粱酒厂等先进的酿酒企业，使得农户种出的高粱不愁收购，可有效促进该县酿酒产业发展，进而助力全县脱贫攻坚工作。

经济效益是发展产业必须要考量和评估的核心问题。实践表明，在金沙江干热河谷区的干旱坡地种植其他传统农作物往往产量不高，甚至难以生长。而高粱作为耐旱作物，其抗逆性强，生产成本投入较低，农户种植高粱经济效益高。据测算，每公顷纯收入可在 18000 元以上，如全县推广种植高粱 6666.67 公顷，则可实现产业增收 1.2 亿元以上。

二　合理制订高粱种植目标计划方案

在科学论证基础上，为了做大做强高粱种植产业，禄劝县及时制定了《禄劝彝族苗

族自治县优质高粱产业发展实施方案（2018—2020 年）》，并深入实施高粱产业三年行动计划，按照"一年打基础、两年上水平、三年形成大产业"的逐年推进步骤，全力打造高粱产业，为全县脱贫攻坚成效巩固提升、高原特色农业快速发展、乡村振兴有效衔接打下坚实基础，提供有力支撑。

2018 年，全县计划种植优质高粱 666.67 公顷，预计产量 300 万千克以上，覆盖建档立卡贫困户 2000 户以上。

2019 年，计划发展优质高粱 5333.33 公顷，预计产量 2400 万千克以上，新增带动建档立卡贫困户 500 户以上。

2020 年，计划发展优质高粱 6666.67 公顷，预计产量 3000 万千克以上，新增带动建档立卡贫困户 500 户以上。

三 引进"郎之汤"酒业，践行"企业 + 政府 + 合作社 + 贫困户"高粱种植模式

主要方法是政府以招商引资的形式引进云南郎之汤农业开发有限公司落地建厂后，签订合作框架协议，支持企业发展，给予企业销售招商引资的政策，并通过各种大型展会帮助企业打响"郎之汤"品牌。同时，研究制订高粱产业发展方案，发动适宜区老百姓种植高粱，并对种植户给予政策扶持，为企业提供产品原料，确保企业和种植户达到双赢。

禄劝县金沙江河谷属于干热河谷地带，特别适合种植优质高粱，而禄劝得天独厚的气候和水资源也特别适合烤酱香型白酒。禄劝酿造白酒历史久远，禄劝小锅酒有"一滴甘露落入口，千粒珍珠滚下喉"之美味。但由于当地工艺落后、产量不高、缺乏市场意识，禄劝白酒一直藏在闺中，不被外界所知。云南郎之汤农业开发有限公司经过考察论证，抓住禄劝县大力发展产业、助推脱贫攻坚这个千载难逢的历史机遇，决定选址禄劝、兴业禄劝，建设禄劝万吨白酒产业园区，园区占地 40 万平方米（40 公顷）。2018年以来，云南郎之汤农业开发有限公司在禄劝县汤郎乡修建了一个 800 吨的酱香型白酒车间，在则黑乡修建了一个 300 吨的车间，在马鹿塘乡修建了一个 300 吨的生产车间。园区引进贵州茅台的最先进生产工艺技术，引进贵州茅台优质小红高粱、小麦等为生产原料，打造"郎之汤"品牌中高档酱香型白酒、果子酒和猕猴桃酒等，做大做强云南白酒产业，打造云南最大最好的酱香型白酒生产基地。同时，以高度的社会责任感，积极参与当地经济社会建设，建设禄劝县产业脱贫攻坚战产业带动示范基地及禄劝的产业发展；发挥禄劝独特的气候、土地资源优势，学习借鉴农村发展"三变"（资源变资产、资金变股金、农民变股东）模式，成立种植专业合作社、养殖专业合作社，发动禄劝县及周边各乡镇广泛种植高粱，助推产业发展，带动农村农民脱贫致富，让禄劝父老乡亲

共享产业发展的丰硕成果。

四　完善高粱种植产业的组织领导，保障产业发展有序推进

为确保《禄劝彝族苗族自治县优质高粱产业发展实施方案（2018—2020 年）》的顺利实施，将高粱种植产业工作落到实处，禄劝县专门成立了优质高粱种植工作领导小组，由县人民政府分管副县长兼任组长，县农业局局长兼任副组长，成员包括县农业局分管副局长、县农技总站站长和副站长、各乡镇（街道）农业综合服务中心主任。该领导小组负责高粱种植产业的组织协调、经费协调、农用物资协调，并定期对高粱种植项目实施情况进行监督、检查、验收。

五　强化高粱种植技术指导，确保农户稳产增收

高粱高产栽培技术环节较多，包括播前准备（选用优良品种、选地整地、种子消毒处理等）、播种（确定适宜播种节令，种植密度及种植方式，查苗、间苗、补苗）、田间管理、病虫害防治、适时收割等。为了确保高粱种植户能够稳产和增收，禄劝县积极加强高粱种植的技术指导工作，成立了禄劝县优质高粱种植技术服务组，由县农技总站站长兼任组长，县农技总站相关专业技术人员为成员。技术服务组负责高粱种植项目区规划、种植面积落实，制定增产技术措施，编印优质高粱栽培技术手册。同时，充分利用网络、电视及科技街、农民田间培训等方式召开科技现场培训会，展开培训工作，使优质高粱栽培技术做到因地制宜、高产高效，并做好中后期田间管理及测产测收和项目总结工作。

第三节　发展"郎之汤"酒业高粱种植的主要成效

一　总体成效

禄劝万吨白酒产业园区建成后，将有效汇聚资源、资金和技术等优势，着力打造"郎之汤"品牌，按年产万吨白酒计算，年 GDP 产值可达到 25 亿元，每年可增加财政税收 5 亿元。通过探索"龙头企业＋政府＋合作社＋贫困户"的产业扶贫开发模式，培育新型职业农民、种养大户、家庭农场、农民专业合作社、农业龙头企业、农业社会化服务组织等，可带动 7180 户贫困户脱贫。

发展"郎之汤"酒业高粱种植的总体成效包括推动种植产业大发展、养殖大发展（用酒糟养牛）、有效解决农村剩余劳动力、带动水果产业发展、带动商业和提供共享服务等发展，前景广阔。

二 农户增收情况

2018 年，郎之汤高粱酒厂建设项目辐射带动汤郎乡 1778 户农户种植高粱 208.13 公顷，带动群众增收 468.3 万元（单产 4500 千克/公顷，单价 5 元/千克），户均实现增收 2634 元。公司吸收 803 户建档立卡贫困户产业扶持资金 729.5 万元入股，按协议年底保本固定 10% 年收益计算，可带动 803 户建档立卡贫困户增收 72.95 万元。同时，通过合作社入股、高粱种植等方式，可为汤郎乡 9 个村委会年集体经济收益各增加约 2 万元。

该项目除汤郎乡之外，还带动则黑乡、马鹿塘乡、乌蒙乡、皎平渡镇、中屏镇、翠华镇和乌东德镇等金沙江、普渡河沿线乡镇同时种植高粱。全县 2018 年合计种植高粱 793.47 公顷，为酒厂运营提供了充足的原料，共带动 6000 余户群众增收 1785.3 万元（单产 4500 千克/公顷，单价 5 元/千克）。

三 典型贫困村脱贫户高粱种植收益与产业扶贫效果

汤郎乡普模村委会是深度贫困村，总计建档立卡贫困人口 243 户 825 人，贫困发生率达 38.43%。2017 年，汤郎乡与郎之汤酒厂达成合作，普模村委会成立"禄劝河谷种植专业合作社"，负责种植技术指导、收购等工作，覆盖 11 个村民小组、农户 219 户（其中建档立卡贫困户 83 户）。2018 年，合作社成员种植高粱 56.67 公顷（其中建档立卡贫困户 20.07 公顷），实现增收 68 万元，户均增收 3105 元。

通过对 2018 年汤郎乡普模村委会 50 户典型脱贫户高粱种植产业收入状况进行调查（见表 10-1），结果表明，50 户脱贫户 2018 年家庭总纯收入平均为 22685.15 元，人均纯收入 6035.71 元，远超过 2018 年云南省贫困线标准（3500 元）。从高粱产业的扶贫效果来看，这 50 户脱贫户 2018 年高粱种植面积平均为 0.281 公顷/户，2018 年高粱种植纯收入为 4412.15 元/户，占 2018 年家庭纯收入总数 22685.15 元/户的 19.45%。其中，部分脱贫户 2018 年高粱种植纯收入占家庭纯收入总数的 50% 以上，最高达 82.58%。可见，高粱种植的产业扶贫成效是显著的。2018 年末，普模村委会贫困发生率降至 0.09%，顺利脱贫摘帽。

表 10-1　2018 年汤郎乡普模村委会典型脱贫户高粱种植产业收入状况调查

调查农户编号	家庭人口数（人）	家庭纯收入合计（元）	家庭人均纯收入（元）	高粱种植面积（公顷）	高粱种植纯收入（元）	高粱种植纯收入占家庭总纯收入的比例（%）
01	4	37904.72	9476.18	0.400	9783.00	25.81
02	5	39392.00	7878.40	0.267	5020.00	12.74
03	5	30662.40	6132.48	0.200	3271.50	10.67

续表

调查农户编号	家庭人口数（人）	家庭纯收入合计（元）	家庭人均纯收入（元）	高粱种植面积（公顷）	高粱种植纯收入（元）	高粱种植纯收入占家庭总纯收入的比例（%）
04	2	14376.20	7188.10	0.200	2309.50	16.06
05	4	21680.28	5420.07	0.267	2777.50	12.81
06	3	20993.61	6997.87	0.200	3030.50	14.44
07	5	25855.80	5171.16	0.667	8549.00	33.06
08	2	13718.80	6859.40	0.667	11329.50	82.58
09	5	27223.40	5444.68	0.400	4825.00	17.72
10	3	20685.00	6895.00	0.133	1587.00	7.67
11	5	28151.70	5630.34	0.200	3851.00	13.68
12	4	28978.76	7244.69	0.133	2976.50	10.27
13	3	19921.89	6640.63	0.200	1875.00	9.41
14	4	26213.40	6553.35	0.333	8773.50	33.47
15	3	18640.41	6213.47	0.333	5401.50	28.98
16	4	22905.92	5726.48	0.200	3123.50	13.64
17	6	29015.46	4835.91	0.200	4371.00	15.06
18	5	29807.15	5961.43	0.200	2220.50	7.45
19	6	28520.16	4753.36	0.200	2654.50	9.31
20	3	12848.25	4282.75	0.200	2620.00	20.39
21	4	35011.88	8752.97	0.667	10069.00	28.76
22	3	18400.80	6133.60	0.333	2524.50	13.72
23	4	16075.00	4018.75	0.200	2543.00	15.82
24	4	24235.40	6058.85	0.667	12317.50	50.82
25	3	14745.00	4915.00	0.200	4246.50	28.80
26	3	23319.00	7773.00	0.200	4030.00	17.28
27	2	9043.00	4521.50	0.200	1108.00	12.25
28	4	23833.00	5958.25	0.200	2931.50	12.30
29	4	26058.00	6514.50	0.267	5147.50	19.75
30	4	21090.00	5272.50	0.133	1375.50	6.52
31	6	24975.00	4162.50	0.200	2794.00	11.19
32	4	22957.00	5739.25	0.333	3954.00	17.22
33	4	32980.56	8245.14	0.200	3508.50	10.64
34	3	15467.01	5155.67	0.200	2169.00	14.02
35	3	17376.00	5792.00	0.200	3992.50	22.98
36	3	23069.73	7689.91	0.200	3459.00	14.99
37	3	13608.00	4536.00	0.333	2868.50	21.08

续表

调查农户编号	家庭人口数（人）	家庭纯收入合计（元）	家庭人均纯收入（元）	高粱种植面积（公顷）	高粱种植纯收入（元）	高粱种植纯收入占家庭总纯收入的比例（%）
38	3	13021.80	4340.60	0.333	9053.50	69.53
39	3	25269.99	8423.33	0.200	2089.00	8.27
40	6	30761.82	5126.97	0.333	1189.00	3.87
41	3	16782.00	5594.00	0.267	5450.00	32.48
42	4	38644.00	9661.00	0.667	9713.00	25.13
43	5	17860.00	3572.00	0.333	6266.33	35.09
44	4	22718.00	5679.50	0.200	4079.50	17.96
45	4	21462.88	5365.72	0.200	3409.50	15.89
46	2	10873.40	5436.70	0.200	2660.00	24.46
47	4	25818.00	6454.50	0.200	4888.00	18.93
48	4	16834.00	4208.50	0.267	4142.50	24.61
49	2	11038.00	5519.00	0.200	3416.50	30.95
50	4	23434.00	5858.50	0.333	4862.50	20.75
平均	4	22685.15	6035.71	0.281	4412.15	19.45

禄劝县高粱种植产业发展的实践表明，产业扶贫是山地河谷区贫困群众脱贫致富的重要突破口，是确保贫困群众持续、稳定地脱贫致富奔小康的有效途径。在高粱种植产业扶贫模式中，政府积极主导是关键，引进龙头企业带动是载体，合作社组织是桥梁。随着种植产业规模的逐年扩大，禄劝万吨白酒产业园区将不断谋划布局发展，依托打造"郎之汤"品牌，提升品质，按照"产业＋扶贫"的发展思路，积极投身到禄劝决战决胜脱贫攻坚中，发挥企业的优势和作用，激活禄劝经济社会发展的"一池春水"，不断探索产业发展助推脱贫攻坚的禄劝做法，实现"一年打基础、两年上水平、三年形成大产业"的"郎之汤"酒业高粱种植产业发展目标。

参考文献

［1］刘彦随，周扬，刘继来．中国农村贫困化地域分异特征及其精准扶贫策略［J］．中国科学院院刊，2016，31（3）：269－278．

［2］习近平．决胜全面建成小康社会　夺取新时代中国特色社会主义伟大胜利——在中国共产党第十九次全国代表大会上的报告［R］．北京：人民出版社，2017：1－71．

［3］孙小兰．产业扶贫是脱贫的必由之路［EB/OL］．www.people.com.cn/n，2013－01－16．

［4］YANG Renyi，ZHAN Wenhui，QIAN Qian，et al．The Model of Poverty Alleviation and Income Growth by Developing Plateau – characterized Agriculture and Its Achievements Analysis in Yunnan Province：A Case Study in Midu County，Dali Bai Autonomous Prefecture ［J］. Agricultural Science & Technology，2017，18（4）：744 – 746，752.

［5］杨子生．大盈江流域土地资源开发保护与精准扶贫方略［C］//刘彦随，杨子生，方斌．中国土地资源科学创新与精准扶贫研究．南京：南京师范大学出版社，2018：19 – 27.

［6］Zisheng YANG，Renyi YANG，Kaibo TIAN，et al. Reconstruction Mode of Rural Dilapidated Houses in Alpine and Gorge Area of Southwest China——A Case Study of Scientific Identification and Precision Reconstruction of Rural Dilapidated Houses in Luquan County，Yunnan Province［J］. Asian Agricultural Research，2019，11（2）：57 – 64.

［7］中共中央，国务院．中共中央　国务院关于打赢脱贫攻坚战的决定［M］. 北京：人民出版社，2015：1 – 33.

［8］国务院．“十三五”脱贫攻坚规划［M］. 北京：人民出版社，2016：1 – 79.

［9］习近平．在中央扶贫开发工作会议上的讲话［C］//中共中央党史和文献研究院．十八大以来重要文献选编（下）．北京：中央文献出版社，2018：29 – 51.

［10］Baidu 百科．高粱［EB/OL］. https：//baike. baidu. com/item/高粱/2862？fr = aladdin.

第十一章
禄劝县土地流转助推产业精准扶贫模式

第一节 研究目的与意义

　　土地流转系指土地使用权的流转，其含义是农户在保留承包权的前提下将土地经营权（即使用权）通过转包、转让、入股、合作、租赁、互换等方式出让给其他农户或合作社等经济组织。中共中央办公厅、国务院办公厅 2014 年 11 月印发的《关于引导农村土地经营权有序流转发展农业适度规模经营的意见》明确指出"土地流转和适度规模经营是发展现代农业的必由之路"，要求规范地引导农村土地经营权有序流转，发展农业适度规模经营，加快培育新型农业经营主体，鼓励地方扩大对家庭农场、专业大户、农民合作社、龙头企业和农业社会化服务组织的扶持力度[1]。国务院 2016 年 11 月印发的《"十三五"脱贫攻坚规划》明确提出"支持各类新型经营主体通过土地托管、土地流转、订单农业、牲畜托养、土地经营权股份合作等方式，与贫困村、贫困户建立稳定的利益联结机制，使贫困户从中直接受益"，同时，还提出"支持'有土安置'的搬迁户通过土地流转等方式开展适度规模经营，发展特色产业"[2]。

　　近年来，实施精准扶贫、精准脱贫政策，已经成为我国推进、落实"十三五"规划和实现全面建成小康社会目标的时代使命[3]；中共十九大报告将精准脱贫列为决胜全面建成小康社会的三大攻坚战之一[4]。在精准扶贫方略中，产业扶贫是解决贫困群众生存和发展的根本手段，是脱贫的必由之路[5][6][7]，位居我国精准扶贫方略"五个一批"之首[2][8]。在产业精准扶贫中，土地流转是关键环节。土地流转助推产业精准扶贫，旨在通过贫困地区农户土地承包经营权的流转，促进贫困地区土地资源的优化配置，形成适度规模经营，并引进现代化农业与技术，通过"造血"式产业扶贫的方式来助推贫困地区的优质特色农产业发展，不仅增加收入，还增强贫困户自我发展能力，从而促进贫困户脱贫致富[9]。从具体发生机理上看，主要是通过大力培育、引进、扶持龙头企业、专业种植合作社等新型农业经营主体，引导贫困群众通过土地流转、合作种植、入股分红、务工增收等方式与新型农村经营主体建立稳固的利益联结机制，发挥贫困户的主体作用，让贫困户参与到种、加、产、销纵向产业链条之中，共同发展壮大特色优势产业，帮助贫困户提高收入、增加就业机会和提升生产技术水平，从而实现稳定脱贫和长效性脱贫。因此，将土地流转融入产业扶贫中，既盘活了农村土地资源，又激发了农村发展活力，已成为贫困地区精准脱贫的重要举措。

位于我国长江上游金沙江高山峡谷区的云南省昆明市禄劝彝族苗族自治县，是一个集山区、农业、贫困、少数民族、革命老区为一体的贫困县，属于我国乌蒙山集中连片特困地区重点县和全国 73 个国家扶贫开发工作重点县之一。山高、谷深、坡陡、弯急、路险是禄劝县地势地貌的基本写照，全县山区占总面积的 98.4%；县内海拔最高点 4247 米，最低点 746 米，相对高差达 3501 米。特殊的高山峡谷区地理环境、恶劣的自然条件，使禄劝县的发展受到较大限制，其贫困面广、贫困程度深。全县 189 个村（居）委会中，贫困村达 115 个，其中深度贫困村 83 个。全县累计建档立卡贫困户为 26083 户、贫困人口为 91586 人，贫困发生率（这里指建档立卡贫困人口数占 2014 年农业户籍人口总数的比例[10]）达 22.21%。近年来，禄劝县在脱贫攻坚战中，紧紧围绕国家精准扶贫方略，大力发展产业扶贫，取得了明显的扶贫成效。该县的中屏镇和九龙镇通过深入探索，积极作为，开拓创新，闯出了一条土地流转助推产业精准扶贫之路，形成了明显的特色模式，在实现精准脱贫中发挥了重要作用。

本章基于国家精准扶贫方略，将精准扶贫的产业开发与土地流转有机结合，在对禄劝县中屏镇中屏村和九龙镇教务营村典型项目区土地流转助推产业扶贫现状进行实地调研的基础上，着重总结和分析该县典型项目区土地流转助推产业扶贫模式的组织与运行机制、基本做法、主要成效，并总结出该模式的创新之处和成功经验，进而提出进一步推广实施该模式的措施建议，为云南省乃至类似省（区、市）贫困县因地制宜地实施土地流转与产业精准扶贫提供必要的参考和借鉴。

第二节　典型项目区土地流转助推产业扶贫现状

近年来，禄劝县稳步推进农村综合改革，逐步建立农村土地经营权流转交易服务体系，稳妥推动农村土地经营权流转租赁、抵押融资，农村土地经营权流转发展农业适度规模经营工作得到有序推进。2017 年初，该县印发了《关于引导农村土地经营权有序流转发展农业适度规模经营的实施方案》（禄办发〔2017〕1 号），使土地流转有据可依。同时，还出台了《禄劝彝族苗族自治县贫困户土地集中流转实施方案（试行）》（禄政办发〔2017〕文件），积极引导建档立卡贫困户流转土地发展产业，使贫困户有稳定增收项目。县农业局统计，全县家庭承包土地农户数为 107918 户，家庭承包经营耕地面积 23075.67 公顷，至 2018 年 9 月 30 日，已完成总流转面积 12524.27 公顷，占 54.3%，其中 2018 年流转 7640 件 2017.65 公顷。在总流转面积中，转包 23429 件 5776.07 公顷，出租 16919 件 5363.73 公顷，互换 2094 件 314.07 公顷，转让 1248 件 325.53 公顷，其他方式 926 件 744.87 公顷。全县涉及土地规模经营流转 20 公顷以上的村委会有 24 个，流入企业 20 家，流转期限为 5～16 年，均为长期流转。在流转过程中，统一使用监制规范的合同范本。通过各种形式推动优秀的土地流转实践经验，引导更多的农户和社会资本积极参与，加快推进全县农村土地经营权依法规范有序流转，促进现代农业健康发展和增收脱贫。在各乡镇推动土地流转发展特色产业中，涌现出了一批有特色、有成效的典型土地流转项目，如中屏镇中屏村土地流转发展特色蔬菜种植项目、九龙镇教务营村土地流转发展三七产业项目等。

一　中屏镇中屏村土地流转助推产业扶贫现状

中屏村委会位于禄劝县中部，是中屏镇集镇所在地，距离县城 56 千米，土地面积 20.3 平方千米，海拔 2120 米，年平均气温 20℃，属高原冷凉坝区，境内以小平坝、山坡地等地貌类型为主，年降水量 1100 毫米。全村有农户 459 户 1858 人，其中农业人口 1750 人，农村劳动力 926 人，下辖 12 个村民小组。中屏村委会建档立卡贫困户 104 户 355 人。全村耕地面积 85.33 公顷，人均耕地面积 0.0459 公顷，现有林地 673.33 公顷，人均林地面积 0.3624 公顷。主要种植玉米、烤烟等农作物。特色产业有辣椒、金针菇、鲜花、萝卜等。

中屏村为积极推进中屏农业现代化进程，有效促进产业化、规模化经营，实现中屏农户增收致富，积极推进土地流转，将 13.33 公顷土地流转给云南清欢农业科技有限公司，建设辣椒粗加工厂 1 座；流转给禄劝卓越农业开发有限责任公司 24.33 公顷，建设大棚 2.67 公顷，蔬菜配送中心 1 个（0.13 公顷）；流转给凌昆菌业有限公司 2.00 公顷，建设食用菌种植棚 1.33 公顷。以上三家公司流转年限都为 10 年。流转给我种花公司 5.33 公顷，建设大棚 3.33 公顷，该公司流转年限为 20 年。目前，中屏村委会共计流转土地 67.20 公顷，外出务工 856 人，其中建档立卡贫困户 115 人。全村委会土地流转实施带动 104 户 361 人。

流转给云南清欢农业科技有限责任公司的 13.33 公顷土地，流转年限为 10 年，土地流转费用为每年 10500 元/公顷，进行以蔬菜种植为主的现代农业综合开发，秉持着"做给农民看，带着农民干，帮着农民赚"的理念，主要经营辣椒、荷兰豆等蔬菜种植、推广、加工和销售，以及工业大麻种植、推广、加工和销售。该项目的实施带动农户 60 户 200 余人。2018 年收购辣椒约 400 吨，产值约 1100 万元。涉及主体是中屏村党支部、龙头企业云南清欢农业科技有限责任公司、中屏村党总支成立的禄劝农丰种植合作社、农户，采取"党支部＋龙头企业＋合作社＋农户"的方式进行运作：企业负责投入资金、技术；禄劝农丰种植合作社服务于企业，负责联系群众，促进农业产业结构调整；农户提供土地；村委会为企业和农户提供协调服务，促进当地经济社会发展。

二　九龙镇教务营村土地流转助推产业扶贫现状

教务营村委会土地总面积30.7平方千米，辖10个自然村，共计13个村民小组。现有人口602户2337人，拥有林地2817.00公顷，耕地265.00公顷，人均拥有耕地0.1134公顷，主要种植玉米、当归、烤烟、大麦、土豆、大白芸豆等农作物，经济作物种植有烤烟、中草药（三七、玛卡、当归等）、经济林果等。全村有建档立卡户80户257人。

九龙镇教务营村三七基地的大规模土地流转项目依托于"党支部＋龙头企业＋基地＋农户"这一有效模式。2016年，随着脱贫攻坚工作的深入开展，经过市级帮扶单位昆明产投公司牵线搭桥，引进昆明市无量药谷中药材有限公司进驻教务营村委会新建中草药（三七）种植基地。公司在教务营村投入资金2.1亿多元，建成全省单体最大的三七种植基地。以党支部建设为抓手，在教务营村党总支的协调下，依托包乡企业昆明产业开发投资有限公司投入资金建基地。当年公司集中流转土地172.20公顷，2017年扩大基地规模，再次流转218.20公顷，两次共计390.4公顷。公司每年按10800元/公顷租金，三年一次性补偿。受益农户572户2205人，涵盖整个村82.5%的建档立卡贫困户（66户214人31.60公顷）。2018年10月份再次流转土地4.12公顷给昆明市无量谷中药材有限公司，续签了20年流转协议，轮作车厘子等特色产业，计划于2019年3月份循环流转土地173.33公顷给昆明市无量谷中药材有限公司种植车厘子与重楼。土地的加速流转将稳步推动教务营村的经济发展，为群众长期稳定增收奠定良好的基础。

公司在运行过程中，所需劳动力优先使用被流转土地农户以及教务营村委会农户，在用工高峰期，尤其是采挖三七期间，每天用工200人左右。农户通过到公司务工，每天可获得70元的劳务收入。如农户进行基地守护管理，每户每年可获得6万元的劳务报酬。该模式涉及主体为党支部、企业、基地和农户，村委会党支部负责为企业做好土地流转、用工等协调服务工作；企业为土地租用者及基地负责人，负责发展生产，解决当地农户就业问题，同时把先进的生产管理技术传授给农户；农户为土地租赁者及基地务工人员，通过到企业务工获得劳动报酬，同时学习新的生产技术。构建起贫困户与企业利益联结机制，帮扶企业通过基地采取技术培训、土地流转、劳动力转移等措施，不仅增加农户收入，更给当地村民带去现代化农业新的生产技术和生产观念，帮助贫困户思想、技术双脱贫，实现稳定创收。近年来，教务营村通过党组织引领、党员示范带动、合作社带动、产业基地支撑等，大力发展三七特色中草药种植，实现脱贫攻坚和基层党建双推进。

第三节　典型土地流转项目区的组织与运行

一　中屏镇中屏村土地流转项目区的运行机制

（一）土地流转项目前期形成并落地实施情况

中屏村土地流转项目通过镇政府、村委会、村小组招商引资，企业实地考察，经中屏镇政府相关部门批准落地实施。中屏村委会的主要工作是召开群众大会，详细介绍项目背景及前景，提前分析研判，引导舆论导向，精准核实土地面积，确保土地流转项目落地和顺利实施。

经村民大会同意后，组织村民、企业方、村委会实地丈量，三方确认后签订土地流转合同，按合同书支付土地流转金，规定企业用工优先使用流转土地的村民和建档立卡贫困户。平时，企业通过自主招工解决用工问题，在用工需求旺季适时向村委会劳务咨询公司提出用工需求，由村委会劳务咨询公司酌情解决用工问题。

（二）项目实施过程中的宣传和动员组织形式

在项目实施过程中，中屏村利用群众大会，召集群众进行政策宣传，并由中屏镇分管领导进行政策解读。同时，邀请企业方代表对土地流转后产生的经济效益进行展示，积极动员群众参与到土地流转中。在组织动员中，政府和村集体注重对村民进行土地相关法律法规的讲解，并通过传统种植业产值与土地流转后效益比对分析进行宣传和动员，进一步消除村民对土地流转的疑虑。

（三）土地流转涉及的项目资金整合情况

土地流转项目涉及的产业扶贫资金来源是上级筹措的建档立卡贫困户人均 2500 元产业扶持资金。企业股东会议决定向镇政府申请，经镇政府同意，由企业提供等值固定资产抵押签订协议，由中屏村党总支成立的农丰种植合作社分 3 次注资给云南清欢农业科技有限责任公司，并对企业经营状况进行监管。以县统筹指导、镇结合实际、村尊重群众为原则，按照"资源变资产、资金变股金、农民变股东"的思路，将中屏村委会产业发展扶持资金 49.5 万元、安东康村委会产业发展扶持资金 38.25 万元分别入股到云南省清欢农业科技发展有限责任公司、云南汇丰神农百科农业发展有限公司进行运营管理，每年年初按照年收益率 10% 的比例向建档立卡贫困户分红；剩余 644 万元产业发展资金全部注入政府平台公司——禄劝裕农公司，每年按照年收益率 10% 的比例向建档立卡贫困户分红。

（四）土地流转项目的保障、监督和责任机制情况

产业扶持资金由企业提供等值固定资产作为担保，确保资金安全。中屏镇政府农业部门、村党总支合作社、村务监督委员会根据企业运营情况进行适时监管。

二　九龙镇教务营村土地流转项目区的运行机制

（一）土地流转项目前期形成并落地实施情况

九龙镇教务营村土地流转主要采取"政府引导、群众自愿参与"的方式，乡镇不仅做好宣传和协调服务工作，而且完成土地确权，为监管打下数据基础。土地流转项目由昆明产投公司牵头，由昆明市无量药谷中药材有限公司考察划定流转区域，镇政府负责对接，遵循农户自愿原则，由村委会提前做好农户群众思想工作，并确定具体流转范围、面积，协调促成项目落地实施。

（二）项目实施过程中的宣传和动员组织形式

在土地流转实施中，九龙镇教务营村主要以村委会为主体，召开群众动员大会，宣传项目发展前景及土地流转租金，引导农户自愿流转土地。同时，从多方面做好村民的动员组织工作。一是通过入户走访等方式，帮助村民算清种地收入账。二是发挥村组干部、党员同志的示范作用，带头与公司签订流转协议。采取党员同志带头、村组干部跟进的方式，通过党员带动和村组干部做表率，一级带一级，一户带一户，实现土地集中流转。三是协调龙头企业，确保被流转土地农户的优先就业权。在务工方面，村委会首先对全村在家劳动力进行摸排梳理，在掌握第一手资料后，由村级劳务公司与企业对接，掌握近期劳动力需求信息，有序组织农户务工。此外，在项目建成后，在周边村落粘贴用工公告，引导闲置劳动力到基地务工。在统筹土地流转管理方面，乡镇将依据2018年最新完成的土地确权数据，规范承包合同管理，让农户放心流转。

（三）土地流转涉及的项目资金整合情况

九龙镇实施的大规模土地流转项目为昆明市无量药谷中药材有限公司在教务营村投入资金2.1亿多元，建成全省单体最大的三七种植基地。土地流转租金由昆明市无量药谷中药材有限公司全额支付，由村委会协调发放，直接发放现金至农户手中。

（四）土地流转项目的保障、监督和责任机制情况

该村土地流转项目由九龙镇政府在县农业局的指导下，不断完善监管工作。昆明市无量药谷中药材有限公司与农户签订书面土地流转协议，约定租金支付方式，村委会全程监督，确保租金及时发放到位。

第四节　典型项目区土地流转的基本做法

一　中屏镇中屏村土地流转的基本做法

（一）以土地流转为依托，发挥贫困户的主体作用，促进农户增收渠道多样化

中屏村不断发展"党支部＋龙头企业＋合作社＋农户"的运营模式，即"党建（党支部）＋龙头企业（合作社、能人、大户）＋投入模式（资金、技术、土地、入股）＋建档立卡户"模式，大力培育、引进、扶持新型农业经营主体，鼓励贫困群众通过土地流转、农户参股、合作经营等方式与新型农村经营主体建立稳固的利益联结机制，共同发展壮大特色优势产业。引进资金、技术、管理，输出资源、产品、服务，帮助贫困户稳定增收脱贫。整合贫困户的土地、劳动力和扶贫资金，通过流转租金、合作种植、入股分红、务工增收等方式，发挥贫困户的主体作用，避免贫困户被边缘化，让贫困户参与到种、加、产、销纵向产业链条之中，形成稳固的利益联结关系。

（二）以龙头企业为引领，加大农民培训力度，助推贫困户内生动力

中屏村巩固拓展"党支部＋龙头企业＋合作社＋农户"发展模式，对全镇遴选的4个龙头企业（大户）云南清欢农业科技有限公司、禄劝卓越农业科技有限公司、我种花公司、凌昆食用菌种植有限公司的农产品进行统计、分类、包装设计，提升产品附加值、扩展销售渠道。中屏村不断以龙头企业为引领，推进土地有序流转，与群众建立稳定的利益联结机制和资产合作关系。加大农民培训力度，加强贫困户的参与度，稳步提高农民组织化程度，鼓励有文化、善经营、会管理的农户流转土地、发展适度规模经营，提高农户种植技术，培养一批新型农业发展带头人，提高生产管理、专业技能和社会服务能力，助推贫困户内生动力。

（三）以农户创收为核心，规避农户种植风险，创新合作种植新渠道

云南清欢农业科技有限公司积极采取"党支部＋龙头企业＋合作社＋农户"的运营模式，积极组织群众观摩、学习和交流；对广大群众分期、分批地进行投资、风险、科学、质量及责任等意识提升及能力建设培训；与农户签订种植协议，为种植户提供种苗、农药及化肥，制订保底价，1千克3元保障产品回收，开生产总结大会表彰先进种植户。

为有效抵御来自种苗、农药化肥、农机设备、仓储、物流及销售等农业产业链自身的风险，公司引进各种管理、技术人才，针对霜冻、冰雹、洪水等不可控的自然灾害，对农民的种养产品实施政策性及商业性保险，减轻农民在灾害面前的经济损失，切实增强农户抵御和防范自然风险的能力，增强农作物应对各种灾害的能力，解除农户的后顾之忧。逐步完善管理运营机制，为拓宽市场营销渠道，公司与省外、国外同行广泛建立联系，形成覆盖上海、长沙、成都乃至泰国、马来西亚的营销网络。建造占地 0.13 公顷的辣椒加工厂和冷库，促进一产、二产的有机结合，为争取更好的营销利润奠定基础，成为一个产、供、销一体化，既能自我造血又能辐射带动的现代化农业企业。

（四）依托地域资源优势，探索高原特色蔬菜种植示范农业发展道路

中屏村委会以土地流转为依托，探索出一条脱贫成效巩固提升、高原特色农业快速发展、与乡村振兴有效衔接的高原特色蔬菜种植示范农业产业发展道路。发挥辖区资源丰富的优势，改变产业结构单一、调整难度大的状况，形成有力的支柱产业，加快农业产业结构调整，在找准项目、引进企业、对接市场、包装品牌上狠下功夫，推动产业发展链条形成，为贫困群众脱贫致富打下坚实基础。

二　九龙镇教务营村土地流转的基本做法

（一）以土地流转为依托，发挥贫困户的主体作用，有效带动农户脱贫致富

教务营村三七基地的大规模土地流转项目坚持"党支部 + 龙头企业 + 基地 + 农户"的运营模式。该基地土地流转遵循农户自愿原则，由昆明市无量药谷中药材有限公司考察划定流转区域，党支部负责引领，村委会协助土地流转工作，辖区内农户流转土地并可到基地内务工。教务营村坚持把加快土地流转作为转变农业发展方式、助推精准扶贫工作的重要举措，坚持自愿、有偿原则，引导广大群众规范、有序地流转土地，承包给合作社等新型经营组织进行规模化种植。同时，组织贫困户在流转的土地上打工就业，实现"土地租金 + 务工"双丰收，提高农民在土地增值收益中的分配比例，优化农民收入结构，拓宽农民增收致富渠道，走出一条土地流转助推精准脱贫的道路。三七基地建设促使农户土地经营权流转加快，九龙镇共流转土地 1041.73 公顷。按照每年 10500 元/公顷地租计算，全镇 4152 户农户地租年租金收益 1093.82 万元。在教务营村委会种植的三七，涉及 8 个村小组，惠及农户 572 户 2205 人，其中建档立卡户 66 户 214 人，户均每年实现增收 7342 元。

（二）依托地域资源优势，发挥土地价值，实现特色产业规模化发展

昆明产投公司践行国企社会责任，借助国家脱贫攻坚这股强劲的春风大刀阔斧，一路劈开了产业扶贫路子，促进贫困村民增收致富。经过多次实地考察调研和对三七产业发展的深思熟虑后，昆明产投公司投资近 2 亿元资金，在九龙镇海拔 2450 米以上的深山里流转土地 400.00 公顷，种上中药材三七，解决了土地撂荒、无人种地、土地碎片化等问题，实现了农村土地有效增值。教务营村三七基地既是全县最大规模的中草药三七种植基地，又是昆明市乃至云南省单体最大的种植基地。公司的目标只有一个，就是

要让当地村民增收致富，让三七产业在九龙镇的土壤里开花结果，做大做强昆明三七产业，建成昆明最大连片种植基地。

（三）以党支部为引领，保障被流转土地农户的优先就业权，实现农民就近务工增收

"从村民手中租到地、平整土地，到栽下三七桩、拉好遮阳棚，再到种下三七幼苗，每天最多有 1000 多名当地村民和工人在地里干活。"这是教务营村三七基地务工状况的一个缩影。通过龙头企业发展，带动周边群众中药材、蔬菜产业化种植热潮，农户再也不愿意出远门打工，守在家门口便能赚钱过日子。通过党支部的引领和协调，三七基地的务工首先保障当地被流转土地农户的优先就业权和建档立卡贫困户的权益，并将先进的生产管理技术传授给农户，不仅增加农户收入，更给当地村民带来现代化农业的新生产技术和生产观念，帮助贫困户思想、技术双脱贫，实现稳定创收。全镇龙头企业、合作社采取就近招工的方式，解决农户约 2375 人（其中建档立卡户 375 人）就地就业，按照每人每天务工收入 70 元（全年务工 200 天）计算，增加农户务工收入 3325 万元，既实现了土地流转，又将劳动力从传统的耕作中解放出来，实现了外出务工和在家门口就业的双赢局面。

第五节　典型项目区土地流转的主要成效

一　促进了农村土地规模化、集约化经营，提升了土地使用价值，增效显著

中屏村土地流转项目的实施，促进了土地集约、高效利用，提高了规模化经营；土地流转后，村民原有传统种植习惯改变，减少了传统的农药、化肥使用量；修建田间路网、农田水利灌溉设施等促进了生态环境改善，提高了土地使用价值。同时，农业经营效益增强，可以为农户提供更多的发展项目和岗位，农户增收途径增多，增效显著。

教务营村通过流转闲置土地，进一步提高了农地的使用率和土地价值，改善了项目区的农业生产条件，同时提升了农户种植意识，实现了三七产业规模化发展，培植出新经济支撑体，带动周边农户发展新兴产业。公司在项目区修建田间路网、灌溉设施等，进一步促进了全镇产业结构调整。按照"小块并大块，多块变整块"的工作思路，在充分尊重群众意愿的基础上，从以农户为主体、实施规模经营的目的出发，根据农民意愿以及对土地依赖程度的不同，有序推进，增加了农民收益，提高了规模化经营水平，避免了土地资源闲置浪费。土地经营权的有偿流转，推进了土地适度规模经营，吸引了有实力的合作社、农业龙头企业等新型经营主体积极加入，发展了特色农业产业，提升了土地附加值。

二　有效释放了农村劳动力，实现了就近务工

中屏村通过土地流转打破了过去以玉米、土豆为主的传统种植结构，带动贫困户就近务工增收致富。农户只靠自身传统的小规模农业经营生产获取农业收入，已经远不足以支撑家庭的正常消费水平。通过土地流转，优化了劳动力就业结构，改变了就业环境，促进了劳动力的有效转移。中屏村全面动员贫困户以土地流转、就近就地务工等方式参与村集体经济产业发展，实现群众就近就地转移就业增加收入，让贫困户切实享受到产业帮扶带来的好处。

教务营村通过土地流转，一方面使农户得到流转资金，另一方面，释放了大量富余的农村劳动力，其中外出务工 619 人，并吸收本地劳动力就地务工 244 人，让农户实现在家门口就业，参与企业发展。三七基地的建立，真正实现了"让爸妈留在身边，家门口就能增收"的梦想。同时，就地务工的妇女和孤寡老人每人每天务工也能得到 70 元收入，解决了留守人员的务工问题。

三　推动了农业经营机制的创新

中屏村不断发展"党支部＋龙头企业＋合作社＋农户"的运营模式，教务营村坚持"党支部＋龙头企业＋基地＋农户"的运营模式，即两个典型项目区均采用"党建（党支部）＋龙头企业（合作社、能人、大户）＋投入模式（资金、技术、土地、入股）＋建档立卡户"模式，公司与农户签订流转合同，大力发展特色种植业，建立现代农业生产基地，推动了农业经营机制的创新。

四　发挥了贫困户的主体作用，带贫减贫效益显著，助推农户多渠道增收

中屏村土地流转项目的实施带动了 104 户 361 人。其中，租赁给龙头企业云南清欢农业科技有限责任公司的 13.33 公顷土地，着力发展以种植美人椒为主的蔬菜种植，实施带动农户 60 户 200 余人，推进了劳动力转移，2018 年收购辣椒约 400 吨，产值 1100 万元。农户通过土地流转获得土地租金、基地务工、合作种植、入股分红 4 项收入，其中，土地流转金平均每人每年约为 340 元，务工收入每天 60～100 元，合作种植约为 22500 元/公顷，入股分红约为每人 250 元。实践表明，很多贫困户通过土地流转，显著增加了家庭经营性收入、工资性收入和财产性收入，加上其他帮扶措施的跟进，到 2018 年底，全村建档立卡贫困户均顺利脱贫，村级贫困发生率降为 0。在中屏村由云南清欢有限公司实施带动的 10 户脱贫户实地调查结果显示（见表 11-1），2018 年土地流转模式纯收入占家庭总纯收入的比例平均为 21.54%，最高的达 61.69%，减贫效果明显。

　　教务营村通过土地集中流转的实施，不仅增加了部分贫困户的土地资产收益，还提高了贫困户的务工收入。无量药谷公司的土地集中流转仅在教务营村委会就达388.40公顷，涉及农户805户，其中建档立卡贫困户66户。户均0.7067公顷，流转收益7632元。目前，教务营村贫困发生率为0.51%，达到脱贫退出标准。项目惠及教务营村委会8个村小组农户572户2205人，其中建档立卡户66户214人，户均每年实现增收7342元。随着农户收入的大幅度提高，很多农户盖起了新房，个别家庭还添置了面包车，生活质量得到了提升。教务营村16户脱贫户的调查结果显示（见表11-2），2018年土地流转模式纯收入占家庭总纯收入的比例平均达42.10%，最高的达91.02%。许多建档立卡贫困户通过实施土地流转，2018年顺利实现了脱贫，土地流转项目的带贫减贫效益显著，并助推农户多渠道增收。

表 11-1　　2018 年中屏镇中屏村部分脱贫户土地流转模式收入状况调查

调查农户编号	家庭人口数（人）	村民小组名称	家庭纯收入合计（元）	家庭人均纯收入（元）	土地流转总面积（公顷）	土地流转模式纯收入（元）				土地流转模式纯收入合计（元）	土地流转模式纯收入占家庭总纯收入的比例（%）
						土地租金	企业务工纯收入	合作种植收入	入股分红		
01	1	安保康	7640.1	7640.1	0.1393	1463	2000	1000	250	4713	61.69
02	4	安保康	25640.0	6410.0	0.4033	4235	0	0	1000	5235	20.42
03	6	安保康	48241.3	8040.2	0.3573	3752	3000	0	1500	8252	17.11
04	3	自木上	17832.7	5944.2	0.0400	420	4000	0	0	4420	24.79
05	6	自木上	26312.9	4385.5	0.1380	1449	4000	0	1500	6949	26.41
06	1	自木下	6760.2	6760.2	0.0973	1022	800	0	0	1822	26.95
07	4	自木下	20498.6	5124.7	0.1913	2009	1000	0	0	3009	14.68
08	2	自木下	14359.4	7179.7	0.0647	679	1200	0	500	2379	16.57
09	3	自木下	23949.2	7983.1	0.2727	2863	2000	0	750	5613	23.44
10	4	自木下	24932.0	6233.0	0.1593	1673	1500	0	1000	4173	16.74
平均	3		21616.64	6570.1	0.1863	1957	1950	100	650	4657	21.54

表 11-2　　九龙镇教务营村部分脱贫户 2018 年土地流转模式收入状况调查

调查农户编号	家庭人口数（人）	村民小组名称	家庭纯收入合计（元）	家庭人均纯收入（元）	土地流转总面积（公顷）	土地流转模式纯收入（元）		土地流转模式纯收入合计（元）	土地流转模式纯收入占家庭总纯收入的比例（%）
						土地租金	三七基地务工纯收入		
01	4	树德卡	26559.2	6639.8	0.7267	7848	3500	11348	42.73

续表

调查农户编号	家庭人口数（人）	村民小组名称	家庭纯收入合计（元）	家庭人均纯收入（元）	土地流转总面积（公顷）	土地流转模式纯收入（元）		土地流转模式纯收入合计（元）	土地流转模式纯收入占家庭总纯收入的比例（%）
						土地租金	三七基地务工纯收入		
02	4	树德卡	44800.0	11200.0	0.5667	6120	6000	12120	27.05
03	3	树德卡	18177.0	6059.0	1.3467	14544	2000	16544	91.02
04	4	树德卡	24680.0	6170.0	0.5667	6120	0	6120	24.80
05	5	树德卡	46920.0	9384.0	1.7533	18936	0	18936	40.36
06	4	树德卡	30801.2	7700.3	0.9333	10080	0	10080	32.73
07	4	树德卡	48334.7	12083.6	1.0733	11592	20000	31592	65.36
08	4	树德卡	34040.8	8510.2	0.8400	9072	8400	17472	51.33
09	4	郑家	35160.0	8790.0	0.2733	2952	6900	9852	28.02
10	2	郑家	13880.0	6940.0	0.5400	5832	2000	7832	56.43
11	4	郑家	38912.0	9728.0	0.6467	6984	9800	16784	43.13
12	5	郑家	44039.5	8807.9	0.3133	3384	12000	15384	34.93
13	3	郑家	14881.6	4960.5	0.1067	1152	5300	6452	43.36
14	4	郑家	21534.4	5383.6	0.6200	6696	2800	9496	44.10
15	1	学务卡二组	17700.0	17700.0	0.6400	6912	0	6912	39.05
16	5	学务卡二组	34724.0	6944.8	0.7133	7704	3800	11504	33.13
平均	4	0	30946.5	8562.6	0.7288	7871	5156	13027	42.10

五 土地流转提升了贫困户思想观念和内生发展动力，实现可持续脱贫增收

中屏村土地流转后，当地基础设施、公共服务进一步得到改善，村看村，户看户，激发了群众内生动力。通过到企业务工和各类培训，贫困劳动力技能得到进一步提升，相应地带来贫困农户思想观念、生产方式、生活方式的改变以及生活质量的提升，有效激发了贫困户的内生动力。

教务营村土地流转解放了农户的思想，带动了周边农户发展产业，提升了农户内生发展动力，全面提升了基础设施建设水平。三七基地的建立，既带来了资源和资金，又引进了有技术、会经营和懂管理的人才；既实现了土地流转，又将劳动力从传统的耕作中解放出来，并对农户进行统一种植技术培训，实现外出务工和在家门口就业的双赢局面，实现了可持续脱贫增收。

六 土地流转促进了社会和谐与稳定

通过土地流转，老、弱、病、残等无劳动能力的特殊社会群体不再是"无业可扶，无力脱贫"的边缘化弱势人群，他们也获得了土地租金和入股分红，以及就近务工的机会，实现了在家门口增收的愿望，从而稳定了家庭人口结构，增强了社会稳定性，避免了出现空巢老人老无所依和留守儿童家庭教育缺失的现象。

七 助推了当地特色产业的发展，提升了产业效益

中屏村土地流转发挥了当地土地、气候和区位优势，大力发展了辣椒等蔬菜、鲜花等特色产业。教务营村依托地理资源优势，大力推进种植中药材三七，使该村的三七基地既成为全县最大规模的中草药三七种植基地，又成为全市乃至全省单体最大的种植基地。大规模土地流转有效促进了农业产业结构调整，实现了农民增收致富、农业提质增效，有力地提升了产业效益。

第六节 土地流转助推产业扶贫模式的创新之处

一 发挥贫困户在土地流转中的主体作用，使产业扶贫精准到户

土地流转助推产业精准扶贫，发挥了贫困户的主体地位，避免贫困户被边缘化，促进农户增收渠道多样化，加大农民培训力度，增强贫困户内生动力，建立健全到户到人的精准产业扶持机制。

二 以土地流转为依托，支持贫困地区发展区域性支柱特色产业

根据当地自然、气候、资源等禀赋，因地制宜，长短结合，强化农业产业规划引导和持续发展，充分发挥自身区位优势、交通优势、资源优势和市场需求，发展对贫困户增收作用明显的特色产业，形成规模效应。

三 技术培训增强贫困户内生动力，实现"造血式"扶贫

增强贫困户脱贫自主性，变"要我脱贫"为"我要脱贫"，打破贫困群众的"甘于贫困"的思想意识和观念枷锁，凝聚起脱贫的强大合力。当前要提高贫困地区贫困治理能力，不仅要减少贫困人口数量，也要增强贫困人口内生发展动力，不仅要帮助他们脱贫，也要避免他们返贫。通过加大农民种植技术培训力度，鼓励有文化、善经营、会管理的农户流转土地发展适度规模经营，提高农户种植技术，实现脱贫攻坚成果可持续，

调动贫困人口的积极性、主动性、创造性，实现产业扶贫方式由"输血式"逐渐向"造血式"转变。老、弱、病、残等特殊社会群体也能够不断增收致富，增强了社会稳定性，建立了土地流转助推产业扶贫的稳定脱贫长效机制。

四　重视扶贫产业可持续发展，拓宽产业扶贫道路

一个地区稳定可持续的脱贫，不能只看发展脱贫产业的数量和农民收入短期增加值，需要扶贫产业可持续发展，实现收入来源多元化。一些地区一味追求规模效益和经济效益，却忽视了产业发展的可持续性，也会导致土地肥力的降低，进而造成大规模的产业单一化，产品销售困难化。九龙镇教务营村的土地流转公司承租后，在中药材采挖后，继续重视后续种植产业的培育，采用种植车厘子轮作，改良土壤肥力，为后续可持续的产业发展打下了坚实的基础，拓宽了产业扶贫道路。

五　引进龙头企业，发挥示范带动作用

引进实力企业集中连片大规模流转，不仅培育了新的产业，也带动了当地经济的发展。引进龙头企业示范带动，积极培育有市场、有效益的特色产品。同时，有效增强对抗风险机制，立足贫困地区资源禀赋，以市场为导向，充分发挥龙头企业和合作社等经营主体作用，使贫困县建成一批脱贫带动能力强的特色产业，贫困乡镇和贫困村形成特色产品，贫困人口的劳动技能得到提高，贫困户的经营性和财产性收入得到稳步增长。

六　发挥基层党支部的带头作用，调动积极性和主动性

土地流转发挥了基层党组织的统筹协调性和党支部党员干部的表率带头作用，充分调动了干部群众参与的积极性和主动性，营造了良好的农村土地流转舆论氛围[11]，助推基层党建工作，加强村集体经济发展，带动农户脱贫致富。

第七节　土地流转助推产业扶贫模式的成功经验

一　重视龙头企业的选择

选择一家有实力、重信誉、责任心强、能担当的龙头企业或公司，是当前土地流转工作的重中之重。很多贫困地区社会发展滞后，贫困群众安于现状，产业发展基础薄弱，没有特色项目，即使有产业项目，亦存在结构单一、缺乏产业规模效应、企业经营不善等诸多问题，对贫困群众的带动作用不足。

二　科学选择产业发展方向

需要立足贫困地区资源禀赋，结合当地实际，因地制宜地对当地产业发展进行全面规划，科学引导，为做大做强产业奠定坚实基础。脱贫攻坚工作任重道远，需要科学合理、系统全面地统筹规划未来几年的产业发展。如教务营村的土地流转公司，在中药材采挖后，积极培育后续产业，采用种植车厘子轮作方式，不仅能够提高土壤肥力，还可以为后续产业发展奠定坚实的基础。

三　合理制定租金标准

农田水利设施建设完善、水利条件好的平坝区，土地租金通常较高，承租方难以承受；高海拔山区地租较低，但基本靠天吃饭，投入成本高，种植风险大，难以形成产业规模效应。因此，在大规模实施土地流转的区域，需要统筹考虑农户和企业的利益，在土地租金定位上要适宜、合理，双方都能接受。

四　认真强化宣传引导

切实加大惠民利民政策的宣传，强化对农户思想的引导，在巩固提升玉米、蔬菜等传统产业的基础上，注重示范引导，发展特色产业，带动农村生产经营和种植方式的转变，形成"干给农民看，领着农民干，带着农民赚"的发展格局。提升干部执行力，强化宣传引导，依法推进土地流转。通过各种形式不断宣传先进的技术和经验，引导更多农民和社会资本积极参与，加快推进全县农村土地经营权依法规范有序流转，促进现代农业健康发展。定期对县、乡、村三级的土地流转管理服务人员进行业务培训，特别是对村干部进行全面培训，提高其依法流转土地意识和管理服务能力。

五　统筹维护各方权益，形成互利共赢的局面

统筹龙头企业、合作社、村委会、农户各方的权益，避免出现农户利益、经营者效益、农业生产安全三方受损的"三输"局面，保障农业产业可持续发展。这既需要经营者提高经营科学性、增强抗风险能力，又需要地方政府和基层组织承担起引导、扶持、监督的责任，在生产、流通等各个环节切实为农业发展保驾护航，助力精准扶贫和乡村发展。

第八节　土地流转助推产业扶贫模式推广实施的措施及建议

一　加大财政资金投入，提高基础设施建设

由于贫困山区交通、水利等基础设施落后，尤其在一些边远的山村，这些问题还很

突出，很多企业考虑到基础设施、地理环境条件、自然条件等因素，不愿到偏远村组进行土地流转发展产业。因此，需加大项目资金投入，强化基础设施建设，全面提升硬件实力，加大招商引资力度，让更多有条件、有资质的龙头企业入驻山区贫困村，为贫困山区产业发展贡献力量。

二　加强贫困山区人才队伍建设，引领产业发展动力

贫困山区的人才匮乏问题仍然是制约土地流转助推特色产业扶贫的关键障碍。贫困山区脱贫致富需要特色产业的支撑，更需要人才的引领带动特色产业的发展。当前精准扶贫和乡村振兴战略都致力于建设美丽乡村，而这更依赖于广大农民，尤其是有知识、有技术的农民。因此，需要充分挖掘当地农民自身的潜力，大力加强新兴技术培训，开阔农民的视野，培养致富带头人，加强人才引进，引领特色产业发展，为贫困山区的发展和建设奠定坚实基础。

三　建立激励机制，激活产业发展活力

充分发挥政府"有形之手"的作用，建立激励机制，激活农村产业发展活力，为土地流转助推产业扶贫创造良好的政策环境。进一步制定出台土地流转助推产业扶贫的相关政策文件，建立县、乡、村三级农村土地流转市场；由县财政安排农村土地流转专项补助资金，给村集体安排一定的工作经费，或用以奖代补的方式完善利益联结机制，对流转带动效益好的经营主体和长期稳定流转的农户给予适当奖励，如对发展经济林木、中药材的经营主体和农户可适当给予补贴。在资金扶持、产业支撑、市场引导、项目推进上，支持企业做大做强，创新土地流转助推产业扶贫机制。

四　运用互联网平台，有机融合第三产业，提升产业规模及影响力

强化产业扶贫措施，在项目和资金投放上不仅要重视产业前端种养殖基地的扶持，也要重视产业中后端加工和市场开拓的扶持，继续不断地坚持探索"党支部＋合作社＋企业＋建档立卡贫困户"的产业发展模式，运用互联网平台，拓宽农产品生产、加工和销售渠道，并有机融合第三产业，大力发展休闲农业和农村旅游[12]。大力引进人才，并提升农业产业规模及影响力，实现群众稳定增收。不断夯实农村持续稳定发展基础，为持续稳定脱贫和全面建成小康社会打牢产业发展基础。

参考文献

［1］中共中央办公厅、国务院办公厅．关于引导农村土地经营权有序流转发展农业适度规

模经营的意见 ［N］. 人民日报，2014 – 11 – 21 （03）.

［2］国务院 . "十三五"脱贫攻坚规划 ［M］. 北京：人民出版社，2016：1 – 79.

［3］刘彦随，周扬，刘继来 . 中国农村贫困化地域分异特征及其精准扶贫策略 ［J］. 中国
科学院院刊，2016，31 （3）：269 – 278.

［4］习近平 . 决胜全面建成小康社会　夺取新时代中国特色社会主义伟大胜利——在中国
共产党第十九次全国代表大会上的报告 ［M］. 北京：人民出版社，2017：1 – 71.

［5］孙小兰 . 产业扶贫是脱贫的必由之路 ［Z］. www. people. com. cn/n，2013 – 01 – 16.

［6］YANG Ren – yi, ZHAN Wen – hui, QIAN Qian, et al. The Model of Poverty Alleviation and
Income Growth by Developing Plateau – characterized Agriculture and Its Achievements Analy-
sis in Yunnan Province——A Case Study in Midu County, Dali Bai Autonomous Prefecture
［J］. Agricultural Science & Technology, 2017, 18 （4）：744 – 746, 752.

［7］杨子生 . 大盈江流域土地资源开发保护与精准扶贫方略 ［C］//刘彦随，杨子生，方斌 .
中国土地资源科学创新与精准扶贫研究 . 南京：南京师范大学出版社，2018：19 – 27.

［8］中共中央，国务院 . 中共中央　国务院关于打赢脱贫攻坚战的决定 ［M］. 北京：人民
出版社，2015.

［9］熊瑛，刘秋河，杨人懿，等 . 土地流转助推产业精准扶贫创新模式探析 ［C］//刘彦
随，杨子生，方斌 . 中国土地资源科学创新与精准扶贫研究 . 南京：南京师范大学出
版社，2018：83 – 87.

［10］YANG Zi – sheng. Discussion on Calculation Method of Poverty Incidence in the Exit Evalua-
tion of Poverty – Stricken Counties and Villages ［J］. Agricultural Science & Technology,
2017, 18 （9）：1766 – 1769.

［11］唐永贵 . 农村土地流转过程中存在的问题及其对策——以贵州省毕节地区为调查对象
［J］. 贵阳学院学报 （社会科学版），2012，7 （3）：33 – 37.

［12］宗锦耀 . 以农产品加工业为引领　推进农村一二三产业融合发展 ［J］. 中国农民合作
社，2015，（6）：17 – 20.

第十二章
寻甸县产业发展夯实易地搬迁扶贫模式

第一节　研究目的与意义

中共"十八大"以来，精准扶贫成为我国扶贫开发的重大战略。2015年11月，习近平在中央扶贫开发工作会议上系统阐述了"五个一批"重要扶贫思想[1]。之后，易地扶贫搬迁成为解决"一方水土养不活一方人"地区贫困人口脱贫致富的主要途径。2016年9月，国家发展改革委员会印发了《全国"十三五"易地扶贫搬迁规划》[2]，明确提出到2020年全国实现约1000万建档立卡贫困人口的搬迁安置和647万非建档立卡人口同步搬迁，通过"挪穷窝""换穷业""拔穷根"，从根上解决居住在"一方水土养不活一方人"地区贫困人口的稳定脱贫发展问题。易地扶贫搬迁作为精准扶贫和精准脱贫"五个一批"脱贫路径之一，被赋予了重要的历史使命。

易地扶贫搬迁以"挪穷窝""换穷业""拔穷根"为主要手段，以实现"搬得出""稳得住""能致富"的目标。从过程上看，"稳得住"和"能致富"是易地扶贫搬迁脱贫最重要的环节，其关键问题在于实现持续稳定的收入来源。《全国"十三五"易地扶贫搬迁规划》明确要求，对于行政村内就近集中安置和建设移民新村集中安置的建档立卡搬迁人口，要确保每个家庭都有脱贫产业，每个有劳动力的家庭至少有一人掌握一门劳动技能[2]。产业扶贫既是完成脱贫目标任务最重要的举措，也是易地搬迁脱贫等其他扶贫措施实现长期稳定就业增收、取得扶贫实效的重要基础[3]。

产业扶贫是我国目前开展得最为广泛的扶贫模式[4]，受到众多学者的广泛关注。黄承伟等[5]深入分析了贵州省石漠化片区草场畜牧业产业扶贫模式，认为该模式兼顾了减贫与生态双重目标，同时认为同质性产业内部竞争、生态资源开发限度、产业化扶贫与贫困对象精准对接及参与主体利益保障等问题可能会给该产业扶贫模式带来风险；赵向豪等[6]以民族地区农业产业发展为关注点，构建了功能农业产业扶贫模式，并提出了完善利益联结机制等政策建议；林万龙等[7]基于河南、湖南、湖北、广西四省调研总结，将各地产业扶贫实践归纳为产业发展带动扶贫模式、瞄准型产业帮扶模式和救济式产业帮扶模式三种，而只有瞄准型产业帮扶模式有助于贫困农户提升可持续发展能力；陈忠言[8]通过分析云南省几种典型产业扶贫模式的扶贫绩效，认为深度贫困地区产业培育与发展的关键是发挥基层组织动员及桥梁作用，重在塑造村两委主要人员的职业经理人意识；古川等[9]认为产业扶贫需要建立稳固的利益联结机制，以维持参与主体之间互惠的经济关系，以便带动产业扶贫持续健康发展。此外，部分学者也认为建立多元主体之间的良性互动能缓减参与主体地位不平等，激发扶贫主体"内生"参与动力[4,10]。从已有研究中可以看出，确保产业扶贫精准到户，并建立扶贫主体之间的利益联结机制，形成互利互惠的良性互动关系是当前成功实现产业扶贫的基础，也是产业扶贫所面临的难点。基于此，本章以寻甸县为研究案例区，通过实地调研，采用乡村干部访谈和入户调查等形式，收集整理得到易地扶贫搬迁典型项目区产业扶贫实践相关资料，分析其扶贫效益与成功经验，以期为其他地区易地扶贫搬迁项目区产业发展提供案例支撑。

第二节　典型易地扶贫搬迁项目区的产业发展实践

寻甸县是云南省 88 个国家级贫困县之一，位于云南省昆明市东北部。该县已于 2018 年 8 月通过了国家级贫困退出评估检查和考核，成为云南省首批贫困县脱贫摘帽县之一。近年来，全县共实施了 23 个易地扶贫搬迁安置项目，成为全县打赢脱贫攻坚战的关键举措。本课题组于 2019 年 5 月对寻甸县典型易地扶贫搬迁项目及其配套产业发展状况开展了实地调研（包括对易地扶贫搬迁分管领导访谈、项目区实地查看和随机抽样入户调查等方式），收集整理得到山后村与额秧村两个易地扶贫搬迁项目有关产业扶贫的相关资料及典型搬迁农户相关数据资料，两个项目产业扶贫发展情况见表 12 - 1。

表 12 - 1　寻甸县典型易地扶贫搬迁项目区产业发展情况

项目区所在地	主要扶贫产业	参与主体	组织形式	贫困户参与的生产要素
山后村	香瓜、苗鸡、生猪、旅游	地方政府、村党总支、企业/合作社、贫困户	党支部 + 企业/合作社 + 贫困户	劳动力、土地、产业扶持资金
额秧村	生猪、蔬菜、羊肚菌、多肉、光伏、旅游	地方政府、村党支部、企业/合作社、贫困户	基层党组织 + 合作社 + 贫困户 + 龙头企业	劳动力、土地、产业扶持资金

一　典型项目产业发展实施情况

（一）山后村易地搬迁安置项目

该项目共搬迁安置 23 户（83 人）建档立卡贫困户，为确保山后村贫困户保持稳定增收，实现长效脱贫，地方政府因地制宜，积极探索产业发展方向，以"党组织联建共建"的方式，由滇中新区引入第三方资金力量，帮扶山后村（迁出地）发展特色产业。依托云南呼济呱农业科技有限公司，在小海新村流转耕地 5.33 公顷，按照统一种植标准、统一技术服务、统一收购销售，产供销"一条龙"的模式，有计划地扶持建档立卡贫困户发展香瓜种植。同时，探索"党支部＋"模式，由钟灵社区（小海新村所在社区）党总支牵线，整合贫困户劳动力、林地、草场等资源，引领小海新村贫困户把入户帮扶资金（每户 7000 元）入股到合作社，由合作社按市场价的 90% 供给雏鸡或育成鸡（由合作社按程序免疫接种后），给每户贫困户 70 羽自主经营。合作社负责提供信息和技术培训，指导贫困户科学养殖，预防疾病，提高养殖质量。贫困户自养的土鸡（鸡蛋）可自主销售，也可由合作社实行保护价收购，并成立岚亚苗鸡养殖专业合作社党支部，对合作社与贫困户签订的合作协议进行监管，定期巡查，及时帮助贫困户解决存在的问题，确保产业收益稳定。此外，村两委牵头在安置区背后的集体林地上按照户均养殖 20 头生猪的规模统一规划建设 1300 平方米的猪圈集中养殖基地，并从附近大凹村流转土地 3.06 公顷，按户均 0.133 公顷分配给 23 户搬迁户进行耕种，以满足搬迁户发展传统种植业。

（二）额秧村易地扶贫搬迁安置项目

该项目共搬迁安置 25 户（101 人）建档立卡贫困户。安置区建成农业光伏扶贫示范项目，为北京市朝阳区帮扶项目。项目总投资 2280 万元，由泛海集团捐资，汉能集团承建。按照"棚上发电、棚下种植"的立体发展理念，成功构建了"泛海扶贫＋产业扶贫"的"1＋5"扶贫模式（"5"即发电收益分配、土地租金、劳务创收、种植带动、旅游观光）。现额秧村已挂牌成立寻甸光伏农业合作社，在光伏大棚下种植蔬菜、羊肚菌、多肉种植，扩大种植规模，拓展销售渠道。共建设 68 座蔬菜大棚、11 座食用菌棚，确保带动额秧村建档立卡贫困彝族同胞每户实现 1 万元以上增收。同时，将项目规划为观光农业生态园，培育成生态农业示范园、农民工返乡创业园、绿色食品生产园以及科普教育和农业科技示范园，把彝家生态农产品卖进机关、卖进企业、卖出寻甸。不断建立健全"基层党组织＋合作社＋建档立卡贫困户＋龙头企业"的产业扶贫利益联结机制，充分激发群众内生动力，实现产业扶贫入户、群众脱贫有路的目标。

二　典型项目产业发展扶贫效益

产业发展的主要作用在于实现农户增收，以确保搬迁农户长效稳定脱贫。山后村项目和额秧村项目是寻甸县易地扶贫搬迁产业发展配套较为完善的两个典型项目。实地入户调查 43 户的家庭收入状况，结果显示，山后村 19 户受访农户家庭总收入均值

27393 元，其中产业发展收入达 19197 元（包括生猪养殖收入 14026 元，苗鸡养殖收入 4171 元，香瓜种植收入 1000 元），占家庭总收入的 70.08%（见表 12 - 2）；额秧村 24 户受访农户，家庭总收入平均达 29077 元，其中产业发展收入达 12075 元（包括生猪养殖 2250 元，光伏发电收入 7000 元，大棚种植收入 2825 元），占 41.53%（见表 12 - 3）。

由上述两个项目典型农户调查情况可以看出，产业发展对搬迁农户实现增收均产生了极大的促进作用，43 户整体产业扶贫收入占家庭总收入的比重达 53.75%，具有明显的扶贫效益。同时，产业扶贫基本实现了全覆盖，43 户搬迁户中仅额秧村项目涉及的 2 户因缺乏劳动力而只享受了光伏扶贫收益，其余 41 户均以劳动获益的方式参与到产业扶贫中，占 95.35%，充分体现了产业精准到户的扶贫要义。

表 12 - 2　山后村搬迁农户家庭收入构成调查情况

单位：元，%

调查农户	家庭总收入	产业发展收入			产业发展收入所占比例
		生猪养殖	苗鸡养殖	香瓜种植	
01	31364	15000	3200	1000	61.22
02	21048	11500	4000	1000	78.39
03	28003	14600	4500	1000	71.78
04	51299	23500	5000	1000	57.51
05	31255	20000	3000	1000	76.79
06	30316	13800	4050	1000	62.18
07	30403	12030	5000	1000	59.30
08	14564	6300	4000	1000	77.59
09	29381	17800	4800	1000	80.32
10	16472	6800	4000	1000	71.64
11	18892	9000	3200	1000	69.87
12	17491	10000	3200	1000	81.18
13	51495	28000	5600	1000	67.19
14	37297	20500	5000	1000	71.05
15	12196	5300	3200	1000	77.89
16	32005	16070	5500	1000	70.52
17	42174	24090	4800	1000	70.87
18	8925	4200	3200	1000	94.12
19	15886	8000	4000	1000	81.83
平均	27393	14026	4171	1000	70.08

表 12－3　额秧村搬迁农户家庭收入构成调查情况

单位：元，%

调查农户	家庭总收入	产业发展收入			产业发展收入所占比重
		生猪养殖	光伏	大棚种植	
01	28200	1700	7000	4000	45.04
02	33373	3000	7000	3500	40.45
03	28370	1800	7000	4000	45.12
04	10816	0	7000	0	64.72
05	31731	1700	7000	3600	38.76
06	15593	800	7000	4200	76.96
07	19622	2300	7000	3200	63.70
08	39854	4000	7000	4000	37.64
09	19387	1700	7000	3600	63.44
10	31359	4000	7000	4200	48.47
11	20978	2400	7000	3000	59.11
12	18418	3000	7000	3200	71.67
13	60738	0	7000	0	11.52
14	11388	800	7000	0	68.49
15	21046	4000	7000	4000	71.27
16	26231	3200	7000	3500	52.23
17	44336	4000	7000	3600	32.93
18	57364	3200	7000	4200	25.10
19	22203	1800	7000	3000	53.15
20	17096	1800	7000	2000	63.17
21	33200	4000	7000	4000	45.18
22	12648	2400	7000	0	74.32
23	75150	0	7000	0	9.31
24	18741	2400	7000	3000	66.16
平均	29077	2250	7000	2825	41.53

第三节　易地扶贫搬迁项目区产业发展的成功经验

寻甸县两个典型项目实践表明，产业发展是搬迁农户实现增收的有效途径。地方政府根据当地实际情况，因地制宜，科学选择产业发展方向，并积极发动社会各界力量助力产业发展，取得较为显著的扶贫成效，其成功经验值得进一步学习与探究。

一 长短产业结合，逐步转变产业发展方向

客观而言，产业发展通常需要相对较长的时间周期才可能培育出有持续经营能力的产业体系，有效带动贫困户长效脱贫与致富。然而，搬迁农户至搬迁入住之日起便面临生计问题，发展周期较长的产业难以及时满足搬迁农户的现实需求，因此产业发展的长短结合尤为重要。寻甸县两个典型项目均以传统种养殖入手，将生猪养殖和大棚种植作为其短期产业发展方式，充分利用搬迁户原有的劳动生产技能，有效缓解了搬迁农户基本生计需求。在此基础上，两个典型项目均以乡村旅游作为后期产业发展的重点，着力打造民族文化旅游，将第三产业（服务业）作为安置区经济社会发展的高级阶段。而额秧村搬迁安置项目中间还引入了光伏产业作为第二产业发展。从总体上看，安置区产业发展方式兼顾了传统农牧产业、现代轻工业及现代服务业，产业发展方向开始发生大幅度的转变，产业结构明显得到优化，有效缓解了额秧村安置区产业结构单一的现状，并且逐步沿着乡村振兴战略提出的"产业兴旺"的方向迈进，为后续乡村振兴打下了坚实的基础。

二 多主体协作，助力产业发展

寻甸县典型项目区产业发展是多主体共同协作的结果。在政府的推动下，以产业发展规划为前提，充分发挥村两委组织、协调作用，最大限度整合贫困户的劳动力、承包地、林地及产业扶持资金等生产要素，参与到产业发展过程中；积极引入社会力量（企业），扩大资金投入水平，提升产业发展所需技术力量和畅通产品销售渠道，并成立产业发展专业合作社，对产业发展过程进行监督管理，形成强有力的风险防控机制。从整体来看，多主体通力协作，形成了良性互动体系，有效解决了资金、技术、劳动力、土地、产品市场、风险防范等产业发展需面临的关键环节，保障了产业发展的顺利实施。

三 构建利益联结，实现稳定增收

贫困户与新型经营主体（企业/合作社等）之间形成稳固的利益联结机制是保障贫困户稳定增收的前提。寻甸县典型项目区产业发展以利益联结机制为重点，着重提升贫困户在产业发展过程中的参与度与利益分享权利。①将7000元产业扶持资金或土地等资产入股合作社（企业），实现固定分红；②合作社按照市场价90%的价格给贫困户提供雏鸡或育成鸡，构建起合作社与贫困户之间的供求利益关系；③建立产品订单式管理模式，由合作社负责收购农户苗鸡等产品，有效解决销售难问题；④定期对搬迁户进行劳动技能培训，并优先雇用搬迁农户在大棚种植基地从事生产劳动；等等。利益联结促

进了扶贫主体之间的良性互动，保证了产业扶贫的持续发展与互利共赢，使贫困户的稳定增收得以实现。

四　以"造血"扶贫为先导，实现产业精准到户

产业精准到户是产业精准扶贫与传统产业扶贫的主要区别，也是扭转传统产业扶贫效益边际递减的根本性举措，改变了以往产业扶贫"大水漫灌""精英俘获"等贫困户被边缘化的失准问题。寻甸县易地扶贫搬迁项目区产业扶贫以精准到户为原则，"造血"式扶贫为先导，劳动获益的产业覆盖面达 95.35%，充分体现了产业精准扶贫的"精准滴灌"。

第四节　政策启示

易地扶贫搬迁项目区产业发展是实现搬迁对象长效稳定脱贫的关键举措。与传统产业扶贫模式相比，精准扶贫背景下的产业扶贫应以精准到户为第一要义，增强贫困群众的产业发展参与度和利益分享程度，是提高产业扶贫成效的基础。应以"按劳分配"为原则，充分挖掘贫困户劳动潜能，督促其参与产业发展过程，杜绝不劳而获的"等靠要"思想。获利是产业扶贫参与主体的根本诉求，也是保障产业发展长效稳定的根本所在，摒弃以政府为主导的"输血"式扶贫模式，遵循以市场为导向的利益联结机制才能实现各参与主体的良性互动，有效推进产业扶贫的健康发展。

参考文献

［1］习近平．在中央扶贫开发工作会议上的讲话［C］//中共中央党史和文献研究院．十八大以来重要文献选编（下）．北京：中央文献出版社，2018：29－51.

［2］国家发展改革委员会．全国"十三五"易地扶贫搬迁规划［EB/OL］.（2016－09－20）［2020－02－29］. http://www.ndrc.gov.cn/zcfb/zcfbghwb/201610/W020161031520838587005.pdf.

［3］冯华．《贫困地区发展特色产业促进精准脱贫指导意见》解读［EB/OL］.（2016－05－30）［2020－02－29］. http://www.scio.gov.cn/34473/34474/Document/1478861/1478861.htm.

［4］纪丽娟，裴蓓．参与式治理视角下的产业扶贫模式创新——基于陕西 LT 县的扶贫调研［J］．陕西行政学院学报，2015，29（3）：118－121.

［5］黄承伟，周晶. 减贫与生态耦合目标下的产业扶贫模式探索——贵州省石漠化片区草场畜牧业案例研究［J］. 贵州社会科学，2016，（2）：21－25.

［6］赵向豪，陈彤. 中国民族地区功能农业产业扶贫模式研究［J］. 农业经济与管理，2018，（5）：40－47.

［7］林万龙，华中昱，徐娜. 产业扶贫的主要模式、实践困境与解决对策——基于河南、湖南、湖北、广西四省区若干贫困县的调研总结［J］. 经济纵横，2018，（7）：102－108.

［8］陈忠言. 产业扶贫典型模式的比较研究——基于云南深度贫困地区产业扶贫的实践［J］. 兰州学刊，2019，（5）：161－175.

［9］古川，曾福生. 产业扶贫中利益联结机制的构建——以湖南省宜章县的"四跟四走"经验为例［J］. 农村经济，2017，（8）：45－50.

［10］胡振光，向德平. 参与式治理视角下产业扶贫的发展瓶颈及完善路径［J］. 学习与实践，2014，（4）：99－107.

第十三章
东川区基于新型城镇化的易地搬迁脱贫模式

第一节　研究目的与意义

2011 年中国城镇化率达 51.3%[1]，标志着中国正式进入城市型国家的行列。然而传统的城镇化发展方式也带来了诸如资源过度消耗、城镇空间无序扩张、生态环境破坏、城乡差距扩大等发展不平衡、不充分问题，寻找新的城镇化发展方式成了亟待解决的热门议题。2014 年，《国家新型城镇化规划（2014—2020 年）》出台[2]，系统阐述了新型城镇化的发展目标和发展方向。不少学者分别从土地利用[3][4]、生态环境[5][6]、旅游发展[7][8]、产业结构调整[9][10]及城镇化水平测度[11][12]等方面开展了新型城镇化相关研究。然而，对于系统性极强的新型城镇化过程，相对于某一方面的研究，完整的新型城镇化实践模式可以给各地提供更加全面的参考。因此，根据实践经验总结提炼出较为成功的新型城镇化模式显得尤为重要。

当前，在精准扶贫战略背景下，易地扶贫搬迁成了自然条件恶劣的贫困地区最为重要的脱贫措施。2016 年 9 月国家发展改革委员会发布了《全国"十三五"易地扶贫搬迁规划》[13]，明确提出到 2020 年全国实现约 1000 万建档立卡贫困人口的搬迁安置和 647 万非建档立卡人口的同步搬迁，通过"挪穷窝""换穷业""拔穷根"，从根上解决居住在"一方水土养不活一方人"地区贫困人口的稳定脱贫发展问题。易地扶贫搬迁存在多种搬迁安置模式[14][15]，其中城镇集中安置是最为重要的一种。《全国"十三五"易地扶贫搬迁规划》指出，依托新型城镇化建设，在县城、小城镇或工业园区附近建设安置区集中安置，占集中安置人口的 37%[13]。可以看出，新型城镇化与易地扶贫搬迁二者之间存在紧密联系，因此，结合地方实践分析二者的内在逻辑，或将成为新型城镇化发展的新方向，将会对贫困治理和新型城镇化提供科学支撑。

云南省属于西南山区省，整体自然条件恶劣，贫困面广，贫困程度深。实施易地扶贫搬迁已成为云南省实现贫困人口脱贫、贫困县摘帽的重要途径。《云南省脱贫攻坚规划（2016—2020 年）》明确提出，全省将完成易地扶贫搬迁 30 万户 100 万人

（其中建档立卡户 20 万户 65 万人）[16]，约占全国搬迁总人口的 6.14%，是全国易地扶贫搬迁重点区域。基于此，本章选取我国西南边疆自然条件恶劣、生态环境极其脆弱的云南省东川区为研究区域，通过实地调研其易地扶贫搬迁模式的地方实践，结合其典型的城镇集中安置特征，分析总结其对新型城镇化的内在驱动机理与成功经验，以期为其他类似地区易地扶贫搬迁和新型城镇化的实施提供案例参考和理论支撑。

第二节　新型城镇化的内涵与特征

一　新型城镇化的内涵

2013 年 12 月中央城镇化工作会议指出，要以人为本，推进以人为核心的城镇化，提高城镇人口素质和居民生活质量，把促进有能力在城镇稳定就业和生活的常住人口有序实现市民化作为首要任务[17]。学术界也对新型城镇化产生了深刻的认识，以白重恩等为代表的中国金融四十人论坛课题组认为，新型城镇化的"新"就是要由过去片面注重追求城市规模扩大、空间扩张，改变为以提升城市的文化、公共服务等内涵为中心，真正使城镇成为具有较高品质的宜居之所。城镇化的核心是农村人口转移到城镇，完成从农民到市民的转变，而不仅仅是城镇建设[18]。单卓然等[19]认为新型城镇化是以民生、可持续发展和质量为内涵，以追求平等、幸福、转型、绿色、健康和集约为核心目标，以实现区域统筹与协调一体、产业升级与低碳转型、生态文明和集约高效、制度改革和体制创新为重点内容的崭新的城镇化过程；张引等[5]提出新型城镇化就是以经济内涵式增长、资源集约式利用、区域一体化发展、城乡统筹协调为主要发展方式，以实现经济发展与社会和谐、人的发展与自然环境和谐、城市发展与乡村繁荣同步为主要目标的城镇化，是以人为本、兼顾公平、和谐和可持续发展的城镇化。可以看出，政界和学界对新型城镇化的认识是基本一致的，即以人为本，推进人口城镇化，通过优化产业结构与空间布局，完善制度体制，提升城市功能及服务水平，不断改善居民生活质量，实现经济、社会和生态协调持续发展的城镇化过程。

二　新型城镇化的特征

新型城镇化是一个系统性过程，涉及经济、社会、生态、文化等多个方面，在外部表征上主要体现为"六化"的基本特征（见图 13 - 1）。

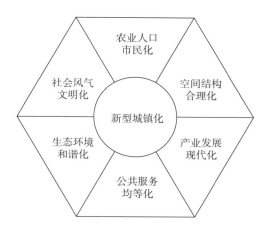

图 13 - 1　新型城镇化的基本特征

（一）农业人口市民化

重点强化户籍制度改革，将稳定就业和稳定住房等条件作为农业转移人口在城镇落户的准入门槛，结合城镇承载能力，有序、有效、合理地推进农业转移人口在城镇落户，提高城区城镇户籍人口密度。

（二）空间结构合理化

以资源环境承载能力为依托，土地集约节约利用为原则，强化城中村、空心村、废弃工矿等无效、低效土地利用的整治力度，提高土地利用效率，优化城镇空间布局和城镇规模结构，形成功能互补、城乡协调的空间结构体系。

（三）产业发展现代化

充分发挥资源要素禀赋和比较优势，培育特色城市产业体系，加快传统产业提质升级，淘汰落后产业，优化产业结构，突出产业聚集；以绿色发展为引领，积极探索节能、环保型新兴产业；强化城市间产业化分工与协作，形成特色鲜明、优势互补的产业发展格局。

（四）公共服务均等化

以基础设施、公共服务和社会保障制度建设为重点，增强对人口聚集和服务的支撑能力，关注农转城新增城镇人口的均等化服务，根据社会经济发展水平，逐步提高城镇居民基本公共服务水平，实现学有所教、劳有所得、病有所医、老有所养、住有所居的持续健康发展。

（五）生态环境和谐化

坚持生态文明的城市发展理念，遵循集约节约与循环利用的资源战略，严格控制高耗能、高排放的行业发展，重点强化污染防治、食品安全、地质灾害等高危领域的预防和治理；注重历史文化底蕴，推动地方特色文化发展，引导城市建设向生态宜居、环境友好、文化传承的方向发展。

（六）社会风气文明化

关注城市社会结构变化趋势，创新社会治理体制，坚持法治与德治的综合治理体系，形成政府主导、社会参与、居民自治的良性互动，调节社会关系，解决社会问题。加快社区信息化建设，构建网格化管理、社会化服务的治理新格局，实现人人讲风气，户户讲文明。

第三节　易地扶贫搬迁的实践

中国铜都——东川，既是著名的高山峡谷生态脆弱区和泥石流灾害区，又是全国深度贫困县之一，位于云南省东北部，属金沙江流域，境内山高谷深，沟壑纵横，全区山地面积占97.3%。全区建档立卡贫困人口有104511人，近1/3居住在"一方水土养不活一方人"的贫困山区。实现这些贫困群众如期脱贫，无论是基础设施建设，还是产业发展，成本都远远高于易地扶贫搬迁。在深入调研、反复酝酿的基础上，东川区一次性决策实施易地扶贫搬迁8754户32227人（其中建档立卡贫困户4950户18388人，非建档立卡同步搬迁户3804户13839人），迁出点涉及7个乡镇（街道）、68个行政村、240个村民小组，共有15个安置点，其中集中安置点13个（5个进城安置点，8个集镇和中心村安置点），分散安置点2个。东川的易地扶贫搬迁规模大、任务重，搬迁任务占昆明市的77.6%，是云南省城镇化安置率最高、后续保障最完善的易地扶贫搬迁项目。2019年5月期间，课题组对东川区典型易地扶贫搬迁项目开展实地调研（包括对易地扶贫搬迁分管领导访谈、项目区实地查看和随机抽样入户调查等方式），收集整理得到东川区易地扶贫搬迁相关资料，充分掌握其易地扶贫搬迁详细情况。为了系统阐述东川区易地扶贫搬迁模式实践情况，本节将重点围绕东川区易地扶贫搬迁的参与主体、组织实施及扶贫效果等方面展开分析。

一　参与主体与组织实施

易地扶贫搬迁涉及土地、经济、社会、生态等多个领域，是集精准识别、精准帮扶、精准退出于一体的扶贫开发过程。东川区易地扶贫搬迁按照多主体参与、分工协作的方式，紧紧围绕"对象识别—新区建设—农户搬迁—移民管理—后续发展—社会融入"等工作环节，组织分工、通力合作（见图13－2）。

（一）对象识别

在当前易地扶贫搬迁相关政策指导下，聘请专业的第三方机构对迁出区进行实地调查、精准评估，严格落实迁出条件，符合搬迁条件的纳入搬迁对象，着力破解"对象确定难"问题。

（二）新区建设

立足稳妥，创新方式，采用设计施工总承包（EPC）模式，推进两个大型安置点建设。针对安置点场地高差大（超过 30 米）、抗震 9＋1 度设防等关键性难题，优化设计方案。按照同步征地、同步设计、一并启动实施的方式，实现设计、采购和施工一体化流程，强化各阶段工作的合理衔接，最大限度降低项目成本、缩短建设周期，着力破解"工程建设难"问题。

（三）农户搬迁

实行三级包保责任制，即乡镇（街道）党政主要领导、包村科级干部包村，村委会干部包村民小组，村组干部、驻村队员、挂钩帮扶责任人包户包人，做细做实群众工作，确保搬迁工作平稳有序推进。并且，以村民小组为单位成立搬家服务队，"一条龙"服务帮助群众处置物资，搬家运输，着力破解"路远搬迁难"问题。

（四）移民管理

做到"三个到位"，落实全方位网格化服务与管理。一是把支部建在楼栋上，做到党的组织覆盖到位。专门成立移民新区党工委和移民新区管委会，全面统筹易地扶贫搬迁就医、就学、就业等工作。在原有村级行政体系不变的基础上，设置片区管理员、楼栋长、楼层长，理顺"移民新区党工委—社区（小区）联合大党委—楼栋党组织—楼层党支部"四级组织体系建设，组织党员、发动群众、思想动员、凝聚人心。二是"一站式"服务，做到公共服务保障到位。在安置点组建为民服务中心，为搬迁群众就业、户籍、社保、就医、教育等提供全方位服务。三是帮扶干部一包到底，做到党员干部包保到位。全面整合帮扶资源，精准选派包保干部，确保所有搬迁群众都有干部包保对接。积极帮助群众解决困难、疏导情绪，切实增强归属感、提高幸福感。通过上述组织层面、生活层面和精神层面三个方面的管理与服务，彻底解决了"移民管理繁"的难题。

（五）后续发展

实现增收是后续发展保障的关键所在。为实现稳定增收，东川区开辟了多渠道增收途径。一是"保姆式"就业帮扶，确保搬迁群众有工资性收入。建立搬迁群众就业服务站，采取"服务窗口＋劳务公司＋企业（合作社）＋易地搬迁农民工"的模式，由劳务中介企业对易地搬迁人员统一管理和组织安排就业。加之扶贫车间建设，就业培训与引导，公益性岗位设置等，基本实现"户有一人就业"的目标。二是产业扶贫全覆盖，确保搬迁群众有经营性收入。按户均 3000 元的标准发放产业发展补助资金，与新型经营主体建立 3 年以上的利益联结分成机制。同时，以退耕还林还草为主，发展以产业为辅的方式妥善处理搬迁农户的承包土地。另外，制定出台土地流转优惠政策，鼓励和支持种养殖业龙头企业、农业合作组织和种养殖大户对搬迁群众土地实施流转，全区将流转土地 1059.66 公顷。三是强化经营管理，确保搬迁群众有财产性收入。稳步推进迁出区农村集体产权制度改革，保障搬迁群众的集体资产权益，享受迁出区耕地地力保护、退耕还林还草、草原生态保护等各项国家惠农政策补贴。鼓励组建合作社，统一经营管理安置点商铺、车间、仓库、集贸市场、停车场等营利性物业，让搬迁群众享有一份稳定的资产收益。上述三个方面综合了搬迁群众的劳动力、扶贫政策及所有者权益，从多角度、多渠道实现了搬迁群众稳定增收的目的，积极扭转了"后续发展难"的局面。

（六）社会融入

以教育为抓手，开展"新时代新民风"建设，通过三讲三评、学习培训等活动，推动搬迁群众转变思想观念，激发搬迁群众脱贫内生动力，坚定听党话、感党恩、跟党走的思想自觉，形成自力更生、诚信脱贫的良好氛围。在此基础上，加强社会治理，从迁出村原干部中优选楼栋长，明确楼栋长为社会治安综合治理、"新时代新民风"建设工作的第一责任人。健全妇联等群团组织，成立业主委员会、文体协会等团体，实现了党的领导、政府管理和社会调节、基层自治的良性互动，形成了管理有序、服务完善、治安良好、环境优美、文明祥和的新社区。此外，为加快推进搬迁群众社区融入积极性，建立激励奖惩机制，以"五星家庭""法治文明小区"创建为载体，开展积分制管理星级化评定工作，实行积分兑换商品制，调动搬迁群众参与积极性，进一步激发搬迁群众对小区的归属感和认同感，快速融入城市社区生活，形成"对党感恩、人人诚信、户户争星、邻里和谐、民主法治"的良好氛围。

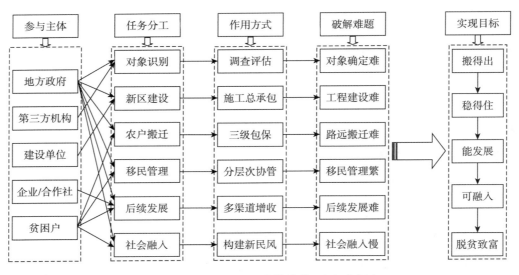

图 13-2 东川区易地扶贫搬迁实践框架

二　效果显现

易地扶贫搬迁以贫困人口脱贫为基本目标，所产生的效益惠及经济、社会、生态等多个方面[20][21][22]。通过典型项目区实地调研（包括对易地扶贫搬迁分管领导访谈、项目区实地查看和随机抽样入户调查等方式）了解到，易地扶贫搬迁给东川区贫困治理、生态环境改善等均带来显著效果。以东川区易地扶贫搬迁对门山、起嘎安置点项目为例，该项目共搬迁安置6191户19962人（其中建档立卡贫困户3287户11756人），涉及5个乡镇（包括铜都街道、汤丹镇、因民镇、红土地镇和舍块乡）、47个行政村、155个村民小组，主要因滑坡、泥石流等地质灾害频发而搬迁，安置区为铜都街道祥和社区对门山和起嘎社区（主城区）。搬迁前绝大多数农户靠少量的土地进行传统的种养殖及打散工维持生计，收入水平低，随机抽样入户调查结果显示，30户搬迁户人均收入平均仅2426元。搬迁户原住房条件极差，以土坯（土木）房为主，且存在较大安全隐患。迁出区交通等基础设施严重滞后，农户远离学校、卫生室，上学就医极为不便。搬迁后，6191户搬迁户均新建了人均20平方米的砖混结构安全住房，整体水、电、路等基础设施明显改善，并增设了社区卫生服务中心、农贸市场、居家养老服务中心、公共卫生设施、文体活动场所、幼儿园、绿化设施等，公共服务水平显著提升。通过统一组织安排就业，扶贫车间、就业培训、公益性岗位、产业扶持、退耕还林、迁出区农村集体产权制度改革及合作社统一经营等多渠道实现农户增收，入户调查数据显示，30户农户搬迁后平均增收50%以上，均达到了贫困退出标准。在整体上，搬迁项目取得了明显的社会效益、经济效益和生态效益（见表13-1）。

表13-1　东川区典型项目易地扶贫搬迁效益分析

效果实现	度量指标	东川区易地扶贫搬迁对门山、起嘎安置点项目
社会效益	贫困人口减少	以舍块乡为例，搬迁建档立卡户1126户4094人，脱贫1097户4006人
	居住安全性提升	由土坯/土木危房改为砖混结构安全住房
	劳动就业水平提高	劳动技能提升，劳务输出人口扩大，产业专业化的农户增加
	基础公共设施改善	水、电、路等基础设施改善，医疗卫生、教育文化等服务水平提高
	内生发展动力增强	物质、精神文化水平改善，脱贫积极性提高，内生发展动力增强
经济效益	人均纯收入增加	搬迁户人均增收近50%
	建设用地指标盈余	项目总占地15.27公顷，仅舍块乡宅基地复垦（或退耕）在90公顷左右
	产业发展水平提高	传统农业向现代高效农业转换，专业化程度提高，产出水平增加

续表

效果实现	度量指标	东川区易地扶贫搬迁对门山、起嘎安置点项目
生态效益	新区环境美化	建设公共卫生设施、绿化设施等
	自然灾害减少	远离地质灾害易发区、安置区地形坡度更加平缓
	迁出区植被恢复	陡坡耕地退耕、废旧宅基地复垦等生态修复

第四节　易地扶贫搬迁驱动新型城镇化的内在逻辑

东川区易地扶贫搬迁整体上属于典型的城镇集中安置模式，城镇化安置率达 95.67%，既从根本上解决了"一方水土养不活一方人"的贫困治理问题，同时促进了农业转移人口市民化、空间结构合理化、产业发展现代化、公共服务均等化、生态环境和谐化、社会风气文明化，极大程度加快了城乡发展一体化的实现，既解决了农村发展不充分问题，也有效缓解了城乡发展不平衡，体现了新型城镇化的过程（见图 13－3）。

第一，人口的转移。大量的农村劳动力从传统农业中脱离出来，进入城镇生产、生活。虽然东川区创新农村土地制度改革，即无论搬迁农户是否实现了户籍层面的农转城，依然享有农村土地的承包权、山林权，但由于迁出区整体土地贫瘠，耕地数量少，且自然灾害频发，加上迁出后路途遥远，原有土地只能以实施生态退耕为主，土地流转等为辅。绝大多数搬迁户已从根本上改变了原有的生产方式（生产关系），即实现了农业向非农业（工业、服务业等）的转变。同时，通过户籍制度改革，按照搬迁户自愿农转城的原则，降低了搬迁人口户籍准入门槛，从户籍上实现了农民市民化。

第二，居住空间的置换。原有住房被拆除，宅基地或是复垦或是造林，并通过建新区的方式安置搬迁移民。相比农村住房建设，城镇集中安置建房使土地利用更加集约化，且水、电、路等基础设施，学校、医院、市场、文化休闲场所、公共卫生等服务设施配套完善，功能更加齐全，生存空间结构得到优化，同时公共服务均等化基本实现。

第三，产业结构升级转型和就业能力提升。在产业发展方面，以产业扶贫的方式，发放产业扶贫资金，助推产业提质升级，并与新型经营主体建立长期利益联结机制，促进传统农业向现代化农业方向发展；鼓励经营管理安置点商铺、车间、仓库、集贸市场、停车场等营利性物业，积极发展以服务业为主的劳动密集型第三产业，逐步调整产业结构。在就业方面，创新构建劳务输出新模式——"服务窗口＋劳务公司＋企业（合作社）＋易地搬迁农民工"，为搬迁群众搭建就业平台，结合就业培训等，由劳务中介企业对易地搬迁人员进行统一管理和组织安排就业，并建立扶贫车间、公益性岗位等，辅助劳动力较弱的家庭实现基本稳定就业，既实现了搬迁农户稳定增收，也初步形成了产业现代化发展格局。

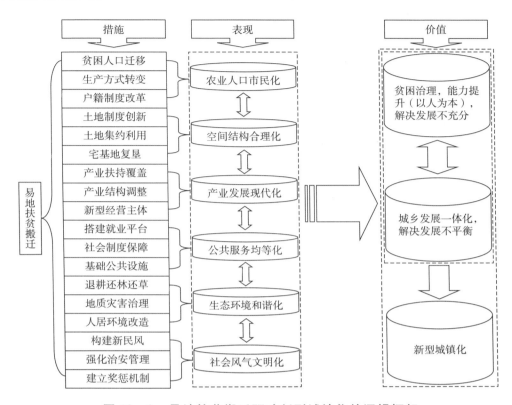

图 13 – 3　易地扶贫搬迁驱动新型城镇化的逻辑框架

第四，生态环境治理。长期以来的铜矿开采，造成了东川植被条件较差，2015 年全区森林覆盖率仅 33%，坍塌、滑坡、泥石流等地质灾害频发。易地扶贫搬迁强调对迁出区宅基地的复垦（或造林）、陡坡耕地退耕还林还草及地质灾害区的综合治理等生态修复[12]，全区涉及易地搬迁土地共 3771.53 公顷，已退耕还林 2425.8 公顷，拟退耕还林 1397.6 公顷，无疑将大幅度改善迁出区生态环境。对于搬迁户而言，远离原有的脏、乱、差的山区农村环境，到城镇社区生活，生产—生活—生态（三生）空间获得重构，人居环境得到了极大改善。因此，无论从区域层面，还是农户视域，均促进了生态环境和谐化。

第五，社会风气的塑造。通过三讲三评、学习培训等活动，开展"新时代新民风"建设，推动搬迁群众转变思想观念；选派楼栋长开展社会治安综合治理，健全妇联，成立业主委员会、文体协会等团体，实现党的领导、政府管理和社会调节、基层自治的良性互动，形成了文明祥和的社区风气。此外，以"五星家庭""法治文明小区"创建为载体，建立激励奖惩机制，开展积分制管理星级化评定工作，实行积分兑换商品制，调动搬迁群众参与积极性，进一步激发搬迁群众对小区的归属感和认同感，快速融入城市社区生活，塑造了良好的社会文明新风气。

第五节　易地扶贫搬迁的成功经验

东川区易地扶贫搬迁是新时代精准扶贫战略驱动下，地方政府审时度势，因地制宜，从根本上解决"一方水土养不活一方人"地区贫困人口长效稳定脱贫所采取的时代壮举。这一模式与新型城镇化紧密相连，对地区新型城镇化产生了开创性的驱动作用，其成功经验值得许多地区参考、学习与借鉴，现总结如下。

一　因地制宜，科学决策

当前实施的易地扶贫搬迁是改革开放以来东川区规模最大、涉及人口最多、投入资金最多的贫困治理工程。搬迁任务占昆明市的 77.6%，是云南省城镇化安置率最高、后续保障最完善的易地扶贫搬迁项目，体现了新时代精准扶贫战略背景下，地方党委政府对党中央贫困治理战略体系的清醒认识，与党中央治国理政方针政策保持了高度一致，充分体现了社会主义的优越性。地方党委政府经过深入调研，反复论证主要致贫因素、贫困状况及有效减贫措施，因地制宜，科学决策，始终坚持以人为本的核心价值观，彻底拔掉了当地农村贫困群众的穷根、穷业，真正做到了真扶贫、扶真贫，实现了不让一个贫困人口掉队的目标。

二　多主体协同，合力攻坚

东川区易地扶贫搬迁得益于多主体参与和协作，以政府部门为主导，社会力量积极参与，老百姓全力配合，通力协作，合力攻坚。各参与方明确职责，细化分工，确保项目前期工作、资金保障、新区建设、农户搬迁、后续保障、移民管理和社会融入等各项工作快速有序推进，有效保障了扶贫搬迁工程的顺利实施，体现了"团结互助、合作共赢"的团体协作精神，塑造了典型的贫困治理的中国力量。

三　创新发展理念，立足长远发展

充分结合新型城镇化是东川区易地扶贫搬迁的最大亮点，也是值得很多地区学习与借鉴的典型经验。按照新型城镇化的发展思路，创新发展理念，立足长远发展，结束了当地贫困群众长期以来的传统生产、生活方式，彻底解除了恶劣自然环境对当地群众的束缚，既是对过去一个时代的总结，也是对新时代的开启，必将对长远发展奠定良好的基础。

四　创新思维方式，助力扶贫成效

思路决定出路，创新思维方式是东川区易地扶贫搬迁成功的关键。在充分衔接新型城镇化的基础上，引入第三方机构实现搬迁对象的精准识别，面对工程建设难问题，采用 EPC 工程施工总承包方式，按照征地、设计、施工"三同步"原则，攻克工程建设难关；实施"三级包保"责任制，"一条龙"服务等措施解决路远搬迁难问题；创新产业、就业扶贫模式，保障搬迁群众后续发展；选派楼栋长，构建"五星家庭""法制文明小区"等载体加速推进搬迁群众社会融入，创建社区文明新风气；等等。这一系列的创新举措无不彰显了贫困治理的中国智慧，为中国其他贫困地区，乃至世界减贫提供了中国方案。

第六节　易地扶贫搬迁模式的结论与启示

本章以云南省东川区易地扶贫搬迁为研究案例，通过实地调研和理论总结，分析了东川区易地扶贫搬迁实践框架，并深入剖析了东川易地扶贫搬迁模式与新型城镇化的内在理论逻辑及其成功经验，得到以下结论和启示。

易地扶贫搬迁是实现"一方水土养不活一方人"地区长效稳定脱贫的重大举措，将易地扶贫搬迁与新型城镇化有效衔接，将对地区贫困治理及长远发展产生积极作用。加速推进了贫困地区"三生"空间的重构，贫困群众的能力素质和思维方式得到全面改观与快速提升，极大程度激发了群众内生动力，提高了减贫成效。

新型城镇化讲求以人为本，以实现人口城镇化为核心，大力推进了农业转移人口市民化、空间结构合理化、产业发展现代化、公共服务均等化、生态环境和谐化、社会风气文明化。在新型城镇化引领下实施易地扶贫搬迁不仅有效缓减农村发展不充分、城乡发展不平衡的社会矛盾，也为城乡融合与乡村振兴打下坚实的基础，开启了区域协调、可持续发展的新篇章。

东川区易地扶贫搬迁模式的成功之处在于在认真贯彻落实党中央贫困治理方针政策的基础上，因地制宜，科学决策；多主体协同，合力攻坚；创新发展理念，立足长远发展；创新思维方式，助力扶贫成效。充分彰显了贫困治理道路上的中国智慧与中国方案。

参考文献

［1］中华人民共和国国家统计局．中华人民共和国 2011 年国民经济和社会发展统计公报

［EB/OL］．（2012 – 02 – 22）［2020 – 02 – 29］．http://www.stats.gov.cn/statsinfo/auto2074/201310/t20131031_450700.html.

［2］中华人民共和国中央人民政府．国家新型城镇化规划（2014—2020 年）［EB/OL］．（2014 – 03 – 16）［2020 – 02 – 29］．http://www.gov.cn/zhengce/2014 – 03/16/content_2640075.htm.

［3］廖进中，韩峰，张文静，等．长株潭地区城镇化对土地利用效率的影响［J］．中国人口·资源与环境，2010，20（2）：30 – 36.

［4］孙平军，吕飞，修春亮，等．新型城镇化下中国城市土地节约集约利用的基本认知与评价［J］．经济地理，2015，35（8）：178 – 183，195.

［5］张引，杨庆媛，闵婕．重庆市新型城镇化质量与生态环境承载力耦合分析［J］．地理学报，2016，71（5）：817 – 828.

［6］淳阳，朱晚秋，翻洪义，等．重心转移视角下新型城镇化与生态足迹时空差异及其耦合关系研究——以四川省为例［J］．长江流域资源与环境，2018，27（2）：306 – 317.

［7］李莺莉，王灿．新型城镇化下我国乡村旅游的生态化转型探讨［J］．农业经济问题，2015，（6）：29 – 34.

［8］唐鸿，刘雨婧，麻学锋．旅游业与新型城镇化协调发展效应评价［J］．经济地理，2017，37（2）：216 – 223.

［9］孙叶飞，夏青，周敏．新型城镇化发展与产业结构变迁的经济增长效应［J］．数量经济技术经济研究，2016，（11）：23 – 40.

［10］吴穹，仲伟周，张跃胜．产业结构调整与中国新型城镇化［J］．城市发展研究，2018，25（1）：37 – 47.

［11］王新越，秦素贞，吴宁宁．新型城镇化的内涵、测度及其区域差异研究［J］．地域研究与开发，2014，33（4）：69 – 75.

［12］熊湘辉，徐璋勇．中国新型城镇化水平及动力因素测度研究［J］．数量经济技术经济研究，2018，（2）：44 – 63.

［13］国家发展改革委员会．全国"十三五"易地扶贫搬迁规划［EB/OL］．（2016 – 09 – 20）［2020 – 02 – 29］．http://www.ndrc.gov.cn/zcfb/zcfbghwb/201610/W020161031520838587005.pdf.

［14］金梅，申云．易地扶贫搬迁模式与农户生计资本变动：基于准实验的政策评估［J］．广东财经大学学报，2017，32（5）：70 – 81.

［15］王永平，吴晓秋，黄海燕，等．土地资源稀缺地区生态移民安置模式探讨——以贵州省为例［J］．生态经济，2014，30（1）：66 – 69.

［16］云南省人民政府．《云南省脱贫攻坚规划（2016—2020 年)》［EB/OL］．（2017 – 7 – 26）［2020 – 02 – 29］．http://www.yn.gov.cn/yn_zwlanmu/qy/wj/yzf/201708/t20170814_

30233. html.

［17］中华人民共和国中央人民政府．中央城镇化工作会议举行　习近平、李克强作重要讲话［EB/OL］．（2013 – 12 – 14）［2020 – 02 – 29］．http：//www. gov. cn/ldhd/2013 – 12/14/content_2547880. htm.

［18］中国金融40人论坛课题组．加快推进新型城镇化：对若干重大体制改革问题的认识与政策建议［J］．中国社会科学，2013（7）：59 – 76.

［19］单卓然，黄亚平．"新型城镇化"概念内涵、目标内容、规划策略及认知误区解析［J］．城市规划学刊，2013（2）：16 – 22.

［20］白南生，卢迈．中国农村扶贫开发移民：方法和经验［J］．管理世界，2000（3）：161 – 169.

［21］许源源，熊瑛．易地扶贫搬迁研究述评［J］．西北农林科技大学学报（社会科学版），2018，18（3）：107 – 114.

［22］鲁能，何昊．易地移民搬迁精准扶贫效益评价：理论依据与体系初探［J］．西北大学学报（哲学社会科学版），2018，48（4）：75 – 83.

第十四章
寻甸县务工增收脱贫模式

第一节 研究目的与意义

随着我国工业化进程的不断推进，城镇发展创造了更多的劳动力需求，而农村特别是地处山区的农村存在严重的人地关系矛盾，即土地现有的生产力满足不了农民对美好生活的需要。因此，从城乡视角看，我国农村人口由农村向城镇持续转移。"农村剩余劳动力转移的基本机理是市场经济的资源（要素）配置原理，根本动因是城乡（或农业与非农业）收入差距，根本障碍则是人力资本积累的缺乏和制度制约。"[1]在贫困地区，有一大批农户有潜在劳动力，但因各方面条件限制，无法发挥其作用，导致其贫困。其原因有两点，一是有身体素质但缺乏技能，二是有技能但缺乏就业机会。因此，在脱贫攻坚中，亟须做的工作就是培训农户并帮扶其就业，使其脱贫。在这一方面，地处云南省东北部、昆明市北部的寻甸回族彝族自治县（简称寻甸县）对务工增收脱贫的做法具有很强的战略考量，既包括技能培训，又包括帮扶寻找就业机会，效果十分显著且可持续。

为着力提升贫困家庭劳动力就业技能水平和致富能力，促进农民增收脱贫，自脱贫攻坚工作开展以来，寻甸县围绕"培训一人、就业一人、脱贫一户、带动一片"的目标，制订技能扶贫专项行动工作方案和务工增收脱贫一批工作方案，抓实培训就业工作，助推精准脱贫。2017年4月17日，中共寻甸回族彝族自治县委办公室、寻甸回族彝族自治县人民政府办公室印发了《寻甸回族彝族自治县2017年务工增收脱贫一批工作实施方案》（寻办通〔2017〕26号）的通知，要求各乡镇（街道）党委（党工委）、政府（办事处），县直有关单位按此落实。该方案的出台为寻甸县2017年顺利脱贫摘帽起到了重要作用，也为后续巩固务工增收脱贫的成效和做法奠定了基础。

这里对寻甸县务工增收脱贫模式进行调查和探究，从其具体做法入手，在对其工作领导体制、培训方式、帮扶思路、工作机制、扶贫成效进行梳理的基础上，调查了50户脱贫户的2018年务工收入情况，具体分析这50户的务工增收脱贫效果。同时，梳理寻甸县务工增收脱贫模式的成功经验，并针对该模式存在的问题进行分析。

第二节　务工增收脱贫模式的具体做法

一　成立强有力的领导小组

成立了由县委书记和县长为双组长的务工增收脱贫一批工作领导小组，负责全县务工增收脱贫一批工作的组织领导、督促检查、协调服务；制定并监督执行促进农民就业、实现农民就业持续增收的政策措施；分解下达相关目标任务，并负责检查和考核；定期组织召开成员单位会议，协调解决工作中出现的困难和问题；指导各乡镇（街道）抓好农民培训和转移就业工作；做好宣传教育引导工作，共同营造促进农民就业创业、实现农民增收的良好社会氛围。

同时，成立各乡镇（街道）务工增收脱贫一批领导小组，领导小组由各乡镇（街道）脱贫攻坚战区指挥部兼任并负责履职。各乡镇（街道）务工增收脱贫一批领导小组下设办公室在乡镇（街道）社会保障服务中心，负责开展本辖区农村劳动力资源调查，开展就业技能培训，收集有外出务工意愿人员名单，组织转移就业，做好外出务工人员的后续跟踪服务工作。

二　制定多方面可执行的工作措施

一是摸底调查。做好辖区内的劳动力就业摸底调查工作，掌握适龄劳动力资源状况及就业状况、有参与培训意愿人员数量和有外出务工意愿人员数量，摸清工作底数，为做好务工增收脱贫工作打下坚实基础。

二是加强宣传。充分发挥农民就业信息员队伍作用，加大对农村劳动力转移就业培训政策的宣传力度，积极发动本辖区富余劳动力外出务工。县人力资源社会保障局、县气象局加强沟通协作，充分利用全县气象信息平台发布就业岗位信息，实现送岗到村。

三是开展劳务合作。县人力资源社会保障局探索和充分利用商会、第三方劳务中介机构的就业岗位资源优势，遴选一批薪资待遇高、工作生活条件好的企业开展劳务合作，通过引入竞争机制开展对口输出劳动力。

四是开展订单式培训。县人力资源社会保障局负责收集劳务合作企业的用工需求，各挂包帮扶单位在开展各类职业技能培训工作中，培训对象要重点向建档立卡贫困户倾斜，根据企业的用工需求开展订单式、定向式培训，确保培训就业率稳步提升。县人力资源社会保障局采取多种方式开展农村劳动力转移就业引导性培训，从外出务工常识、法律法规、农民工维权、语言、生活习惯等方面提升外出务工人员的整体素质，确保劳动力输得出、驻得下、干得好。

五是积极搭建就业平台。县人力资源社会保障局牵各乡镇（街道）积极为劳动力供需双方搭建平台，开展"农村劳动力转移就业百日行动""春风行动""送岗下乡""民营企业招聘周""高校毕业生就业服务月"等各类招聘活动。县人力资源社会保障局每年组织开展一次大型招聘会，各乡镇（街道）单独或联合开展至少一次招聘活动（县劳动就业服务局负责收集提供就业岗位，并组织企业到场招聘，各村委会负责组织人员参加招聘会），通过县、乡、村三级联动，积极促进劳动力充分就业。

六是分类组织转移就业。根据全县贫困劳动力技能水平、文化层次等实际情况，实行分类别转移就业，对文化层次、劳动技能水平高且有外出务工愿望的劳动力，实施赴外地转移就业；对文化水平、劳动技能水平不高，或者是因为需要照顾家庭无法外出务工的劳动力，实施就近就地转移就业；在实施扶贫工程和基础设施建设，各行业选聘工作人员，推进"四区一城"及城镇化、工业化、农业现代化建设和"五网"建设过程中，优先录用有务工需求的建档立卡贫困人员；各乡镇（街道）与招商引资企业建立用工信息互通机制，统筹协调以村委会为单位提供劳动力，县投资促进局协调招商引资落地企业优先录用建档立卡劳动力，县招商引资考核办严格对招商引资落地项目的招商引资就业贡献度进行考核；各挂包帮扶单位积极引导本部门挂钩联系的贫困户劳动力外出务工增收脱贫，向贫困户推荐适合其就业的岗位；县人力资源社会保障局积极收集、发布就业岗位信息，促进贫困劳动力就业，积极联系县内外用工企业开展劳务合作，建立以行政村为单位、以乡镇为主体、由县级统筹的劳务输出组织化机制，实施分批次成建制劳务输出；组织建档立卡人员到沿海发达地区务工增收，学技术、学管理、长见识，推动劳动力整体素质全面提升。

七是建立完善服务机制。各乡镇（街道）在本辖区外出务工党员较集中的企业建立流动党支部，抓好党建扶贫双推进工作；加强对本辖区外出务工人员的跟踪服务，每月实地走访一次外出务工家庭，并将留守人员的情况反馈给外出务工人员；每半年对外出务工人员进行一次实地走访，询问外出务工人员的工作生活情况，及时帮助协调解决外出务工人员的困难问题。县人力资源社会保障局依托省市劳务工作平台建立流动劳务工作站，加强对外出务工人员的跟踪服务工作；县务工增收脱贫一批工作领导小组每年至少开展一次对外出务工人员的关爱活动，走访慰问外出务工人员，发放劳动力转移就业服务联系卡，为外出务工人员维权提供强有力的保障。

八是协调推动工作进度。县务工增收脱贫一批工作领导小组定期或不定期召开工作推进会，听取各乡镇（街道）工作情况汇报，及时研究解决工作中存在的困难和问题，确保工作目标任务圆满完成。

九是充分挖掘特色亮点。县人力资源社会保障局充分挖掘劳动力转移就业工作中的特色亮点和先进典型人物，注重树立劳务品牌；县委宣传部邀请省市主流媒体进行宣传报道。要通过召开返乡座谈会，邀请外出务工人员代表就如何做好劳务培训促进外出务工增收脱贫建言献策；请先进典型人物现身说法，开展劳务扶贫宣讲，充分发挥传帮带作用，带动更多贫困劳动力外出务工增收脱贫，营造劳务扶贫工作浓厚氛围。

十是总结推广经验做法。县人力资源社会保障局要对全县务工增收脱贫一批工作加强纵向指导、横向沟通，以点带面，认真总结，及时梳理推广好的经验做法，加快扩大全县劳务经济规模。

三 建立全方位的保障体系

一是落实技能培训补贴。在开展"新型职业农民培育工程""雨露计划""云岭职业素质提升工程""星火计划""农民工职业技能提升计划""青年领头雁"等技能培训过程中，各有关部门按政策规定给予相应补助。

二是实施学历教育补助。入读技工学校、中等职业学校的建档立卡贫困学生，除享受国家现有中等职业教育免学费、助学金等资助政策外，从"雨露计划"培训资金中获得生活补助。对在读技工院校高级工、预备技师班的建档立卡贫困学生，按相关规定给予学费补助。

三是扶持创业带动就业。积极争取省市各类贷款支持，对符合"贷免扶补"和创业担保贷款条件的创业人员给予10万元贷款；对符合劳动密集型小企业贷款条件的创业人员给予不超过200万元贷款；对符合"两个10万元"微型企业培育工程贷款条件的创业人员给予不超过10万元的贷款和3万元的一次性扶持补助。

四是鼓励企业吸纳就业。鼓励园区和招商引资落地企业吸纳劳动者就业。招商引资落地企业当年新招用城乡劳动者，与其签订1年以上期限劳动合同的，每招用1人，给予企业一次性就业补贴400元；对招用男性45周岁、女性35周岁以上人员，并与其签订并履行1年以上（含1年）期限劳动合同的，每招用1人，给予企业一次性就业补贴1000元。补贴资金按有关规定向市级财政申报。

五是推进示范基地建设。继续开展"农业创业示范村"建设工作，2017年创建了2个"农业创业示范村"，培育扶持了1个特色突出、功能完善、承载能力强、具有示范带动作用的创业孵化基地或示范园区。对创建达标的"农业创业示范村"，按有关规定申报市级财政给予一次性补贴5万元；对创建达标的"优秀农民创业孵化基地及农业创业示范园区"，按有关规定申报市级财政给予一次性补助20万元。

六是推行扶贫创业补助。围绕"脱贫、摘帽、增收"的主要目标，按照精准扶贫要求，通过项目开发和引进，扶持创办企业和其他经济实体，对在县内创办企业，创办"一村一品"、"一品一园"或创业一条街的创业者，带动当地贫困人员2人以上10人以下（含10人）就业的，按有关规定申报市级财政给予经济实体一次性补助2万元；带动当地贫困人员10人以上30人以下（含30人）就业的，按有关规定申报市级财政给予经济实体一次性补助3万元；带动当地贫困人员30人以上就业的，按有关规定申报市级财政给予经济实体一次性补助5万元。

七是兑现创业场租补助。返乡外出务工人员在本乡镇（街道）、本村创办经济实体，且办理营业执照，稳定经营6个月以上，带动当地3人就业且签订1年以上期限劳动合同的，按有关规定申报市级财政给予创业者一次性场租补贴1万元。

八是及时调整。各有关部门及时督促指导各项惠民利民的新政策、好政策落实到位，确保群众最大限度地享受政策红利，共享改革发展成果。

第三节　务工增收脱贫模式的主要成效

一　整体成效

自2014年以来，寻甸县农村劳动力就业无论是在转移就业还是转移培训方面都取得了重大成效，5年来每年都超额完成任务，为脱贫攻坚战的胜利提供了有力保障。总的来说，寻甸县无论是在完成劳动力就业还是转移培训上都能保持稳定，2014年到2018年5年累计农村劳动力就业125611人（见图14-1），比100700人的目标任务超额完成24.7%；2014年到2018年5年累计转移培训133554人（见图14-2），比118830人的目标任务超额完成12.4%。

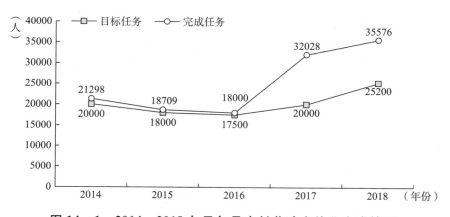

图 14-1　2014～2018 年寻甸县农村劳动力就业完成情况

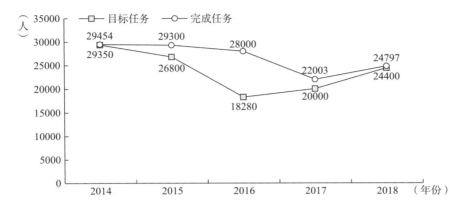

图 14-2　2014～2018 年寻甸县农村劳动力转移培训完成情况

2014 年，共转移农村劳动力就业 21298 人，完成目标任务 20000 人的 106.5%；转移培训 29454 人，完成目标任务 29350 人的 100.4%。

2015 年，共转移农村劳动力就业 18709 人，完成目标任务 18000 人的 104.0%；转移培训 29300 人，完成目标任务 26800 人的 109.3%。

2016 年，共转移农村劳动力就业 18000 人，完成目标任务 17500 人的 102.9%，其中建档立卡贫困户 4456 人；转移培训 28000 人，完成目标任务 18280 人的 153.2%，其中建档立卡贫困人员 4304 人。

2017 年，共转移农村劳动力就业 32028 人，完成目标任务 20000 人的 160.1%，其中建档立卡贫困户 7210 人；转移培训 22003 人，完成目标任务 20000 人的 110.0%，其中建档立卡贫困人员 8843 人。

2018 年，共转移农村劳动力就业 35576 人，完成目标任务 25200 人的 141.2%，其中建档立卡贫困户 9590 人；转移培训 24797 人，完成目标任务 24400 人的 101.6%，其中建档立卡贫困人员 12400 人。完成新增国家职业资格目录外技能培训 1100 人（建档立卡 1100 人），完成目标任务的 110%。

2019 年截至 5 月，共转移农村劳动力就业 17706 人，完成目标任务 24000 人的 73.8%，预计可实现转移收入 1.83 亿元，其中建档立卡贫困户 7466 人，预计可实现转移收入 3845 万元。向昆明市主城区转移就业 767 人（含建档立卡人员 665 人），完成目标任务 1400 人的 54.8%。其中向西山区转移 638 人（含建档立卡人员 541 人），完成目标任务 1000 人的 63.8%，向度假区转移 129 人（含建档立卡人员 124 人），完成目标任务 400 人的 32.25%。共培训农村劳动力 4866 人，其中建档立卡贫困人员 2602 人，完成目标任务 24260 人的 20%。其中引导性培训 4076 人（含建档立卡贫困人员 2266 人），技能培训 500 人（含建档立卡贫困人员 136 人），精准扶贫技能培训 200 人（含建档立卡贫困人员 200 人），创业培训 90 人。

二 典型脱贫户务工增收效果

本次抽样调查选取了寻甸县功山镇的 50 个依靠务工脱贫的典型农户和 50 户没有外出务工人员的农户进行了调查，从调查结果来看，务工对农户脱贫起到了决定性作用。依靠外出务工的 50 户农户人均纯收入为 4813.98 元，而没有外出务工人员的 50 户农户人均纯收入为 4256.85 元，明显低于前者。由此可见，外出务工能显著提高农户的收入。这 50 户外出务工人员 2018 年人均务工收入为 10309.33 元，从这个角度来看，务工人员个体已经远远超过收入达标线，而从家庭来看，如果仅计算务工收入，这 50 户家庭人均纯收入为 4099.81 元，明显超过了 2018 年贫困线标准（3500 元/人），这表明务工对脱贫攻坚成效有着重要的推动作用。这 50 户农户中，若只计算务工收入，有 26 户人均纯收入可达到 2018 年贫困线标准，占比超过 50%（见表 14 - 1）。

表 14 - 1 2018 年典型村脱贫户务工收入情况

单位：人，元

调查农户编号	家庭人口数	务工人口数	家庭总收入	家庭务工总收入	务工人员人均务工收入	仅计算务工收入情况下的家庭人均纯收入	仅计算务工收入是否能达到2018年贫困线标准
01	5	2	26000	26000	13000	5200	是
02	6	3	25200	16000	5333.33	2666.67	否
03	5	2	22000	22000	11000	4400	是
04	4	1	16000	11000	11000	2750	否
05	3	2	23100	20000	10000	6666.67	是
06	3	2	15000	12000	6000	4000	是
07	3	2	16000	16000	8000	5333.33	是
08	3	2	14000	11000	5500	3666.67	是
09	4	2	16000	13000	6500	3250	否
10	4	2	15000	12000	6000	3000	否
11	4	1	17000	14000	14000	3500	是
12	4	1	18000	13000	13000	3250	否
13	3	1	14000	14000	14000	4666.67	是
14	4	1	17000	9000	9000	2250	否
15	5	1	18000	12000	12000	2400	否
16	4	1	13000	8000	8000	2000	否
17	4	2	21000	16000	8000	4000	是
18	2	1	10000	9000	9000	4500	是
19	4	2	18000	12000	6000	3000	否

续表

调查农户编号	家庭人口数	务工人口数	家庭总收入	家庭务工总收入	务工人员人均务工收入	仅计算务工收入情况下的家庭人均纯收入	仅计算务工收入是否能达到2018年贫困线标准
20	4	2	19000	13000	6500	3250	否
21	3	2	17000	13000	6500	4333.33	是
22	3	2	18000	18000	9000	6000	是
23	3	1	16000	11000	11000	3666.67	是
24	2	1	19000	14000	14000	7000	是
25	3	1	16000	11000	11000	3666.67	是
26	5	2	24000	14000	7000	2800	否
27	4	1	15000	12000	12000	3000	否
28	3	1	26000	26000	26000	8666.67	是
29	3	1	25200	16000	16000	5333.33	是
30	4	1	19800	19800	19800	4950	是
31	4	2	16000	11000	5500	2750	否
32	7	2	23100	20000	10000	2857.14	否
33	4	1	15000	12000	12000	3000	否
34	2	2	26000	26000	13000	13000	是
35	4	1	19000	13000	13000	3250	否
36	5	1	14000	11000	11000	2200	否
37	3	1	14000	11000	11000	3666.67	是
38	4	2	16000	13000	6500	3250	否
39	4	2	15000	12000	6000	3000	否
40	4	1	14000	14000	14000	3500	是
41	2	1	18000	13000	13000	6500	是
42	3	1	14000	14000	14000	4666.67	是
43	3	1	17000	9000	9000	3000	否
44	5	2	14000	12000	6000	2400	否
45	3	1	13000	8000	8000	2666.67	否
46	5	2	21000	16000	8000	3200	否
47	4	1	15000	9000	9000	2250	否
48	2	1	18000	12000	12000	6000	是
49	4	3	28000	28000	9333.33	7000	是
50	3	1	16000	11000	11000	3666.67	是
平均	4	1.5	17908	14176	10309.33	4099.81	是

第四节　务工增收脱贫模式的成功经验

一　高位统筹，培训转移就业工作更加有力

一是领导重视，高位推动。2017 年，寻甸县成立了由县委书记何健升，县委副书记、县长马郡担任双组长的县务工增收脱贫一批工作领导小组，统筹安排部署务工增收工作；成立务工增收脱贫一批分指挥部，确保各项工作高效推进。同时，各乡镇、街道（战区）也成立相应机构，统筹抓好务工增收工作。县委书记、县长，分指挥部和各战区指挥长多次就农村劳动力转移就业工作进行深入调研、专题研究、统一部署。

二是优化架构，三级联动。寻甸县自务工增收工作开展以来，探索形成"县—乡—村"三级联动机制，传达精神、统一思想、分解目标，层层压实责任，有效助推各项工作有序开展。

三是加强督导、多方促动。一方面，县委、县政府将寻甸县农村劳动力培训 18980 人、转移就业 20000 人的目标任务分解到乡镇（街道），把主城区精准帮扶寻甸县农村劳动力转移就业 2800 人的目标分解到科级及以上领导干部个人，以领导带动示范促进输出工作全面推进。另一方面，县纪委将劳动力培训转移就业工作列入"廉洁脱贫问效年"督查范围，成立专项检查组对劳动力培训转移就业工作进行督查。同时，县委、县政府目督办将劳动力培训转移就业列入督办项目，强力推进工作落实。

二　全面动员、精准宣传，培训转移就业增收信心更加坚定

一是点对点、面对面精准宣传。充分发挥村委会就业信息员"熟面孔""本地人"优势，挂联单位各级领导干部、驻村工作队员、帮扶干部以及志愿者定期进村入户，深入每一户建档立卡贫困户家中，利用讲政策、发传单、介绍岗位信息等方式，了解贫困户培训需求，向建档立卡贫困户分析外出务工对经济收入及个人发展的重要性，全力确保宣传无死角。

二是多形式、多渠道精准宣传。在利用传统方式，保证宣传标语全覆盖的同时，县直各部门也利用自身的优势进行务工宣传，如利用气象信息平台，公交车、出租车滚动显示屏，环保垃圾桶印字等形式、渠道进行宣传，让广大群众耳濡目染、全民知晓。

三是身边人、身边事精准宣传。在全县各个乡镇（街道）组织召开返乡农民工座谈会，对务工增收脱贫工作及相关政策做宣传，邀请农民工代表介绍成功经验，利用新闻媒体赴用工企业实地采访、制作宣传片，介绍企业情况，宣讲增收效果，使政策更加深入人心。

三　按需培训，就业技能普遍提升

一是精准摸底，按需培训。摸群众意愿。对辖区内有培训意愿学员的基本信息、需求工种等进行统计，为下一步培训奠定基础。摸企业需求。针对当地农业种养殖专业合作社、保洁物业公司等用工需求，做到"定岗式"培训。如在了解到鸡街镇兴平牧业公司对种猪养殖技术工有大量需求后，寻甸县就近就地组织了 100 名建档立卡贫困人员开展种猪养殖的培训。先锋镇打磨箐村委会村民主要以花椒种植为主要收入渠道，针对当地建档立卡贫困户，专门组织 50 人开展了花椒种植技能培训。2018 年针对塘子街道易隆社区苗鸡养殖专业合作社养殖技术需求，专门组织 50 名苗鸡养殖建档立卡贫困人员开展了林下苗鸡养殖培训。

二是因地制宜，工种多元。2017 年度以来，全县各乡镇（街道）根据劳动者意愿，结合本地实际开设了农机修理、电焊、家政服务、养老护理、育婴、美容、家畜饲养、茶艺及针对建档立卡贫困人员的种猪养殖、种牛养殖、经济农作物种植、核桃种植等 22 个实用专业，大大提高了农村劳动力的就业竞争力。

三是层层筛选，确定培训机构。通过前期报名登记备案、资格审查，县人社部门组织召开农村劳动力转移就业工作会议。就业部门负责人介绍到寻甸县登记备案的培训机构的基本情况，现场发放《寻甸县就业培训机构确定评选意见表》，以现场公布结果的方式，按照得票率从高到低初步确定培训机构参与县就业培训工作，并在寻甸县政务网上进行公示。

四是送培训上门，方便群众。

五是强化跟踪，多重监管。在培训开展过程中，依托昆明市劳动就业管理信息系统，县就业部门跟踪督查、各乡镇（街道）社保中心人员日常巡查、各村委会（社区）人员全程监管，严格把关，提高培训质量及群众满意度。

四　对口帮扶，务工增收渠道更加宽敞

一是主动对接，互动推进。2017 年 6 月，中共昆明市委办公厅、昆明市人民政府办公厅印发了《昆明市主城区精准帮扶贫困地区农村劳动力转移就业的实施意见（2017—2019 年）》。寻甸县主动对接对口帮扶单位，对口帮扶单位也主动行动，在人力、物力、财力等多方面大力支持寻甸务工增收工作。比如云南滇中新区、西山区、滇池度假区曾多次到寻甸县对接农村劳动力转移合作事宜，共商脱贫攻坚大计。

二是主动作为，真情帮扶。稳定就业岗位，是实现有效转移的重要条件。昆明市主城兄弟县区不仅调查收集用工信息，还在拓展就业岗位渠道上下大力气，由相关责任部

门和街道办事处提供的有效就业岗位数，接收转移就业人数，形成转移就业工作合力，为持续接收寻甸县农村贫困劳动力到昆明市就业筑牢基础，为寻甸县持续输出"留足后劲"。

五 政府主导，务工增收供求更加优质

一是全面摸底，精准排查。寻甸县对劳动力就业情况进行了全面摸底调查，按照统一制作的《报名表》和《求职登记表》，各乡镇（街道）负责人、各村（居）委会（社区）工作人员详细登记、分类整合有意向外出务工人员特别是建档立卡贫困人员的年龄状况、文化程度、就业岗位类别、期望薪酬等信息。累计排查劳动力 234033 人，剩余劳动力 19180 人，为培训转移工作提供人员保障。

二是强化考察，掌握需求。为让有意向外出务工人员获得优质岗位，寻甸县务工增收分指挥部和劳动就业部门通过实地走访、考察用工企业，深入了解企业工作环境、食宿条件、薪酬福利、岗位需求，为转移输出奠定坚实基础。

三是分类统计，按需供岗。在精准摸底排查的基础上，精准统计就业信息，确保提供就业岗位"适销对路"。根据农村劳动力年龄、性别、文化程度、技术专长、就业意向、培训意愿、薪金要求等具体情况，收集提供符合条件的就业岗位。累计提供岗位20000 余个，为贫困人员提供了更多的就业选择空间。

四是有序组织，批量输出。采取"政府牵线搭桥、企业面对面招工"的方式，由乡镇（街道）、村（居）委会（社区）、村组人员组织开展供需见面会，求职者与企业面对面洽谈，无缝对接。同时，对有外出就业意愿的农村劳动力全程护送，统一乘车批量转移到用工企业。

六 统筹兼顾，务工增收覆盖更加全面

对于因身体素质差、文化水平低、家庭需要照顾等特殊情况无法外出务工的人员，寻甸县积极谋划，为这类人群寻找本地就业出路。

一是纳入生态保护员。寻甸县利用生态补偿和生态保护工程资金使当地有劳动能力的部分贫困人口转为护林员、水源保护区保洁员等生态保护人员，探索生态脱贫新路子。寻甸县现共有 702 名建档立卡贫困户护林员，每年护林员管护劳务补助 668.1232 万元，可解决贫困家庭人口的生活资金来源和提高生活水平，并可带动 702 个家庭 2737人脱贫；清水海水源保护区共使用保洁人员 112 人，其中建档立卡贫困户 40 人，在工资待遇方面，组长为 1500 元/月，一般保洁员为 800 元/月。

二是纳入乡村保洁员。寻甸县将农村"七改三清"长效机制建设与脱贫攻坚工作相结合，推行乡村保洁员优先聘请建档立卡贫困户办法，所有贫困村的保洁员全部从建档

立卡贫困户中产生。保洁员工资按该村人口数配给保洁费包干使用，由乡镇政府和村委会按照实际需要合理调配。同时，县委农办按每名保洁人员每月 300 元进行补助。

三是就近就地务工。寻甸县将产业发展与务工增收相融合，在生猪、牛羊、禽蛋、水产、蔬菜、花卉、蚕桑、瓜果、中药材等多门类 187 个产业发展项目中，共吸纳 1489 名建档立卡贫困人员就业，达到本近就业、相互促进、贫困户稳定增收、产业可持续发展的良好成效。

与此同时，寻甸县还加强动态跟踪管理服务，县、乡、村逐步建立健全务工人员个人基本信息及就业情况，县成立劳务输出驻昆工作站，通过面对面谈心、走访用工单位等方式主动了解务工人员在生活和工作中遇到的困难和问题，详细记录、协调或汇报帮助解决，争做务工人员的"知心人"，进一步提高务工人员的留岗率，切实增强务工人员的获得感和幸福感。

第五节　务工增收脱贫模式的建议

一　关注务工对农村土地利用的影响

务工增收脱贫模式是一种农村劳动力的输出，将原本从事农业劳动的劳动力变为了工人，这就使得农业劳动力减少，严重时会出现土地抛荒现象，如果不加以整治，会产生粮食安全隐患。目前，中国农村劳动力迁移和土地流转并未完全同步进行，二者呈现了动态不一致性[2]，在对寻甸县的调查中土地利用率降低也得到了证实。

由表 14 - 2 可见，课题组对功山镇 100 户农户的调查发现，依靠外出务工的 50 户农户在务工前实际种植业面积合计为 22.133 公顷，务工后实际种植业面积减为 18.667 公顷，净减少了 3.466 公顷；从种植业产值上看，由原来的 15542.40 元/公顷下降为 13226.55 元/公顷。这表明，务工不仅使得种植面积减少，也使得土地利用率下降，这是不可回避的问题。而横向比较，没有务工人员的农户种植业产值为 28380.14 元/公顷，是有外出务工人员农户单位产量的两倍多。

表 14 - 2　2018 年寻甸县抽样调查农户种植业情况

调查农户类别	家庭人口数合计（人）	实际种植总面积（公顷）	种植业总收入（元）	务工前种植业总面积（公顷）	务工前种植业总收入（元）
50 户有务工人员农户	186	18.667	246900	22.133	344000
50 户没有务工人员农户	197	29.200	828700	—	—

以上现象产生的原因主要有以下四点。

一是外出务工的多为年轻劳动力，其身体条件好，而留在家中继续务农的多为老人或妇女，其生产能力低，所以导致土地生产力降低。同时，由于务工收入可观，对务农动力不足造成一定程度土地抛荒。从事农业的劳动力虽然流失，但外出务工人员的收入流回农村，间接补偿了农业生产减少造成的损失，而农业基础设施没有得到改善，从事农业劳动与务工获得的收入差距较大，因此农户情愿放弃部分土地，也不愿以低廉的土地流转收入将土地转出，从而农业用地整体未被充分利用。因此，以上现象与务工后当地农业生产基础设施没有得到改善有关。

二是从农户心理来说，宁可让土地荒废一些，减少农作物生产，也要保留自己对土地的承包权，不交给集体，这实际是应对务工失业风险的保障措施。由此也可以从侧面说明农民对务工的长期稳定收入看低，这与农民工对不能完全融入城市的忧虑有关。

三是由于农业生产所获得的收益远低于非农业生产，当农户转变为非农户时，非农收入在家庭中占比很大，对家庭收入起决定性作用，因此，一些农户会放弃农业生产的投入，将更多精力用于非农业生产，或将土地转让给仍然以农业生产为主的农户。

四是没有外出务工的农户在精准扶贫过程中将务农作为增收重点，对务农有较高的动力，传统的一般农作物种植附加值低，因此在政府的帮扶下开展了各式各样的特色作物种植，如烤烟、中药材、核桃、板栗等，大幅度提高了土地生产力，所以才有了上述调查结果。

以上现象是不可避免的，但也是亟须解决的问题。建议有关部门从国家粮食安全和耕地保护的大局出发，制定出可运行的政策措施，针对务工对耕地利用的影响，进行土地高效开发，提高土地生产力。从以上调研数据可以看出，提高土地生产力是完全可以做到的，关键是用什么样的机制克服各方面阻力，使得外出务工农户的土地也能得到合理的开发利用。因此，需要建立农地退出补偿机制，建立和完善退出农地的分配办法[3]。如果将外出务工与农村土地的关系处理得当，促进土地流转和规模经济，可以显著提高村庄农业总产出[4]。

以土地流转使农业生产规模化，促进土地节约集约利用是解决这一问题的有效办法。一是应当发挥政府的主导作用，在规划、统筹、解放思想上开展有效工作，促使土地被充分利用；二是加快农村基础设施建设，加大农业科技投入，提高土地生产力；三是完善城乡户籍制度和社会保障制度，使农民的合法权益和利益得到有效保障，无后顾之忧；四是建设金融保障体系，使人力、物力、财力能回流农村，发挥支撑作用；五是注重农业产业发展，提高龙头企业的带动作用，不断扩大主导产业规模，强化项目建设，拉动土地流转，从而助推土地节约集约利用[5][6][7]。

二　关注农民工市民化

上述土地问题为务工者离开家乡后的问题，而市民化则是务工者融入城镇的问题。2019 年 4 月 8 日，国家发展改革委员会印发《2019 年新型城镇化建设重点任务》（发改规划〔2019〕0617 号）的通知指出，将继续加大户籍制度改革力度，在此前城区常住人口 100 万人以下的中小城市和小城镇已陆续取消落户限制的基础上，城区常住人口 100 万～300 万人的 II 型大城市要全面取消落户限制；城区常住人口 300 万～500 万人的 I 型大城市要全面放开放宽落户条件，并全面取消重点群体落户限制。这是对农民工市民化的重要举措，对农户融入城市的户籍问题做出了明确指示。农村移民早就在城镇工作生活多年，失业率很低。他们自食其力，是城镇的建设者和纳税人，已经成为城市生活中不可或缺的一部分。但当前城市的配套设施仍然不完善，户籍制度与其体制机制仍然十分落后，导致农民工市民化受阻，这有失公平。

住房问题也是农民工市民化的一大障碍，城市要为退出农地者创造条件，在房屋供给、购房优惠等方面为务工者创造可安居的条件[6]。在障碍的成因研究中，王人扬认为，宁波市外来务工人员住房保障的重点就是要关注三方面要素，即经济要素、城市政策与管理要素、社会心理要素，其中经济要素是影响外来务工人员住房保障体系建设的根本[8]。由此看来，政府在保障住房价格方面要对农民工有适当倾斜。

除了户籍和住房问题以外，不仅要从政策、法律法规上保障农民进城务工的权益，还要注重各项规定的执行监督。要从公共部门、各类企业、非营利组织等多方位的举措来提高进城务工农民的境遇。因此，在务工增收脱贫过后，还应当重点考虑农民工的融入问题，这不仅是稳固脱贫成果，更是对我国经济长期可持续发展、社会保持长期和谐稳定的战略考量。

参考文献

［1］程名望．中国农村劳动力转移：机理、动因与障碍［D］．上海交通大学，2007.

［2］高铁梅．计量经济分析方法与建模［M］．北京：清华大学出版社，2009：147－188.

［3］吕天强．建立农村土地退出机制促使务工农民市民化［J］．南阳师范学院学报（社会科学版），2004，（10）：48－50.

［4］汤璨．外出务工对农业产出的影响研究——汇款与土地流转的作用［J］．中国物价，2018，（8）：70－72.

［5］王政芳，黄长明．外出务工型地区农村土地流转的现状及对策——以湖北省黄梅县为

例［J］. 农技服务，2016，33（11）：176 – 177.

［6］贺书霞. 外出务工、土地流转与农业适度规模经营［J］. 江西社会科学，2014，34（2）：60 – 66.

［7］陈浩，陈中伟. 农村劳动力迁移与土地流转动态不一致分析——基于河南省进城务工农村劳动力的调查［J］. 西北人口，2013，34（5）：63 – 68.

［8］王人扬. 宁波市外来务工人员住房状况及住房保障体系研究［D］. 华中科技大学，2014.

第十五章
东川区阿旺镇精准就业扶贫模式

第一节 研究目的与意义

推进精准扶贫，消除贫困人口，是实现全面建成小康社会、实现中华民族伟大中国梦的重要保障[1]。扶贫事业属于民生工程，与贫困人群福利相关的各项措施应当被视为扶贫历史进程的一部分[2]。在习总书记明确提出精准扶贫的理念后，中央办公厅在2013年25号文《关于创新机制扎实推进农村扶贫开发工作的意见》中，将建立精准扶贫工作机制作为六项扶贫机制创新之一[3]，国务院扶贫办随后制定了《建立精准扶贫工作机制实施方案》，在全国推行精准扶贫工作。2015年，中共中央、国务院颁布《中共中央 国务院关于打赢脱贫攻坚战的决定》首次提出就业扶贫相关内容。为响应中央政策，云南省制定《农村劳动力转移就业扶贫行动计划》、《关于进一步加强就业扶贫工作的通知》（云人社通〔2018〕68号）、《云南省人力资源和社会保障厅关于打好深度贫困地区脱贫攻坚战的实施意见》（云人社办〔2017〕82号）、《云南省人力资源和社会保障厅关于在打赢脱贫攻坚战中做好人力资源社会保障扶贫工作的实施意见》、《云南省农村劳动力培训和转移就业管理办法》等10余个政策文件，不断健全人社扶贫政策体系，就业扶贫显然成为助力脱贫攻坚的重要手段[4]。转移就业扶贫主要通过为贫困人口提供就业岗位，以劳务工资收入来提高贫困人口的收入。国务院印发的《"十三五"脱贫攻坚规划》提出了转移就业扶贫的相关举措，组织贫困地区的贫困劳动力外出务工，改善了单一的贫困家庭收入结构，有效促进了贫困户收入的增长[5]。《昆明市扶贫开发规划（2016—2020年）》明确将"务工增收脱贫一批"列为昆明市精准扶贫和脱贫攻坚计划的"七个一批"之一[6]。

东川区位于金沙江中下游的滇东北高山峡谷区，"山高、坡陡、谷深、路险、弯急"是东川区地形的基本写照，其自然条件恶劣，是国家级贫困县（区）之一，其贫困面广、贫困程度深，2017年被列为深度贫困县（区）。阿旺镇是东川区下辖的一个山区乡镇，地处东川区南端，素有东川"南大门"之称。辖区面积267.8平方千米，地势西高东低，最高海拔 3240 米，最低海拔 1350 米。全镇下辖关中、长岭子、木多、石门、发罗、阿旺、双龙、安乐、鲁纳、拖落、海科、新碧嘎、大石头、小营、芋头塘、岩头等16 个村委会和向阳社区，共有 216 个村民小组，225 个自然村。2015 年前，当地由于基础设施差、农户思想观念陈旧以及土地未能流转等种种因素，农户仅能依靠种地维持生活，全镇外出务工人员少，外出务工人员收入较低，全乡建档立卡贫困户为 4532 户、贫困人口为 17865 人，2015 年贫困发生率达 35.39%。全镇有 15 个村为贫困村。阿旺镇属于干旱河谷地带，由于连年干旱少雨，农业上靠天吃饭，而且人多地少，加之山区农户文化水平偏低，整体素质不高，脱贫致富之路难上加难。近年来，阿旺镇党委、镇政府为全面贯彻落实脱贫攻坚的决策部署，坚决打赢阿旺镇脱贫攻坚战，把转移就业工作放在了阿旺镇增加农民收入的重要议程上，积极开展农民转移就业工作，大力增加农民收入，有效促进阿旺镇的经济发展，使农民转移就业工作呈现良好发展局面，较好地实现了"务工增收脱贫一批"的目标。基于多次实地调研、入户调查和乡村干部访谈，本章总结了阿旺镇开展精准就业扶贫的主要做法，分析了该镇精准就业扶贫模式取得的主要成效和成功经验，探讨了该模式的推广应用举措，旨在为云南省乃至其他省（区、市）贫困山区精准扶贫与脱贫攻坚提供必要的参考和借鉴。

第二节　开展精准就业扶贫的主要做法

一　紧抓队伍建设，实现全局统筹

一是成立由镇党委委员、镇宣传委员任总队长，各村（社区）副主任任队长的就业先锋队，打头阵、走前列，带头组织实施基础信息统计、春风行动、就业技能提升、就近就地转移、劳务协作和服务保障"六大行动"，通过"互联网＋技能"的培训模式，2018 年累计完成引导性培训 4913 人次，技能培训 1600 人次，有效提高了务工人员的就业能力，转移就业让"输血"变为"造血"。

二是组建就业扶贫工作队，实现对内摸底数。组建全省第一支村级就业扶贫工作队伍，实现每个行政村均有一名就业扶贫队员，专门负责农民转移就业工作及社会保障政策的逐户宣传落实，参照城镇公益性岗位给予相关待遇，定期培训提升服务能力，提升劳务输出组织化水平。

三是组建农村劳务经纪人队伍，实现对外拓市场。借全省第一期农村劳务经纪人在东川开班的"东风"，依托各类人力资源服务机构、阿旺商会、农技协会代表、用工企业代表、外出务工能人等资源，组建 18 人的劳务经纪人队伍，发挥劳务经纪人在用工信息收集、拓展就业渠道、带动贫困劳动力外出务工等方面的作用。

四是建设党建活动阵地，实现服务有平台。成立阿旺镇外出务工人员流动党支部，派出镇人大主席到东川驻昆明外出务工人员联络站任站长，并兼任流动党支部书记，选派一名人员作为外出务工人员服务联络员，强化在昆明务工人员与当地党委、政府和企业的联系，每年中秋节和春节前后组织召开外出务工人员座谈会，为外出务工人员做好就业服务保障工作。

二　抓识别，重精准，因户施策

以全区城乡劳动力基础信息统计行动为契机，整合村组干部、用人企业、党建阵地等多方资源，精准识别，摸清全镇农村劳动力的基本情况。

一是入户调查，摸清底数。开展入户调查，做到"五清"，即劳动力基本情况清、培训就业意愿清、转移就业意愿清、转移就业收入清、具体帮扶措施清，实现劳动力人口底数清、情况明。

二是一户一档，动态管理。通过进村入户，逐户调查填写劳动力基本信息调查表，建立了覆盖 17 个村（社区）的农村劳动力转移就业台账，将贫困户的年龄结构、身体状况、文化程度和掌握职业技能等情况记入台账，实施动态管理，做到月核实、季更新，实现务工时间、地点、收入、企业和技能"五精准"。

三是因户施策，精准就业。精准对接贫困劳动力技能提升意愿、转移就业意愿，制定有针对性的就业帮扶措施，鼓励青壮年劳动力自主创业和外出务工；引导 40～50 岁大龄劳动力在区内就近就地务工；对无技能的劳动力，通过开展技能培训后输出就业；对有一定伤残、疾病和其他特殊情况难以外出的就业困难人员，通过开发农村公益性服务岗位进行托底安置，实现足不出村、"家门口"就业，真正达到"一户一策"精准帮扶。

三　强化宣传与信息共享，多种措施并举

抓实就业宣传服务活动，定期组织送岗入户，确保就业扶贫政策、岗位信息入脑入心、家喻户晓。狠抓农村劳动力转移就业"百日行动""春风行动"，通过春节期间统一购买车票、送岗进村入户等方式，开展多渠道、多形式就业服务工作。

一是强化区、镇、村三级联动。建立 18 个就业微信工作群，通过"阿旺彝乡"微信平台，村组广播，张贴海报，镇、村、组会议等多种形式宣传落实就业政策，提高群众对扶贫政策的知晓率，畅通与老百姓的沟通交流渠道，全方位提高贫困群众外出务工积极性。

二是就业岗位进村。提供农村贫困劳动力不少于 3 次的就业岗位信息服务，对低保

户中的"懒汉",经三次合理推荐仍不外出就业的,启动相关程序取消其低保享受资格。全年共组织各类现场招聘会 24 场,开展 18 场镇、村两级返乡人员春节座谈会,宣传昆明北控城市服务投资有限公司保洁、官渡区学校保安、昆明仟真和餐饮有限公司厨工等区内外 2 万余个就业岗位,春节期间转移 1109 名务工人员到昆明主城区。

三是政策宣传上门。大力宣传东川区"1 + 6 + 6"就业扶贫配套政策,对务工满 6 个月以上且有收入证明的,给予每人省外 700 元、省内区外 300 元的一次性补贴,第一批已发放 93.71 万元,其中,省外 15.47 万元,省内区外 78.24 万元;对出区外稳定就业满 6 个月以上的,给予家中空巢老人和留守儿童每户不超过 1200 元的一次性生产生活补贴。

第三节　开展就业扶贫工作的主要成效

一　农户就业与增收情况

作为传统的"打工之乡",阿旺镇紧扣昆明市委"两进两出两对接一提升"的工作思路和区委、区政府"短期抓就业、中期抓产业、长期抓教育""实现有劳动能力的农村劳动力户均就业一人"的目标要求,积极谋划、主动作为,扎实落实好东川区就业扶贫"六大行动",闯出了"就业一人、脱贫一户"的务工增收"新路子"。

截至 2018 年 12 月,阿旺镇已转移就业 19049 人,其中卡内 8828 人,卡外 10221 人;就业人数中省外 1315 人,省内区外 11714 人,区内 3204 人,本镇灵活就业 2816 人。实现有劳动能力的建档立卡家庭户均转移就业一人,实现了建档立卡零就业家庭动态"清零"工作目标,全镇贫困劳动力转移就业率达 87%;就业收入占农村人均可支配收入的 65%,达到"就业一人、脱贫一户"的工作要求。在就业增收的推动下,阿旺镇累计减贫 4423 户 17683 人,全部 15 个贫困村出列,未脱贫人口 109 户 182 人(其中,2018 年实现 158 户 395 人脱贫,4 个贫困村出列),贫困发生率从 55.61% 降至 0.57%,转业就业成为阿旺镇贫困村出列、镇摘帽的有效抓手。

二　公益性岗位助推农户脱贫效果

公益性岗位是指由政府设置的非营利性公共管理和社会公益性服务岗位,旨在实现公共利益和以安置未脱贫户、"三无"(无法外出、无业可创、无力脱贫)家庭人员、有返贫因素的已脱贫户和因重大变故而可能致贫的非贫困户为主要目的的脱贫摘帽工作。公益岗位扶贫本质上带有生产扶贫的性质,以扶贫对象的劳动和努力付出为前提[7]。因此,公益岗位扶贫可以避免因对有劳动能力的扶贫对象直接提供社会保障等转移支付（低保）而形成的受益人对扶贫政策的依赖心理。相反，公益岗位扶贫受益人参加具有公益效果的劳动或服务，通过劳动脱贫，可以感觉到自身对社会的作用与贡献，能够逐步增强深度贫困地区人口依靠自身努力脱贫致富的信心，激发内生动力[8]。据统计，2018 年阿旺镇总共设置 533 个公益性岗位，主要工种为村内保洁员。由表 15 - 1 可见，木多村设置公益性岗位最多，为 63 个，公益性岗位占比为 11.82%；关中村公益性岗位设置最少，为 10 个，公益性岗位占比为 1.88%。经调查，每个公益性岗位按照每月工资 800 元发放，主要针对村内就业难、无法外出务工但有劳动力的贫困户，优先安置特困家庭、零就业家庭。在贫困村开发公益性岗位，既解决了贫困户就业问题，帮助他们提高收入，使他们早日实现脱贫，又美化了乡村环境，实现了脱贫攻坚和美丽乡村建设的有效融合。

表 15 - 1　阿旺镇各村公益性岗位统计

单位：个，%

行政村	公益性岗位个数	公益性岗位占比	备注
阿旺村	27	5.07	贫困村
安乐村	40	7.50	贫困村
大石头村	29	5.44	贫困村
发罗村	15	2.81	贫困村
关中村	10	1.88	贫困村
海科村	30	5.63	贫困村
鲁纳村	26	4.88	贫困村
木多村	63	11.82	贫困村
石门村	53	9.94	贫困村
双龙村	27	5.07	贫困村
拖落村	30	5.63	贫困村
向阳社区	30	5.63	非贫困村
小营村	47	8.82	贫困村
新碧嘎村	13	2.44	贫困村
岩头村	28	5.25	贫困村
芋头塘村	36	6.75	贫困村
长岭子村	29	5.44	非贫困村
总计	533	100	

三　典型脱贫户务工收入助推扶贫效果

通过对该镇阿旺村委会 50 户典型脱贫户 2018 年务工收入状况进行调查（见表 15 -

2），结果表明，2018 年 50 户脱贫户家庭总纯收入平均值为 40610.36 元，人均纯收入 10360.87 元，远超过 2018 年云南省贫困线标准（3500 元）。根据所调查的 50 户农户数据，在阿旺镇就业人数和成效方面，每个家庭务工就业人员至少为 1 人，2018 年务工就业平均纯收入为 34220 元/户，占 2018 年户均家庭纯收入总数的 84.26%。从平均水平来看，即使不计其他方面的收入，只计务工就业纯收入，50 户脱贫户（共 201 人）的人均纯收入亦达 8512 元，明显超过 2018 年云南省贫困线标准。可见，2018 年就业务工扶贫成效显著。实施就业务工扶贫工作的各项措施，使阿旺镇辖区内的外出务工人员都能享受到国家就业政策，提高了他们外出务工的积极性，促进了农户增收，特别是建档立卡贫困人员的收入，成功助力脱贫攻坚。

表 15 - 2　2018 年阿旺镇阿旺村委会典型脱贫户务工收入状况调查

农户编号	家庭人口数（人）	家庭纯收入合计（元）	家庭人均纯收入（元）	就业务工人数（人）	就业务工纯收入（元）	务工纯收入占家庭总纯收入的比例（%）
01	3	20000	6666.7	1	18000	90.00
02	4	20000	5000	3	15000	75.00
03	6	52000	8666.7	2	50000	96.15
04	2	20000	10000	1	17000	85.00
05	4	30000	7500	2	26000	86.67
06	4	20968	5242	2	17000	81.08
07	3	14400	4800	1	12000	83.33
08	6	30000	5000	4	21000	70.00
09	4	50000	12500	2	38000	76.00
10	5	21800	4360	2	20000	91.74
11	1	5000	5000	1	3000	60.00
12	4	20000	5000	2	18000	90.00
13	5	23920	4784	1	14000	58.53
14	7	111000	15857.1	3	108000	97.30
15	3	54000	18000	2	47000	87.04
16	5	108000	21600	5	90000	83.33
17	4	72000	18000	3	56000	77.78
18	4	48000	12000	3	32000	66.67
19	4	50400	12600	4	40400	80.16
20	2	16800	8400	2	16000	95.24
21	6	29340	4890	2	18000	61.35
22	4	42675	10668.8	2	30000	70.30

续表

农户编号	家庭人口数（人）	家庭纯收入合计（元）	家庭人均纯收入（元）	就业务工人数（人）	就业务工纯收入（元）	务工纯收入占家庭总纯收入的比例（％）
23	3	40035	13345	1	28000	69.94
24	4	42000	10500	2	36000	85.71
25	2	18000	9000	1	12000	66.67
26	8	36200	4525	1	20000	55.25
27	2	36800	18400	1	32000	86.96
28	4	61600	15400	2	58000	94.16
29	6	59900	9983.3	1	50000	83.47
30	4	71600	17900	3	62000	86.59
31	4	31400	7850	1	30000	95.54
32	5	51400	10280	3	48000	93.39
33	3	24600	8200	1	20000	81.30
34	3	38200	12733.3	2	36000	94.24
35	6	40600	6766.7	1	36000	88.67
36	4	74800	18700	2	72000	96.26
37	5	40200	8040	2	36000	89.55
38	4	21000	5250	1	12000	57.14
39	4	41000	10250	2	36000	87.80
40	4	39000	9750	2	36000	92.31
41	2	38700	19350	1	36000	93.02
42	4	75000	18750	3	72000	96.00
43	4	72000	18000	3	61000	84.72
44	5	63200	12640	3	60000	94.94
45	4	31460	7865	3	30000	95.36
46	4	22000	5500	1	12000	54.55
47	5	29600	5920	1	9600	32.43
48	4	33400	8350	2	30000	89.82
49	2	18020	9010	1	16000	88.79
50	2	18500	9250	2	18000	97.30
平均	4	40610.36	10360.87	1.98	34220	84.26

对全乡 4532 户（17865 人）建档立卡户逐户考核和验收结果，到 2018 年 12 月底，阿旺镇剩余贫困人口为 182 人，贫困发生率降至 0.57%，较 2015 年的 35.39% 降低了 34.82 个百分点，15 个贫困村均达到了云南省规定的贫困村退出标准（见表 15 - 3）。

表 15 – 3　阿旺镇 2018 年末与 2015 年贫困发生率的对比

| 行政村 | 2014 年末农业户籍人口数（人） | 历年累计建档立卡人口 | | 2015 年贫困发生率（%） | 2018 年末未脱贫人口 | | 备注 |
		户数（户）	人数（人）		贫困人口人数（人）	贫困发生率（%）	
岩头村	2967	261	1019	19.11	5	0.17	贫困村
关中村	504	83	247	35.12	0	0.00	贫困村
大石头村	1812	188	769	34.82	15	0.83	贫困村
发罗村	1265	193	782	35.57	9	0.71	贫困村
小营村	1961	341	1276	64.30	29	1.48	贫困村
海科村	2511	336	1331	36.48	22	0.88	贫困村
石门村	1889	319	1351	46.06	4	0.21	贫困村
双龙村	832	220	832	50.72	6	0.72	贫困村
向阳社区	548	148	548	38.87	4	0.73	非贫困村
芋头塘村	3336	422	1675	38.49	18	0.54	贫困村
安乐村	2802	277	1100	21.81	0	0.00	贫困村
鲁纳村	1587	253	1076	48.77	16	1.01	贫困村
拖落村	3210	377	1508	16.11	5	0.16	贫困村
新碧嘎村	1929	238	932	25.30	8	0.41	贫困村
阿旺村	1013	282	1013	50.94	18	1.78	贫困村
长岭子村	1477	171	715	26.40	5	0.34	非贫困村
木多村	2450	423	1691	51.84	18	0.73	贫困村
总计	32093	4532	17865	35.39	182	0.57	

第四节　精准就业扶贫模式的成功经验及特色

2018 年 1 月以来，阿旺镇组织村三委、各村扶贫队员召开了 5 次 2018 年度劳务输出工作专题会议。在会议上，阿旺镇主要领导和分管领导强调了劳务输出工作的重要性，做出了工作安排部署，并提出工作要求，层层压实责任，使干部高度重视就业扶贫工作，进一步提高了抓转移就业的自觉性和责任感。

一　通过强化组织领导，提高认识

强有力的思想政治工作是做好一切工作的重要保障和政治优势。阿旺镇在劳动力资源转移工作中加强劳务输出工作人员和就业扶贫队员的思想政治工作，充分认识到加快劳动力资源开发的重要性和必要性，认真学习中央及省、区、市关于劳动力资源开发的文件精神。2018 年，劳务输出办每周进行一次碰头会，每月召集各村就业扶贫队员进行座谈，强调劳务输出工作的重要性，做出了工作安排部署，并提出工作要求，层层压实责任，落实东川区下达的 2018 年农村劳动力就业任务，组织召开两次农村劳动力零就业家庭清零工作会，对全年转移培训、转移就业目标任务进行分解下达，与村（社区）、就业扶贫队员签订目标责任书。通过做好基础工作，以省、区、市开展的农村劳动力转移就业"百日行动"为契机，细化方案，扎实推进，实现层层落实、层层负责、层层关注的新局面，把阿旺镇的劳务输出工作提升到一个新的水平，并使各相关工作人员高度重视就业扶贫工作，进一步提高了抓转移就业的自觉性和责任感。

二　重精准，抓识别，建立贫困家庭人员信息库

阿旺镇实行建档到户政策，建立当地贫困家庭和人员信息库，实地调查走访，动态掌握贫困群众致贫原因、就业需求，根据贫困家庭的不同情况推荐就业。有的人员具有某一方面的职业知识，就可以先推荐他（她）参加相关的技能培训，然后再推荐到相应的就业岗位；建立就业培训系统，实时更新培训内容进度以及参与人员的就业情况，做到就业扶贫透明化，让贫困群众更加深刻地感受到就业扶贫给他们带来的改变，做好后期跟踪回访，保证就业人员真正参与社会工作；创新农村就业渠道，为贫困劳动力创造更多参与经济活动的机会，比如建立农业产业链，发展农村养殖业、种植业，支持农民返乡创业，建立扶贫车间，充分利用农村闲置土地组建加工车间，创立就业扶贫基地，组织贫困群众合作经营等。

三　通过技能培训，提升农户综合素质

通过短期技能培训与长期智力扶贫相结合，提升贫困劳动力的就业能力。提升贫困劳动力就业能力的根本在于劳动技能水平的提高。在短期技能培训上，精确瞄准贫困劳动力的培训需求与就业意愿、深入掌握企业和市场用工需求，确定技能培训内容，由用人单位、职业技术院校、社会培训机构等组织开展技能培训，并实行贫困劳动力就业跟踪调查，把就业收入、就业质量和就业稳定性作为核心考核指标，提高短期技能培训实效；发挥村干部、农村党员的力量，宣讲就业扶贫、技能培训政策，提高贫困劳动力对技能培训的认知度。到目前为止，已完成了 2652 人的引导性培训，培训科目为核桃树提质增效和农民工进城务工常识，转移就业 1772 人，新增转移就业人员 11 人。就业地点集中在东川区内、昆明主城区及周边地区，技能培训共开设 29 个班，培训 1450 人次。涉及科目为育婴、中式面点/烹饪、种养殖技术等，对广大的农村剩余劳动力的学历、年龄要求不高，可帮助更多的贫困群众实现就业，助力了阿旺镇的脱贫攻坚工作。

在长期智力扶贫上，通过加大农村基础教育投入，改善农村办学条件，加强农村师资队伍建设，给予贫困家庭子女以交通补贴和生活费补贴。充分发挥技工学校、职业技术学校培训的主渠道作用，健全政府购买培训成果机制，通过"定向、委托、联合"等多种形式，让更多的农民工有一技之长，提高就业创业的能力。

四 "异地转移"与"就地转移"相结合战略，拓宽劳动力跨区流动渠道

阿旺镇通过"春风行动""送岗下乡""民营企业招聘周"等专项活动，送政策、送岗位、送服务到村镇，为农村劳动力提供充足的就业岗位。充分利用原有昆明主城区和湖北、广东等地劳务输出基础，积极开拓新的输出基地，加快本地劳动力向大、中城市和经济发达地区的输送速度。加强与外地劳动力，市场的信息沟通，为外出务工提供及时、准确的信息。做好输出人员的跟踪服务工作，通过加强劳务对接，建立劳务合作关系，设立驻外劳务工作服务站，协调解决外出务工人员在工作及生活中面临的困难和问题，提高转移就业稳定率。切实维护用工单位和劳务输出人员双方的权益，提高劳务输出效率。对于就业困难的贫困劳动力，通过争取政府针对该类人群开发的农村公益岗位就近、就地转移一部分群众，在一定程度上提高他们的收入、改善他们的生活。截至11月1日，阿旺镇共完成农村劳动力转移就业7627人。其中，完成昆明主城区精准帮扶转移就业劳动力760人（五华区212人、高新区19人、官渡区306人、盘龙区223人）；向省外转移就业1010人左右（其中北京周边转移就业5人，向上海转移就业57人）；向区内镇内转移就业5667人。转移就业取得显著成效。

第五节 精准就业扶贫模式的推广应用举措

阿旺镇结合作为"打工之乡"的情况，通过实施就业扶贫的各项政策，走出了一条独具特色的就业扶贫道路，这对于大多数自然资源少、环境恶劣、劳动力充足的贫困地区具有可借鉴之处。

一 夯实基础、创新举措

一是要精准统计，确保农村劳动力基础数据的准确性、真实性、科学性。各地要将各级各部门（包括企业等用工单位）开展的对农村劳动力的各类培训，不论时间长短、取证与否，是否享受培训补助等，都纳入统筹范围和统计范围。是否属于转移就业主要看收入来源和方式，只要是以务工收入或经营性收入为主的农村劳动者，不管在哪里就业，在哪种产业、行业就业，不论固定与不固定就业，均应视为转移就业的人员。

二是要加强平台管理，建立农村劳动力转移就业信息平台，根据农村劳动力就业和失业情况，时时动态管理信息平台。

三是要创新工作措施，贫困地区要加强研究、努力作为，结合本地实际探索开展工作的新办法、新措施。

二　强化职责、狠抓落实

各职能部门要善于在转移就业工作中发现问题，分析问题产生的原因，提出有针对性的措施，着力解决工作中存在的困难和问题。要克服畏难、浮躁心理，学会沉下心工作。要做好上下对接，避免工作脱节，确保上级要求落到实处。要把农民转移就业、转移培训的各项任务指标、资金到位情况列入市政府年度重点督查督办项目，纳入市政府对各县（市）区政府的年度考核。

三　就业扶贫与产业相结合，建立健全长效机制

针对贫困村而言，"授人以鱼，不如授人以渔"。应把扶贫济困着眼点和注意力更多地放在授人以渔上，建立健全长效机制，通过依托企业和产业优势，积极推动产业扶贫，拓宽就地就近就业的空间。在产业扶贫上，要立足当地特色优势发展产业，立足当地资源优势和产业基础，整合优势资源，结合"一镇一业""一村一品"，选好选准扶贫产业，采用适合自身的产业扶贫模式，引导鼓励贫困户结合市场需求、季节，致力于发展长短结合的种养殖特色产业。通过利用产业带动就业的优势，把村内年纪较大、无法外出务工但有务工意愿的农户集中起来，通过简单的技能培训，提高农户自身能力和素质，让农户在企业内务工。一方面，促进了农村适龄劳动力的转移就业，另一方面，使农村年纪大、劳力弱的农户有就近就业的机会。

参考文献

[1] 李毅．精准扶贫研究综述［J］.昆明理工大学学报（社会科学版），2016，16（4）：68－77.

[2] 黄承伟．中国扶贫开发道路研究：评述与展望［J］.中国农业大学学报（社会科学版），2016，33（5）：5－17.

[3] 汪三贵，郭子豪．论中国的精准扶贫［J］.贵州社会科学，2015，（5）：147－150.

[4] 张丽宾．我国就业扶贫政策及实施情况［J］.山东人力资源和社会保障，2019，（4）：10－14.

［5］国务院．"十三五"脱贫攻坚规划［M］．北京：人民出版社，2016：1 – 79.

［6］昆明市人民政府．昆明市扶贫开发规划（2016—2020 年）［EB/OL］．http：//fpb. km. gov. cn/c/2017 – 12 – 26 /2334221. shtml.

［7］张宁．推行公益岗位扶贫　激活脱贫内生动力［J］．江西农业，2019，（8）：141.

［8］刘俊良．避免福利依赖激发内生动力［N］．中国劳动保障报，2018 – 11 – 21（3）.

第十六章
东川区生态补偿助力易地扶贫搬迁模式

第一节　研究目的与意义

当前，我国正处于全面建成小康社会的关键时期，也是扶贫攻坚的决胜时期[1]。精准脱贫中国方案提出，到 2020 年农村贫困人口要全部实现脱贫、贫困县全部摘帽、解决区域性整体贫困[2]。生态扶贫是我国精准扶贫方略"五个一批"之一。2018 年 8 月印发的《中共中央　国务院关于打赢脱贫攻坚战三年行动的指导意见》要求创新生态扶贫机制，加大贫困地区生态保护修复力度，实现生态改善和脱贫的双赢[3]。近年来，云南省在森林、湿地、生物多样性保护和水资源保护等领域探索实施了生态保护补偿机制，取得了阶段性进展。但从总体上看，全省生态保护补偿的范围仍然偏窄，补偿资金来源渠道和补偿方式仍然单一，补偿配套制度和技术服务支撑仍然不足，保护者和受益者良性互动的体制机制不完善，经济发展与环境保护矛盾日益凸显[4]。中共十九大报告中不仅指出要坚决打赢脱贫攻坚战，确保到 2020 年我国现行标准下农村贫困人口实现脱贫，还重点论述了生态文明建设[5]。生态补偿扶贫实现了生态保护补偿与精准扶贫两大政策机制的有效结合，虽然我国在政策层面开展的生态扶贫取得了一定的实践绩效，但是生态保护与精准扶贫之间的结合及相应的政策举措尚未完全整合，生态补偿扶贫的模式也并不健全，相应的生态补偿扶贫运行机制没有得到完全建立。在我国，贫困地区在空间布局上与生态脆弱地区、限制或禁止开发区、国家重点生态功能区都具有高度的重叠性，"双重县"既属于国家重点生态功能区，又是国家扶贫工作重点县。全国贫困人口的空间分布呈现集中连片的空间格局，80% 的扶贫县和 95% 的贫困人口分布在生态环境脆弱、敏感和需要重点保护的地区[6]。因此，易地扶贫搬迁结合生态补偿模式是生态环境改善与贫困人口脱贫致富的"双赢"方式。

易地搬迁在中国反贫困过程中发挥了重要作用，仅在"十二五"期间，在中央财政和地方财政支持下，就有 1171 万人通过易地搬迁改善了生活条件。在"十三五"期间，近 1000 万农村贫困人口通过易地搬迁实现脱贫。易地搬迁对于实现精准扶贫的目标意义重大，充分体现了中国在反贫困中的制度优势。易地搬迁是一个复杂的系统工程，需要大量的资金投入，在"十三五"期间，每个迁移人口投入 6 万元以上[3]。与其他地区相比，生态环境薄弱区的贫困现象更为严重。东川区既是我国著名的生态环境脆弱区和泥石流灾害区，又是全国深度贫困县（区）之一，经济发展落后，贫困严重化和生态脆弱化产生一种不良的互动效应，加之生态环境的恶化引发的一系列自然灾害，导致区域群众更加贫困，生态补偿模式助推精准扶贫已经成为生态脆弱区扶贫的重要方式之一[7]。在易地扶贫搬迁过程中，如何给予贫困户有效的帮扶从而确保其可持续发展，已成为易地扶贫搬迁工作的重点。实施易地扶贫搬迁工程主要是由于贫困群众原有的居住地自然环境非常脆弱、恶劣，或是遭受了自然灾害的威胁，已不适合居住，"一方水土养不活一方人"，正是这样一种恶劣的自然条件基础，促成了易地扶贫搬迁和生态补偿有机融合的扶贫模式。

2017 年以来，东川区把易地扶贫搬迁作为脱贫攻坚的重中之重，严格执行国家和省市相关政策，紧紧围绕"搬得出、稳得住、能致富"的总体目标，强力推进易地扶贫搬迁工作，取得了明显的社会、经济和生态效益。成功的易地扶贫搬迁，结合生态扶贫等多种精准扶贫举措，使东川区脱贫攻坚战取得了决定性的胜利。2018 年 12 月底全区贫困发生率降至 1.09%，129 个贫困村（含 86 个深度贫困村）均顺利退出摘帽。本章分析和凝练了该区易地扶贫搬迁结合生态扶贫模式的具体做法、主要成效、效益、成功经验以及启示与借鉴意义，为云南省乃至类似省（区、市）贫困县易地搬迁模式创新提供必要的参考和借鉴。

第二节　生态扶贫与易地搬迁融合模式的具体做法

一　生态补偿政策的实施

从 2017 年起，昆明市市级退耕还林资金整合国家级退耕还林资金，退耕还林补助达每公顷补助农户资金 30000 元。根据 2017 年度林业生态补偿资金比对数据，退耕还林政策补助是山区退耕农户收入的重要组成部分。2017 年，全区共兑付退耕还林补助资金约 1800 万元。一是落实国家退耕还林项目补助资金 408.74 万元，涉及建档立卡户补助面积 559.43 公顷，兑付补助资金 104.89 万元，实现建档立卡户 2924 户（11214 人）户均增收 359 元，人均增收 94 元；二是完成 2014 年国家新一轮退耕还林项目补助资金 150 万元，涉及建档立卡户补助面积 203.69 公顷，兑付补助资金 91.66 万元，实现建档立卡户 580 户（2298 人）户均增收 1580 元，人均增收 399 元；三是落实 2016 年国家新一轮退耕还林项目补助资金 1250 万元，涉及建档立卡户补助面积 853.33 公顷，兑付补助资金 640 万元，实现建档立卡户 2139 户（8402 人）户均增收 2992 元，人均增收 762 元。退耕还林项目补助资金均由乡镇林工站将数据报到当地财政所后，通过区财政系统惠农一卡通进行兑付。

2018 年，全区实施国家新一轮退耕还林 3753.33 公顷，加上 2017 年退耕还林 1200.00 公顷和 2018 年陡坡地治理 266.67 公顷，共计 5220.00 公顷。2018 年退耕还林补助资金共计 13507.46 万元，均通过"一卡通"兑付，其中个别贫困户的补助资金已超过 16000 元。针对东川生态环境恶化的现实，着力实施退耕还林和生态补偿政策[8]。2018 年，实施新一轮退耕还林项目 3753.33 公顷，加上之前实施的退耕还林项目补助资金，全区 2018 年补助资金共计 1.01 亿元。此外，东川区 2018 年还聘请贫困户 411 人为生态护林员，年人均增收 8040 元以上。

从 2018~2020 年计划来看，生态扶贫力度较大，共实施 7 类生态扶贫项目建设。①退耕还林项目：实施约 19149 公顷退耕还林项目建设，2018 年至 2020 年预计需投入资金 11814.85 万元，实现每年约 53386 人受益。②退耕还草项目：实施约 200 公顷退耕还草项目建设，2018 年至 2020 年预计需投入资金 300 万元，实现每年约 3722 人受益。③生态植被修复项目：实施生态植被修复 32.87 公顷，2018 年至 2020 年预计需投入资金 73.935 万元，实现每年约 239 人受益。④生态护林员补助：实施生态护林员补助 5783 人，2018 年至 2020 年预计需投入资金 1453.898 万元，实现每年约 15640 人受益。⑤森林防火生态公益岗位补助 12 人，2018 年至 2020 年预计需投入资金 15.6 万元，实现每年约 36 人受益。⑥2018 年实施核桃提质增效 700 公顷，共需资金 105 万元，预计实现 2352 人受益。⑦2018 年实施低效林改造项目 333.33 公顷，共需资金 100 万元，预计实现 1793 人受益。

二　易地扶贫搬迁项目的实施

针对东川为资源枯竭型城市、生态条件恶劣、交通基础薄弱的实际情况，把易地扶贫搬迁作为脱贫攻坚的"头等工程"和重中之重，解决"一方水土养不活一方人"的问题。全区建档立卡搬迁对象锁定为 18136 人，同步搬迁户 13094 人，共搬迁 31230 人。迁出点涉及 7 个乡镇（街道）、68 个行政村、280 个村民小组，安置点 15 个（集中安置点 13 个，分散安置 2 个）。采用 EPC 总承包模式推进对门山、起嘎两个易地扶贫搬迁安置点建设，总计用地 24.2 公顷、住宅总户数 5731 户。EPC 工程总承包覆盖建筑产品的全寿命周期，将工程全过程归到统一的管理之下，提供集设计、采购、施工一体化的全过程服务；在设计阶段综合考虑建筑难易、工艺流程、工程成本，有利于各阶段工作合理衔接，更好地降低项目成本、缩短建设周期。在 EPC 模式中，承包商是向业主负责的唯一责任方，提高了工程质量和工作效率。

（一）精准锁定搬迁对象

东川区总的易地扶贫搬迁建档立卡任务指标为 18112 人，结合东川区实际，最终锁定建档立卡搬迁对象为 18136 人，同步搬迁户 13094 人，共需搬迁 31230 人。迁出点涉及 7 个乡镇（街道）、68 个行政村、251 个村民小组，安置点 15 个（集中安置点 13 个，分散安置 2 个），项目均已完成建设，村民已搬迁入住。

（二）合理制定补助政策

建档立卡贫困人口建房购房补助政策。建档立卡贫困人口人均自筹 0.3 万元，区政府按照人均补助 2 万元的标准补助，对签订旧房拆除协议并按时拆除旧房的建档立卡人口奖励 0.6 万元，全部用于建房投入后，建档立卡人口可获得 20 平方米住房，其余建房资金由政府筹措。建档立卡贫困户建房补助和奖励资金不得超过面积控制标准的建房成本，自筹资金户均不超过 1 万元。同步搬迁户建房补助政策。同步搬迁户户均补助 1.5 万元，自筹资金人均 1.4 万元（如无法筹措可向农发行贷 20 年期贷款，利息按农发行规定办理）。

（三）加强组织领导，建立健全组织机构

2017 年 6 月成立东川区易地搬迁脱贫攻坚分指挥部，有关单位派专员 20 人集中办公。分指挥部成立三个督查组每周进行抽查督导，对易地扶贫搬迁工程推进情况、精准锁定搬迁对象、群众自筹资金收取、规范档案台账资料、产业发展规划和就业安置计划等事项进行抽查督导，存在的问题及时报分指挥部协调解决。

坚持"挪穷窝"与"换穷业"并举，将易地搬迁安置点选址在产业园区周围，积极引进劳动密集型企业吸纳搬迁户就业。搬迁后，农户以土地承包经营权和林权流转、合作、入股等方式参与迁出地土地开发经营，提高迁出地土地经营权收益。同时，围绕发展产业脱贫、就业脱贫、教育脱贫、生态补偿、医疗救助等方式制订脱贫方案。针对居住在贫困山区的群众，在广泛深入调研、充分听取意见的基础上，一次性决策实施易地扶贫搬迁对象 8754 户 32227 人（建档立卡搬迁对象 5047 户 18388 人，同步搬迁对象 3707 户 13839 人），占昆明市搬迁任务的 77.6%，城镇化安置率达 95.67%。项目于 2017 年 10 月启动，2016 年、2017 年、2018 年三年任务一并实施。截至目前，所有搬迁住房已建设完成，村民已 100% 搬迁入住。城区两个大型安置点共安置 19020 人，用地 24.2 公顷，人均占地 12 平方米（含基础设施），大幅节约建设用地成本。安置点集中配套卫生院、物业管理用房、农贸市场、居家养老服务中心、公厕等基础设施和公共服务设施建设，极大地方便了群众的工作和生活。从产业、就业、教育等 12 个方面明确搬迁过程中及后期的具体措施，确保群众搬得出、稳得住、逐步能致富。采取"服务窗口＋劳务公司＋企业（合作社、扶贫车间）＋易地搬迁群众"的模式，引入劳务中介企业对易地搬迁人员统一管理和组织安排就业，通过建设"一站式、多功能、现代化"的就业创业服务基地，搭建易地搬迁群众就业创业服务平台，确保8754户易地扶贫搬迁家庭中每户家庭有一人有劳动能力和就业意愿。

三　生态扶贫模式助力易地扶贫搬迁可持续发展

为从根本上解决"一方水土养不活一方人"的实际困难，确保易地扶贫搬迁户"搬得准、迁得出、稳得住、能发展"，根据国家"开展生态搬迁试点"要求，结合东川区脱贫攻坚实际，将全区8021户28714人搬迁进城安置。搬迁后遗留的耕地按照"应退尽退"的要求，进行退耕还林。

退耕还林就是从保护和改善生态环境出发，将易造成水土流失的坡耕地有计划、有步骤地停止耕种，按照适地适树的原则，因地制宜植树造林，恢复森林植被。坚持四项原则组织实施。一是坚持因地制宜、集中连片、全面规划、突出重点、稳步推进的原则。根据各乡镇（街道）坡耕地的面积、分布及自然条件、生态地位、社会经济发展状况及近年来核桃种植成效，将退耕还林任务重点安排在近年来核桃、花椒等种植成效较好、群众积极性高、地块集中连片的村组、主要交通沿线及水源区。二是坚持兼顾生态、经济和社会效益的原则。在确保目标实现的前提下，通过科学规划、合理布局，将退耕还林与核桃种植、农村产业结构调整、农民脱贫致富相结合，确保"退得出、稳得住、不反弹、能致富"。三是坚持积极引导与农民自愿相结合的原则。坚持尊重群众意愿，通过政策引导，使农民真正认识到退耕还林既是改善生存、生产条件的迫切需要，又是调整种植结构、增加经济收入的必然选择，符合农民的根本利益，使退耕还林成为农民的自觉行动。四是坚持依靠科技进步，确保建设质量的原则。按照因地制宜、适地适树、注重实效的原则，积极推广实用种植技术，提高造林成活率、保存率和经营水平，加强退耕农户对核桃、花椒等种植技术的培训和指导。

退耕还林工程的实施将有效避免耕地撂荒，为切实有效利用耕地剩余价值，进一步适当增加搬迁后农民的经济收入，巩固脱贫成效，解决搬迁户的后顾之忧，让搬迁户把精力全身心地投入新事业与新家园的建设中。根据易地扶贫搬迁涉及的各乡镇（街道）实际情况，组织实施退耕还林工程，促进生态、经济、社会三大效益协调发展，进一步加大投资发展特色优势产业，增强社会资本参与退耕还林工程建设的融资能力，实现退耕还林与产业发展相结合，有效增加森林植被，控制水土流失，改善生态环境，调整农村产业结构，助推脱贫攻坚。

第三节　生态扶贫助力易地扶贫搬迁模式的主要成效

一　易地扶贫搬迁工程实施的基本效果

近年来，东川区实施了共 8818 户 31230 人的易地搬迁（其中，建档立卡贫困人口为 5105 户 18136 人，同步搬迁人口为 3713 户 13094 人）。受昆明市倘甸两区区域规划调整，2016 年、2017 年度计划任务下达迟等多方面的影响，东川区 2016 年、2017 年度易地扶贫搬迁项目总体建设进度严重滞后，东川区承担了昆明 77.6% 的搬迁任务。面对现状，东川区不等不靠，大胆创新，多措并举，强势推进，以"东川速度"，实现东川易地扶贫搬迁工作"绝地反弹"，呈现以下四大易地搬迁亮点成绩。

一是城镇化率大幅提高。东川区结合实际，把易地扶贫搬迁作为推进城镇化建设的重要抓手，在城区优选了起嘎、对门山两个大型安置点，共 24.2 公顷，用于 22771 人的安置，城镇化安置率达 95.67%，人均占地 10 平方米（含基础设施）。易地扶贫搬迁城镇化安置不仅大幅节约了建设用地成本，还从根本上改变了贫困群众的生产生活条件，使农民逐步变成居民，迁出地空间得到释放，生态逐步得到修复，阻断了贫困的代际传递。

二是搬迁点建设模式创新。为解决易地扶贫搬迁工作任务重、时间紧的问题，东川区创新方式，采用设计施工总承包（EPC）模式，推进两个大型安置点建设。在设计上，统一组织，采取最优方案；在采购上，统一组织，减少流程；在施工上，统一组织，加快进度。通过设计、采购、施工一体化，实现了各阶段工作的合理衔接，最大限度地降低了项目成本、缩短了建设周期。

三是建成区规划设计优。东川区是九度抗震地区，地质情况复杂程度在住宅项目中名列第一，很多技术措施没有参考依据。为使项目既符合抗震的要求，又能满足老百姓的需求，施工方利用现有的地形地貌，多次反复讨论，优化设计，最终规划设计了抗震为 9 + 1 度设防、公摊率控制在 17%、户型设计紧凑合理、公共服务设施建设齐全、17 + 2 的高层楼房 50 栋、约 55 万平方米的安置房建设项目。

四是后续帮扶保障措施全。为实现"搬得出、稳得住、能致富"的目标，统筹谋划，分别从产业、就业、教育、卫生、社会保障、过渡管理、选举、党建、土地增减挂等方面明确后续帮扶措施，帮助贫困群众发展产业、增加就业、提高收入。同时，在安置点及周边开发 760 多个就业岗位，优先安置搬迁群众。用好搬迁点农贸市场、商铺等资产，将产生的全部收益用于补贴搬迁的群众。

二　生态扶贫助力易地扶贫搬迁模式的扶贫效果

恢复生态是东川最现实的需求和最根本的发展基础。但在东川，植树造林碰上了最不适宜植树造林的条件：土层瘠薄，石砾裸露，大部分宜林地成为沙化、石漠化、泥石流滑坡区，不仅年蒸发量大，且连年干旱缺水[9]。但是东川区在面临这样的自然基础的情况下没有退缩，通过政府和老百姓的共同努力，生态环境逐渐好转，各类生态项目相继顺利进行。2018 年东川区易地扶贫搬迁进城集中安置户新一轮退耕还林工程采取 25 度以上坡耕地应退尽退，15～25 度坡耕地能退则退的方式进行，易地扶贫搬迁涉及的 7 个乡镇（街道办）计划退耕还林 1276.14 公顷（其中，汤丹镇 282.33 公顷，因民镇 452.85 公顷，铜都街道 318.32 公顷，阿旺镇 38.00 公顷，红土地镇 184.64 公顷）。2018 年已退耕还林 374.31 公顷（其中，铜都街道 157.54 公顷，舍块乡 109.39 公顷，红土地镇 19.91 公顷，因民镇 87.47 公顷），其余的退耕还林任务在 2019 年实施完毕。

生态补偿有力地助推易地搬迁。东川区涉及易地搬迁土地共 3771.53 公顷，已退耕还林 2425.80 公顷，拟退耕还林 1397.60 公顷，群众自主发展 27.8 公顷，需兜底流转 1029.67 公顷。搬迁后拟发展种植业和养殖业，同时，对不适宜发展产业的 35.93 公顷土地进行退耕还林，需兜底流转面积为 30.00 公顷，自主发展种养殖业 26.80 公顷。三年累计投入生态建设项目资金 37723.7 万元，实施了退耕还林、公益林森林生态补偿、生态护林员、草原生态保护补偿等项目。实施林业生态建设"三年行动"，自 2012 年以来共实施荒山造林 16400.00 公顷，平均每年造林 2466.67 公顷，实施退耕还林 13600.00 公顷，核桃基地建设 16333.33 公顷。自 2016 年以来，共兑付生态补偿资金 2.92 亿元，其中，退耕还林 2.27 亿元，公益林森林生态效益补偿 3537.80 万元，护林员 2398.45 万元，草原生态保护补偿 591.6 万元。生态补偿资金共涉及建档立卡贫困户 25850 户 83417 人，实现建档立卡贫困户总增收 1.37 亿元，建档立卡贫困户户均增收 5302.67 元，人均增收 1643.24 元。促生态产业。建立"市场牵龙头、龙头带基地、基地连农户"的生态产业，共种植核桃 16333.33 公顷、鲜果 1333.33 公顷。大力发展林下经济，共种植林下药材 1200.00 公顷。2018 年，兑现林业生态补偿资金共计 15607.59 万元，除护林员工资按月发放外，截至 2018 年，各乡镇（街道）林业生态补偿资金共兑付 10861.34 万元。

产业发展带动贫困户增收。对 15333.33 公顷的核桃逐年实施提质增效，并大力发展花椒等油料作物，大力发展林药、林菌、林下养殖等林下经济。在发展林下经济的同时，切实加大对涉林企业、专业合作社等新型林业经营主体的培育力度，让更多的涉林企业参与扶贫事业，带动贫困户增收。目前，共有省级林业龙头企业 4 家（昆明井田药业有限公司、昆明林茂科技有限公司、昆明聚兴农林科技开发有限公司、云南长青林木种植有限公司），林下示范基地 4 家（昆明市井田中药有限公司、昆明市响水河农产品种植专业合作社、昆明凯煌农业开发科技有限公司、东川区杉木东柏种植专业合作社），林农专业合作社 9 家（东川区杉木东柏种植专业合作社、昆明市响水河农产品种植专业合作社、东川区隆辉中药材种植专业合作社、东川区东山油茶种植专业合作社等）。

三　典型安置点生态扶贫与易地搬迁融合模式的效益调查

以对门山安置点为例进行生态扶贫与易地搬迁结合模式的效益调查。该安置点位于铜都街道祥和社区对门山，共安置 2041 户 8331 人，属于 2017 年城区集中安置项目，采用设计施工总承包（EPC）模式，于 2017 年 10 月 17 日开工，目前涉及农户全部搬迁入住。选取该易地搬迁点的 50 户搬迁农户进行入户调研，获得了这 50 户 2018 年的生态补偿收入状况调查数据（见表 16 - 1）。

表 16 - 1　2018 年易地搬迁典型农户生态补偿收入状况调查

调查农户编号	家庭人口数（人）	家庭纯收入合计（元）	家庭人均纯收入（元）	搬迁后劳动力转移人数（人）	耕地退耕还林面积（公顷）	耕地退耕还林纯收入（元）	公益林面积（公顷）	公益林纯收入（元）	生态补偿纯收入占家庭总纯收入的比例（%）
01	5	18892. 36	3778. 47	1	1. 6896	12672. 0	7. 2600	1089. 0	72. 84
02	2	13040. 00	6520. 00	1	0. 1971	1478. 4	3. 6300	544. 5	15. 51
03	5	18000. 00	3600. 00	1	1. 2672	9504. 0	3. 6300	544. 5	55. 83
04	1	21600. 00	21600. 00	1	0. 1830	1372. 8	6. 0500	907. 5	10. 56
05	4	52050. 00	13012. 50	2	1. 0240	7680. 0	4. 8400	726. 0	16. 15
06	5	48281. 00	9656. 20	2	1. 7933	13449. 6	3. 6300	544. 5	28. 98
07	4	36360. 00	9090. 00	0	1. 4797	11097. 6	6. 0500	907. 5	33. 02
08	5	25000. 00	5000. 00	1	0. 8576	6432. 0	4. 8400	726. 0	28. 63
09	3	52050. 00	17350. 00	0	1. 1366	8524. 8	1. 2100	181. 5	16. 73
10	2	48281. 00	24140. 50	0	0. 9318	6988. 8	3. 6300	544. 5	15. 60
11	3	16000. 00	5333. 33	0	1. 1674	8755. 2	6. 0500	907. 5	60. 39
12	6	32000. 00	5333. 33	1	1. 0419	7814. 4	1. 2100	181. 5	24. 99
13	2	9000. 00	4500. 00	0	0. 4019	3014. 4	6. 0500	907. 5	43. 58
14	4	48281. 00	12070. 25	2	1. 2070	9052. 8	4. 8400	726. 0	20. 25
15	2	24500. 00	12250. 00	0	1. 1251	8438. 4	6. 0500	907. 5	38. 15
16	5	32520. 00	6504. 00	2	0. 7194	5395. 2	6. 0500	907. 5	19. 38
17	3	18303. 78	6101. 26	0	0. 4813	3609. 6	3. 6300	544. 5	22. 70
18	5	23393. 66	4678. 73	1	1. 0445	7833. 6	1. 2100	181. 5	34. 26

续表

调查农户编号	家庭人口数（人）	家庭纯收入合计（元）	家庭人均纯收入（元）	搬迁后劳动力转移人数（人）	耕地退耕还林面积（公顷）	耕地退耕还林纯收入（元）	公益林面积（公顷）	公益林纯收入（元）	生态补偿纯收入占家庭总纯收入的比例（%）
19	4	23530.00	5882.50	0	1.3376	10032.0	7.2600	1089.0	47.26
20	3	22409.00	7469.67	0	1.0035	7526.4	7.2600	1089.0	38.45
21	4	15000.00	3750.00	1	0.6515	4886.4	9.6800	1452.0	42.26
22	3	45200.00	15066.67	0	0.2739	2054.4	4.8400	726.0	6.15
23	6	26000.00	4333.33	1	1.1994	8995.2	7.2600	1089.0	38.79
24	3	25420.00	8473.33	0	0.5158	3868.8	7.2600	1089.0	19.50
25	4	53200.00	13300.00	1	1.3158	9868.8	1.2100	181.5	18.89
26	5	67780.00	13556.00	1	0.9472	7104.0	4.8400	726.0	11.55
27	3	30800.00	10266.67	1	1.1315	8486.4	4.8400	726.0	29.91
28	2	29400.00	14700.00	0	0.5850	4387.2	3.6300	544.5	16.77
29	5	33240.00	6648.00	2	1.2352	9264.0	4.8400	726.0	30.05
30	3	22800.00	7600.00	1	0.7514	5635.2	6.0500	907.5	28.70
31	5	19400.00	3880.00	1	0.9331	6998.4	6.0500	907.5	40.75
32	1	10000.00	10000.00	0	0.2278	1708.8	6.0500	907.5	26.16
33	2	11400.00	5700.00	0	0.4698	3523.2	4.8400	726.0	37.27
34	4	15000.00	3750.00	0	0.7667	5750.4	4.8400	726.0	43.18
35	4	26300.00	6575.00	1	1.1674	8755.2	4.8400	726.0	36.05
36	1	18100.00	18100.00	0	0.0602	451.2	6.0500	907.5	7.51
37	4	24100.00	6025.00	1	0.7155	5366.4	1.2100	181.5	23.02
38	1	27080.00	27080.00	0	0.1856	1392.0	9.6800	1452.0	10.50
39	2	24300.00	12150.00	0	0.1741	1305.6	2.4200	363.0	6.87
40	5	20000.00	4000.00	1	0.8269	6201.6	2.4200	363.0	32.82
41	5	32400.00	6480.00	2	1.7088	12816.0	4.8400	726.0	41.80
42	4	16000.00	4000.00	1	1.5616	11712.0	6.0500	907.5	78.87
43	2	22630.00	11315.00	0	1.0573	7929.6	3.6300	544.5	37.45
44	7	27100.00	3871.43	1	1.2723	9542.4	4.8400	726.0	37.89
45	3	78550.00	26183.33	0	0.8960	6720.0	4.8400	726.0	9.48
46	3	25000.00	8333.33	1	1.9008	14256.0	6.0500	907.5	60.65
47	6	21000.00	3500.00	1	1.4054	10540.8	6.0500	907.5	54.52
48	3	15600.00	5200.00	0	1.1507	8630.4	9.6800	1452.0	64.63
49	1	20600.00	20600.00	0	0.7309	5481.6	2.4200	363.0	28.37
50	4	62036.00	15509.00	2	1.5578	11683.2	3.6300	544.5	19.71
平均	4	28978.56	9676.34	1	0.95	7119.7	4.99	747.8	31.67

由抽样的 50 户典型农户家庭基本状况和收入组成情况可以看出，对搬迁农户的扶贫效果主要体现在以下三个方面。

（1）参与易地扶贫搬迁的农户在收入上增加明显。搬迁后的 2018 年，这 50 户人均纯收入 9676.34 元，较 2017 年搬迁之前的人均纯收入 6340 元有了显著提升，净增率达 52.62%。结合实地调研分析，人均纯收入的增加主要体现在转移性收入的增加、打零工工价的提升和搬迁至经济状况更好的地区之后因劳动技能的提升促使农户获得了更多的就业机会的影响。在搬迁前，人民群众的生命财产安全时刻受到滑坡、泥石流等灾害的威胁，项目实施后，人民群众的生命财产安全有了保障，民心稳定，有更多时间和精力投入生产经营中。搬迁后农户将开始全新的生活，基础设施条件大为改善，实现水、电、路三通。房屋整齐排列，环境优美。人民群众教育、健康有保障，生产和文化生活质量有很大的提高。人民过上安居乐业的生活，树立了自力更生的信心，坚定了脱贫致富的决心，为脱贫致富奔小康奠定了基础。

（2）劳动力转移和劳动力技能素质提升。搬迁项目实施后，户均转移劳动力人口 1 人，空余的劳动力在搬迁过程中也实现了更大化的价值。搬迁后，由于务工选择面的拓宽和劳动技能的提升，大部分劳动力转化为更高收入的新群体。通常，规划搬迁农户大都居住在偏远的山区，贫困程度深、观念陈旧，对农业生产新技术、新产业接受能力低，劳务输出多以体力型输出为主。为适应搬迁后全新的生活方式，更新群众劳动观念，提高综合文化素质，真正实现脱贫致富，必须进行劳动技能培训。为搬迁农户免费提供各种职业培训、就业岗位推荐等服务，并主动与企业对接，开辟就业岗位、拓宽就业渠道，切实帮助搬迁农户转产就业。大多做到户均有 1～2 人外出务工，外出务工净收入在每人 1500～2000 元/月，以保障农户生活。随着生活环境的改变，搬迁群众落后的生活习惯和思想观念也有明显的转变，科技意识增强，精神面貌焕然一新，自觉接受科学文化教育，积极掌握科技知识，寻求致富门路，盼富思富、勤劳致富的愿望日益强烈，讲文明、讲科学、重教育的良好风尚在搬迁群众中逐步形成。

（3）生态补偿收入占了人均纯收入的较大比例。由于搬迁农户基本参与了退耕还林和公益林相关生态项目，生态补偿收入占了人均纯收入的很大比例。在上述调查的 50 户中，生态补偿收入占到人均纯收入 0～25% 的农户有 20 户、25%～50% 的农户有 23 户、50%～75% 的农户有 5 户、75%～100% 的农户有 2 户。从 50 户平均值来看，生态补偿收入占人均纯收入的 31.67%。可见，生态补偿制度对于参与易地扶贫搬迁项目的农户人均纯收入提升来说处于十分重要的地位。对迁出区实施退耕还林和天然林保护工程，维系这些地带的生态环境，从而减少水土流失，进一步提高植被和森林覆盖率，增强区域内抗御自然灾害的能力。

从总体上看，近年来，东川区立足深度贫困实际，以空前的决心、必胜的信心，抓住主要矛盾和矛盾的主要方面，确定科学的脱贫战略。通过易地扶贫搬迁、实施生态扶贫等方式，集"革命老区、生态脆弱区、地质灾害隐患区、老工业地区"为一体的深度贫困的东川区取得了明显的扶贫成效，到 2018 年全区贫困发生率下降到 1.09%，顺利地脱贫摘帽，实现了打赢脱贫攻坚战的目标。

第四节　生态扶贫与易地搬迁融合模式的成功经验

一　易地扶贫搬迁模式与生态扶贫的有机结合

易地搬迁的规划需要适应移民的流动性，在城乡统筹的基础上，建立流动的易地搬迁扶贫机制，增加移民的生态资产补偿。在易地搬迁的政策框架下，移民得到了政府在土地、房屋、社区基础设施建设和就业等多方面的财政支持，这些支持的提供是基于扶贫，而非生态补偿。而移民原有的土地、宅基地和山林，这些资源大部分被转为生态用途，提供生态服务。对移民发展的支持应从扶贫转向生态补偿，在计算生态服务价值的基础上提供生态补偿。生态补偿可以增加移民的经济资产，从而帮助他们在移民后更好地融入城镇的生产和生活。生态补偿可以覆盖所有移民，而扶贫只应针对移民中的贫困户。通过生态补偿盘活移民原有的资产，这对于他们移民以后的稳定发展具有促进作用。

二　因地制宜地选择易地扶贫搬迁方式

整体搬迁方式与其他搬迁方式相结合。减少分散搬迁的方式，选取适应东川自身情况的进城安置模式。迁出地包括两种，一种是完全不能进行任何生产生活的地区，如水库淹没区、地质灾害严重地区等，这些地方需要采取整体搬迁的措施，将人口完全搬迁出去。另一种是经过多年生态保护和生态修复的地区，这类地区并非完全不适合人类居住，只是或者因为人口压力过大，导致资源紧张，生态环境退化，需要迁移部分人口以减轻人口压力；或者因为政策，比如是生态保护的重点地区；或者因为交通不便，提供公共服务成本过高。在这类地区，并不一定需要将全部人口搬迁出去，更不需要在同一时间将所有人搬迁出去，如果采取整体搬迁方式，不仅会造成搬迁资金的浪费，还可能导致部分搬迁居民在新环境中因缺少就业机会而再次陷入贫困。应尽可能发挥现有村庄和城镇的作用，特别是鼓励移民进入城镇。在移民的城市化过程中，需要以社会政策为引领，积极推进城乡一体化的发展。现在对移民的扶贫和社会保障是以移民村为基础的，那些离开移民村或在移民村没有户籍的移民很难得到相应的扶持和保障。要解决现有移民政策不适应移民流动性的问题，就要统筹考虑到移民的社会保障和产业发展支持，建立城乡统筹和易地整合的社会保障体系。特别是考虑到移民的就业稳定性差、更换工作比较频繁的特点，更需要相应的覆盖流动性较强的移民的社会保障体系。

三 采取更加灵活的搬迁政策

对于那些难以通过外出就业增加收入的贫困人群，要通过生态保护和生态建设的项目实施，或者通过土地流转增加农业就业机会，来帮助他们增加收入。比如，很多50岁以上的贫困人群在搬迁以后很难在非农领域就业，但是他们在家乡可以参与生态保护和生态建设，或者从事农业生产。灵活的搬迁政策可以给不同的农户提供多种选择，总的来说，采取易地搬迁的扶贫措施不能仅仅精准到村，更需要精准到户，基于不同的家庭状况采取不同的措施。在"十三五"期间，需要积极探索新的易地扶贫搬迁模式，从而使易地搬迁模式更好地服务于国家扶贫工作大局。

第五节 生态扶贫与易地搬迁融合模式的启示与借鉴

尽管东川区在实施易地扶贫搬迁项目上取得了巨大的成效，但在实施过程中遇到了诸多困难，通过不懈的努力，问题迎刃而解。东川区生态扶贫与易地搬迁结合模式的实践表明，生态补偿是生态脆弱区贫困搬迁群众稳定脱贫的重要收入组成部分，是确保贫困群众持续、稳定地脱贫致富奔小康的有效途径。东川区采取的生态扶贫与易地搬迁结合模式能够有效促进生态脆弱区植被恢复，水土保持状况，促进城镇化进程和贫困农户摆脱贫困，不仅实现了贫困群众从"一方水土养不活一方人"到脱贫致富的巨大转变，破解了"深度贫困"的难题，还保证了东川区实现"绿水青山"的目标，创新了易地扶贫搬迁的模式，是新时代打赢脱贫攻坚战的生动实践。

一 搬迁资金缺口大，通过各方筹措保障资金

东川地质条件特殊，区域生态功能退化导致滑坡、泥石流等多种地质灾害频发。为彻底解决居住在地质灾害隐患区群众的生命财产安全问题，东川区目前实施易地扶贫搬迁13个集中安置点，各项安置点前期工作、人防易地建设费和土地费用由县区承担，约2.0135亿元，筹集困难，通过多方的努力最后实现了资金的到位，也保证了项目的顺利实施。

二 任务重，工期紧，采取强有力措施保证项目保质保期完成

东川区易地扶贫搬迁任务调整较大。2016年3月下达2016年度建档立卡任务计划

为4474人，2017年1月、8月、10月省市三次对东川"2016至2017年"易地扶贫搬迁计划进行大规模调整，最后于2017年10月明确2016年搬迁任务指标为6243人，2017年任务指标为5465人，2018年任务指标为5593人，2018年7月4日下达东川区易地扶贫搬迁2018年第二批搬迁建档立卡任务为811人，最后确定东川区易地扶贫搬迁建档立卡任务指标为18112人。东川区易地搬迁响应中央关于城镇化进程的要求，易地搬迁城镇化率达到95.7%，城区对门山、起嘎两个大型集中安置点采取EPC总承包模式进行建设，建设17层高层小区安置住宅房，同时配套学校、卫生院、居家养老中心和农贸市场等附属设施，客观所需工期较长。东川区严格按照省市时间节点（2016年和2017年搬迁对象于2018年9月底前全部搬迁入住，全区搬迁建档立卡搬迁对象于2018年12月底前搬迁入住），采取强有力措施，组织能力强的施工队伍，一个安置点一个工作计划，倒排工期，责任到人，加快资金拨付进度，加快推进项目建设，确保了安置房和配套设施按时全面完工，全面完成2017年1467套5465人的搬迁任务，2018年搬迁任务于12月30日前全面完成。

三　搬迁群众工作难度大，加大宣传力度动员农户

"易地扶贫搬迁不是人口的简单空间位移，而是一个小社会的搬迁"，搬迁群众对新环境的融入、文化习俗、生产方式的改变以及适应性等问题有所顾虑。自易地扶贫搬迁工作启动以来，搬迁群众反映搬迁政策、住房建设、后续帮扶措施和部分群众自筹资金缴纳存在困难等问题。通过进一步加大宣传力度，通过电视宣传、村组广播、短信推送、微信公众号推送、发放脱贫攻坚政策"一口清"小册子以及帮扶队员入户宣传易地扶贫搬迁政策等措施，从产业、就业、教育等12个方面明确搬迁过程中及后期的具体措施；乡镇（街道）制订搬家方案，细化搬迁群众对家具、粮食、家禽等的处理方式，对无力转移的可由政府统一造册安排车辆进行转移；制定搬家时间计划表，有序组织搬迁。发动群众，组织群众，做实做细群众工作，进一步提高群众认识和搬迁的主动性，营造全区易地扶贫搬迁浓厚氛围，安置点达到入住条件后，有序、按时组织群众搬迁入住，确保了2018年12月底前群众全部搬迁入住。

四　完善生态补偿政策，加强生态扶贫与易地搬迁良性互动

一是按照相关文件规定，按照集约化、规模化、产业化发展工作要求，可引入社会资本参与新一轮退耕还林还草工程，政策补助资金可按合同或协议约定的比例直接兑现给企业、专业合作社、大户、农户等各类实施主体，再由各类实施主体带动群众参与，从而促进群众增收。二是营造林项目用工不固定，大部分务工人员属临时工，流动性

强，导致务工增收向贫困户倾斜难度大；区级荒山造林缺口资金已达 1550 万元（其中，2017 年缺口 300 万元，2018 年缺口 1250 万元），这些资金有 30%~40% 属于造林务工收入，严重影响了贫困人口务工收入。增加固定护林员岗位，确保农户参与后收入得到保障，能有一份稳定持久的收入。

五　继续加强生态补偿制度的"深加工"，进一步促进搬迁农户致富增收

（一）大力发展林业产业

按照"生态美、群众富"的要求，大力发展经济林、经济果等林业产业，主要抓好"万亩核桃"提质增效、"万亩花椒"种植，引进油橄榄、构树、滇橄榄示范种植，给予林业产业发展资金倾斜。

（二）大力发展林下经济

大力发展林下药、林下花、林下菌等林下经济种植，特别是药效好、品质佳、价格高、深受客商喜爱的高寒山区中药材，给予林下经济发展资金倾斜。

（三）大力发展新型农民合作组织和示范基地

在不改变林地用途和生态功能的前提下，鼓励整村林农将各自承包的林地林下经营权向专业大户、林农专业合作社、林业企业租赁，形成"企业（合作社）＋基地＋农户"的林下经济产业链，并向集约化、规模化、标准化、产业化发展。创建林业产业化示范基地，促进龙头企业集群发展，有力带动农民增收。

参考文献

［1］Feng QIU, Zisheng YANG. Land Remediation Projects in Poverty – stricken Counties in Tibetan Areas Promoting Poverty Alleviation——A Case Study of Songpan County, Sichuan Province［J］. Asian Agricultural Research, 2019, 11（3）: 55 – 58 + 61.

［2］中共中央，国务院. 中共中央　国务院关于打赢脱贫攻坚战的决定［M］. 北京：人民出版社，2015：1 – 33.

［3］国务院.《"十三五"脱贫攻坚规划》［M］. 北京：人民出版社，2016：1 – 79.

［4］云南省人民政府办公厅. 云南省人民政府办公厅关于健全生态保护补偿机制的实施意见［EB/OL］.（2017 – 01 – 06）［2020 – 02 – 29］. http://www.yn.gov.cn/zwgk/zcwj/yzfb/201701/t20170120_149942.html.

［5］习近平. 决胜全面建成小康社会　夺取新时代中国特色社会主义伟大胜利——在中国共产党第十九次全国代表大会上的报告［M］. 北京：人民出版社，2017：1 – 71.

［6］朱学莉. 我国湿地生态补偿市场化法律制度完善研究［D］. 郑州大学，2017.

［7］张凤仙，刘永杰. 绿色发展理念下的东川区生态扶贫［J］. 林业建设，2017，（5）：37 – 41.

［8］王昌梅，贺永. 东川区生态公益林建设现状与发展对策［J］. 林业调查规划，2015，40
（1）：53 – 55.

［9］张文凌. 昆明东川生态之困倒逼"收益者补偿"［N］. 中国青年报，2012 – 03 – 19
（5）.

第十七章
寻甸县"五个一批"破解独居老人扶贫模式

第一节 研究目的与意义

消除（或减少）贫困，是人类社会发展的基本要求[1]。中共十九大报告将脱贫攻坚列为决胜全面建成小康社会的三大攻坚战之一[2]。创新扶贫开发机制，是提高扶贫成效、消除贫困的关键所在。我国农村扶贫工作现已转变为精准扶贫。实施精准扶贫、精准脱贫政策，已经成为我国推进、落实"十三五"规划和实现全面建成小康社会目标的时代使命[3]。习近平在《全面贯彻落实党的十八大精神要突出抓好六个方面工作》中指出："在前进道路上，我们一定要坚持从维护最广大人民根本利益的高度，多谋民生之利，多解民生之忧，在学有所教、劳有所得、病有所医、老有所养、住有所居上持续取得新进展。"[4]对于老年人来说，"病有所医、老有所养、住有所居"尤为重要。"病有所医""老有所养"都与"住有所居"紧密相连，无论是住一般的住宅、老年住宅、敬老院、养老院，还是老年医院，"住有所居"都是"病有所医""老有所养"的重要前提[5]。在许多贫困山区农村，经常出现一定数量的独居老人，他们往往是特殊的贫困群体，他们的"住"、"医"乃至"吃"、"穿"等问题难以得到保障。如何破解独居老人的住房问题乃至脱贫问题，是当今脱贫攻坚战中的一项重要内容。

寻甸回族彝族自治县是全国592个国家扶贫开发工作重点县之一、乌蒙山区38个连片扶贫开发县之一。在寻甸县精准扶贫工作中发现，部分贫困的老年人单独居住，单独生活，衣、食、住得不到保障等问题仍然突出。为切实贯彻落实习近平总书记2015年视察云南省时做出的"加快农村'保命房'建设，脱贫攻坚'不落一户、不漏一人'"的重要指示，实现精准扶贫，有效解决好独居老人的住房问题和生活条件，寻甸县不遗余力，按照"精准统计，科学安排，分类实施，快速推进"的思路，经过县、乡两级的共同探索、实践，形成"五个一批"的工作路径，切实解决了全县4443位独居老人的安全稳固住房问题，走出了一条解决独居老人住房问题的新路子，即通过多方合力、多元参与和多重保障推进"五个一批"建设，使农村独居老人在真正意义上实现

"老有所居"。基于实地调研和访谈，本章分析和凝练寻甸县"五个一批"破解独居老人"老有所居"难题扶贫模式的具体做法、主要成效、成功经验以及启示与借鉴，为云南省乃至其他类似省（区、市）贫困县解决独居老人"老有所居"难题提供必要的参考和借鉴。

第二节　"五个一批"破解独居老人扶贫难题的具体做法

一　兜底入住一批，惠民政策全覆盖

寻甸县切实将脱贫攻坚与解决独居老人住房问题相结合，对符合扶贫政策但无建房能力的分散供养特困人群、独居老人，由县人民政府整合资金，有侧重地安排农村危房改造资金，整合民政、扶贫部门资金，根据上级资金使用要求，合理分配，优先保障独居老人建房，并组建施工企业兜底建设 40～60 平方米基本安全稳固住房，按照当地风俗习惯、民族特色设计户型。在施工过程中，由村委、户主参与，配合监理方共同加强施工质量监管，确保做到人畜分离、厨卫入户、水通电通、配套齐全。近年来，全县累计投入各级建房补助资金达 30 亿元，覆盖 16 个乡镇（街道）、174 个行政村、1576 个自然村、93194 户农户危房改造，其中，兜底解决了 1708 户 1708 人独居老人住房问题，使群众生活质量得到了进一步的提高。

二　宣教化解一批，敬老孝老扬美德

针对老人子女已有安全稳固住房或子女长期在外，老人仍独自居住在老旧危房中的情况，通过将广播、电视、标语宣传和群众会议、包村挂户干部实地走访等方式有机结合，在全县的村村寨寨开展"赡养尽孝""老吾老以及人之老、幼吾幼以及人之幼"等传统美德宣传教育主题活动。累计向全县 16 个乡镇（街道）和 44 家县直单位发放"两学三比"活动普法培训教材 5000 本、赡养老人的相关法律法规 35000 份，制作宣传音频通过"村村响"大喇叭进行播放，为赡养老年人营造浓厚氛围。有子女的老人，动员子女主动承担赡养责任，无子女的老人，动员老人的亲属、邻里与老人共同居住，并由民政、妇联、团委配合，通过行政调解和亲情感化，动之以情、晓之以理、严之以法，累计帮助 2229 位独居老人随子女居住，使子女切实遵照国家法律、法规的规定履行赡养义务，传承敬老爱老的传统美德，让老年人老有所依、老有所养、老有所乐。

三　司法援助一批，暖心服务化纠纷

该县制定《关于进一步保障老年人合法权益加强赡养老人助推脱贫攻坚的实施方

案》，通过政策引导和规范，把老人赡养工作落到实处，并依托县级公共法律服务中心，为老年人增设绿色窗口，为老年人提供一站式服务。自中心成立至今，累计为老年人办理法律援助案件 96 件、办理公证 60 件、免费代写法律文书 341 份、解答法律咨询 760 余人次。2017 年，为助力脱贫攻坚工作，组织全县 16 个乡镇（街道）174 个村委会开展赡养老人矛盾纠纷排查，共解决涉及老年人住房、赡养纠纷 177 件（其中人民调解 165 件、法律援助 12 件），有效维护了老年人合法权益。

四　公益救助一批，扶贫助弱享福利

对部分生活起居不能自理的独居老人，寻甸县积极引导其入住公益福利养老机构，让老人能有人照顾，有人陪伴。但在农村，一些老人思想上有很多顾虑，不愿意入住养老机构，宁愿独自居住，生活十分不便。为此，寻甸县积极开展思想劝慰工作，通过包村挂户上门解说，邻里、亲戚帮劝和老人现场体验，让老人明白救助养老是党的关心、关怀和福利，同时县级每年预算 40 万元投入福利养老事业，从思想上打消老人顾虑，在生活上保障老人衣食无忧、病有所医、老有所乐。目前，已有 203 位老人放下思想包袱，主动入住公益福利养老机构，安度晚年。

五　社会帮扶一批，奉献爱心促和谐

寻甸县大力引导、广泛动员社会各界力量开展爱心帮扶，由民政、红十字会、妇联等部门组织社会捐赠。老人需要建房的，组织进行人工、建材的爱心帮扶；对已入住房屋的，组织居家用品、生活必需品的爱心捐助。所有爱心帮扶和捐助，均由政府主导，安排专人，采取"人对人、户对户"的方式进行专项监管。开展"爱心结对"活动，邀请帮扶人定期不定期到被帮扶人家中，对建房进度、施工质量、物资使用情况进行查看，及时让帮扶人了解、掌握帮建意愿的落实情况，确保帮扶物资专人专用。大力宣传报道帮扶助人的好人好事，营造爱心捐助、扶贫救弱的良好氛围。全县爱心帮扶累计解决 126 户独居老人住房问题，让独居老人真正感受政府、社会温暖。

第三节　"五个一批"破解独居老人扶贫难题的主要成效

自 2017 年初以来，经过在全县 16 个乡镇（街道）174 个村委（社区）范围内全面动员、督促，寻甸县通过"五个一批"切实解决了全县 4443 位独居老人的安全住房问题，取得了独居老人"老有所居"问题的实际突破。实地调研显示，"五个一批"的确为解决独居老人问题提供了一条切实有效的解决途径。

大多数独居老人，通过对其子女进行道德感化，批评教育，司法干预，签订赡养协议等方式，可以直接解决住房安全和食品安全问题，有效提高生活质量，切实解决居所问题，使其"老有所供""老有所居"，增强幸福感，进而提升群众满意度。

在农村独居老人群体中，五保户是十分特殊的群体。国务院 2017 年 2 月 28 日印发的《"十三五"国家老龄事业发展和养老体系建设规划》中指出，要推动农村特困人员供养服务机构、服务设施和服务质量达标，在保障农村特困人员集中供养需求的前提下，积极为低收入、独居、残疾、失能农村老年人提供养老服务[6]。农村五保户一般是指没有劳动能力，也没有经济来源的老、弱、孤、残的农民，其由集体供养，实行保吃、保穿、保住、保医、保葬。由于无儿无女，其住房问题在很大程度上依靠政府的力量。2017 年，寻甸县独居老人中，五保供养对象共 1202 人。根据扶贫政策和寻甸的实际，五保供养对象的安置分两种形式进行，一种以敬老院集中安置，另一种以村委会为单位相对集中与分散相结合安置。根据供养调查情况，其中：中心敬老院集中供养 173 人，分散供养 1029 人。从实地调查供养情况来看，大多数五保老人往往习惯自由自在，更愿意生活在熟悉的地方，与乡亲们保持联系，对集中供养接受度仍不是太高，集中供养仍需做大量思想工作，持续宣传其益处。

为重点解决老人单独居住旧房危房问题，寻甸县通过脱贫不脱政策、政府资助、兜底建房、成立养老敬老理事会、包村干部和帮扶责任人时时关注等途径，切实保障老人"老有所居"。到 2018 年 5 月，全县基本解决了老人单独居住旧房危房问题，"五个一批"扶贫独居老人模式取得了切实成效，使老年人"老有所养、老有所依"，得以安享晚年，为促进社会和谐、农村全面脱贫、提升群众满意度做出了重要贡献。

第四节　"五个一批"破解独居老人扶贫模式的成功经验

一　广泛宣传，营造氛围

利用广播、电视、微信群等媒体，广泛宣传老年人权益及其法律法规，对孝敬父母、尊敬老人的好人好事进行广泛宣传，对虐待、遗弃和不尽赡养义务的典型案件进行曝光，倡导全社会尊老爱老的社会主义新风尚，大力弘扬社会主义核心价值观和尊老敬老的传统美德；各乡镇综治办、民政办、派出所、司法所等相关单位积极主动，共同参与，做好法治宣传工作，有针对性地普及法律常识，让群众知晓涉及老年人的相关法律规定，明白违法后果，强化法律意识，增强赡养老人的自觉性。同时，在赡养纠纷的调解过程中，"以案释法""就案释法"，让当事人对违法后果有更深刻的认识；各乡镇、县直各部门召开干部职工会，宣传关于赡养老人的法律法规，对国家工作人员提出明确要求，带头履行好各自的赡养义务，妥善安置好家庭中的老年人，确保做到"两不愁三保障"，尤其要有安全稳固的住房。同时，要求本单位有包村联户任务的干部职工，积极配合村委、村组和相关部门做好进村入户的宣传工作；村（居）委、村组干部，包村联户干部利用进村入户、召开各种群众会等机会，对群众进行政策宣讲、法治宣传。各村组强化村规民约的约束力，将法治元素导入村规民约，把赡养义务写入村规民约，强化规则意识，倡导契约精神，弘扬公序良俗，引导群众自觉履行法定义务、社会责任、家庭责任；县人民法院针对赡养案件，通过"阳光司法""巡回法庭"等形式开展审判活动，对具有普遍教育意义的案件进行公开宣判，做到一个案件教育一批群众；各级各类学校在学生中开展尊老敬老教育，并采取对中小学生发放尊老爱老倡议书、写心得体会等多种形式，充分发挥"小手牵大手"的作用，通过学生影响和感化家长。

二 司法保障，维护权益

政法各部门密切配合，主动积极支持各乡镇开展工作，用法律武器、通过司法途径解决赡养老人中的突出问题，使违法犯罪人员受到惩处，不良社会风气得到有效遏制，使老年人的合法权益得到保障。

经多次做工作，仍然拒绝赡养老人，甚至虐待老人的，可由公安机关依照《治安管理处罚法》进行处罚，也可以由县法律援助中心或乡镇法律援助工作站（司法所）为老年人提供法律援助，进行公益诉讼，由人民法院（法庭）按照法律规定进行审判；人民法院已做出判决，但有赡养人员不履行法院生效裁判的，可以向人民法院申请执行；对有能力付赡养费、能够提供安全住房，经法院判决，仍拒绝履行法院生效裁判的，老人（或其他被赡养人）可以向法院申请追究其子女（或其他赡养人）不尽赡养义务的刑事责任。同时，依照《刑法》规定，拒不履行人民法院生效判决的，对其追究刑事责任；县人民检察院以老年人提出的支持诉讼申请为依据，派员参加庭审，为老年人提供诉讼支持。

三 强化领导，明确责任

县委政法委、县法院、县民政局（县老龄办）、县司法局、县公安局、县教育局、县扶贫办明确专门分管领导，专门科室负责该项工作，做好督促检查，情况收集、汇总上报，配合相关部门做好宣传、纠纷调解等工作。县教育局组织好各级各类学校的宣传教育活动。县政法各部门做好涉及法律事项的业务指导，并按各自职能开展相关工作。

各乡镇（街道）高度重视，建立了主要领导负责、相关领导督促落实、各职能部门共同参与、目标明确、责任清晰的工作机制，协调各方面力量抓好集中治理工作。实行划片包干责任制，层层落实，为独居老人"老有所居"提供了有力的组织保障；强化村委会（居委会）作用发挥，村委会（居委会）把老年人住房保障及赡养问题作为脱贫攻坚阶段的一项重要任务，健全工作机制，确保责任落实、工作到位；县直各部门、各单位履行好各自主管职责，对干部职工加强教育和督促，发挥好国家工作人员在赡养老人中的示范带头作用。同时，督促本单位包村联户干部做好群众工作；宣传部门做好电视等媒体的宣传报道，既有正面典型案例宣传，也有典型案例警示教育，在全县掀起一股积极赡养老人的良好社会氛围。

第五节 "五个一批"破解独居老人扶贫难题的启示与借鉴

一 值得学习和借鉴之处

长期以来，农村独居老人问题是农村扶贫开发的棘手问题，各种情况复杂，解决难度大。寻甸县通过积极探索，逐渐建立起一条解决独居老人住房问题的新路子，即"五个一批"模式。从政府兜底、道德感化、司法援助、公益救助和社会帮扶五个方面，通过各政府部门的协同协作，逐村逐户地认真分析、仔细核查，准确统计独居老人数量，并结合独居老人的实际情况，逐户研究，因人施策，切合实际地制订了分散供养与村委会相对集中供养或敬老院集中供养相结合的合理解决方案。寻甸县的实践成功，为其他贫困地区解决农村独居老人"老有所居"问题提供了借鉴和启示范例。

二 "五个一批"模式对更高层面的政策制定有着一定的现实意义

在新中国成立后的 1953 年至 1957 年出生了大量人口。这些短期内大量出生的人口导致了中国人口将持续大规模地进入养老的阶段，这一过程极大地加速了中国老龄化社会的到来。随着我国人口老龄化进程的加快，养老问题逐渐成为社会关注的焦点[7]。我国实施了 30 多年的独生子女政策，导致了家庭小型化、空巢化等一系列社会问题。这些现象使得在中国农村养老问题更加严峻，中国老龄人口快速增加、青壮年人口进城务工、空心村等问题不断出现，也使得解决中国的养老问题迫在眉睫。

目前，在我国，"居家养老"与"社会养老"两种观念和模式正在发生激烈的碰撞和交融。结合社会、经济的转型，介于这两种观念和模式之间的许多新的养老观念和模式也在萌芽和发展[7]。寻甸县"五个一批"解决独居老人"老有所居"难题的实践成功，为其他地区解决农村独居老人"老有所居"问题提供了一条新思路、新方法。解决独居老人问题不仅是政府的责任，更是整个社会的责任，需要政府、社会一起努力推动其发展，深入探索适合中国国情的社会化养老道路。

参考文献

［1］王小林. 贫困测量：理论与方法（第二版）［M］. 北京：社会科学文献出版社，2016：1－282.

［2］习近平. 决胜全面建成小康社会　夺取新时代中国特色社会主义伟大胜利——在中国共产党第十九次全国代表大会上的报告［M］. 北京：人民出版社，2017：1－71.

［3］刘彦随，周扬，刘继来. 中国农村贫困化地域分异特征及其精准扶贫策略［J］. 中国科学院院刊，2016，31（3）：269－278.

［4］习近平. 全面贯彻落实党的十八大精神要突出抓好六个方面工作［J］. 求是，2013，（1）：3－7.

［5］邹广天. 老有所居　老有适居［J］. 城市建筑，2011，（1）：3.

［6］国务院. "十三五"国家老龄事业发展和养老体系建设规划［EB/OL］.（2017－02－28）［2020－02－29］. http：//www. gov. cn/zhengce/content/2017－03/06/content_5173930. htm.

［7］付帅光. 基于人口老龄化的中国城镇养老模式探究［D］. 天津大学，2011.

第十八章
禄劝县助残脱贫模式

第一节　研究目的与意义

残疾人是特殊的社会群体。关爱残疾人，帮助和支持残疾人自强自立，是全社会的共同任务，也是建设小康社会、和谐社会需要研究的重大课题。因此，在构建社会主义和谐社会以及全面建成小康社会的进程中，对农村残疾人扶贫开发问题进行研究有着重大的现实意义[1]。由于劳动能力受限、文化水平偏低、技能缺乏、机会不均等、扶贫资金投入不足等原因，残疾人是贫困人群中贫困程度最深、帮扶难度最大、返贫率最高的特困群体，是农村扶贫工作的重点人群之一，是打赢脱贫攻坚战的重点和难点。到2016年底，我国农村残疾人超过520万人[2]，要实现2020年农村残疾人全面脱贫可谓任重道远，因此，在当前的脱贫攻坚战中，如何帮助残疾人脱贫致富已成为贫困山区精准扶贫工作面临的重要课题。目前，关于残疾人贫困及脱贫策略的研究已有文献涉猎，但总体上还很少，亟须进一步强化研究，尤其是如何依托国家精准扶贫政策开展残疾人精准脱贫的研究还是凤毛麟角[3]。郭钰霞分析了农村残疾人贫困的原因、影响以及扶贫开发的历史进程，并提出了农村残疾人扶贫开发的措施[4]。郑功成等认为我国残疾人扶贫形成了多元参与的格局，国家鼓励社会组织、社会工作者和志愿者等社会力量利用捐赠、设立助残项目、创办助残服务机构、提供助残志愿服务等途径参与残疾人社会救助[2]。2016年中国残疾人联合会联合中央组织部等26个部门联合印发的《贫困残疾人脱贫攻坚行动计划（2016—2020年）》指出，到2020年，实现贫困残疾人"两不愁三保障"，基本康复服务、家庭无障碍改造覆盖面有效扩大[5]。

位于我国西部金沙江高山峡谷区的禄劝彝族苗族自治县，既是一个集山区、农业、贫困为一体的少数民族自治县，也是国家592个扶贫开发工作重点县之一，其贫困面广、贫困程度深，脱贫攻坚任务艰巨[6]。同时，该县残疾人口数量众多，截至2018年11月，全县持证残疾人总数达16566人，其中，一级残疾1645人，二级残疾4387人，三级残疾3109人，四级残疾7425人。在残疾人中，有2776人享受低保，纳入建档立卡贫困户残疾人 5540 户，其中：一级、二级重度残疾人有 6032 人，建档立卡残疾人 2234 人，建档立卡率达到 37.04%；三级、四级残疾 10534 人，建档立卡残疾人 3306 人，建档立卡率为 31.38%。实施脱贫攻坚战以来，在禄劝县委、县政府的强力领导下，禄劝彝族苗族自治县残疾人联合会砥砺奋进、真抓实干，全力贯彻落实脱贫攻坚的各项部署，不断提高为残疾人服务的能力，从住房、医疗、残疾人子女上学及增收等诸多方面出台了相应的政策和举措，在扶贫攻坚工作中取得了很好的成效，为禄劝县残疾人脱贫事业做出了重要贡献。本章对该县农村残疾人扶贫模式的具体做法、主要成效、创新点和成功经验做一挖掘、总结和凝练，旨在为云南省乃至其他省（区、市）残疾人精准扶贫与脱贫攻坚提供必要的参考和借鉴。

第二节　助残脱贫模式的具体做法

一　创新服务方式，实行集中鉴定办证

为确保禄劝县残疾人纳入扶贫范畴和应保尽保，突破传统办证方式，改变原有必须到市级医院鉴定评审的繁杂程序，禄劝县积极和省、市鉴定医疗机构对接，邀请昆明市鉴定专家到县第一人民医院、县中医院、县忠爱医院、县益康医院和各乡镇，为有办证需求的残疾人进行集中鉴定，为肢体残疾、视力残疾、听力残疾、精神残疾、麻风、脑瘫、智力残疾等类残疾人共 3073 人办理了残疾人证，减轻了残疾人的经济负担，为精准扶贫、精准脱贫打下了良好基础。

二　实施无障碍居家环境改造，改善残疾人生活条件

改善残疾人住房条件，完善残疾人无障碍设施。县住建局对残疾人农户住房进行鉴定，鉴定为 C、D 级危房的，县政府投入资金对 C、D 级危房进行修缮加固和重建，确保残疾人农户的住房安全。此外，积极争取省、市资金完善残疾人无障碍设施，以确保残疾人的住房安全和无障碍设施的完善，极大地改善了残疾人的生活条件。

三　实施残疾人创业就业园计划，助力残疾人自力更生

残疾人由于自身的原因，其就业和增收艰难，要解决好残疾人"两不愁三保障"（不愁吃、不愁穿，义务教育、基本医疗和住房安全有保障）的突出问题，增收是关键，而就业则是残疾人增收的有效途径之一。为拓宽贫困残疾人的就业渠道，禄劝县残联针对残疾人身体素质差、受教育程度低、掌握技能少、存在社会歧视等客观实际，找准差距补短板，引进企业建设残疾人创业就业园——奇诺威肠衣有限公司，为贫困残疾人量

体裁衣，设置对文化和身体条件要求低、劳动强度不大、用工密集的适合残疾人工作的就业岗位，创建扶贫车间，帮助残疾人就业脱贫。同时，深入深山沟箐、田间地头，动员引导除智力障碍、精神病以外的眼睛和手灵活的残疾人到该公司就业。对到该公司就业的残疾人员工在享受残疾人有关政策方面给予优先考虑，激励创先争优残疾员工带动其他残疾户到公司就业，实现就业增收脱贫，为残疾人在脱贫奔小康的路上不掉队提供有力保障。

通过残疾人农村实用技术培训项目、残疾人自主创业补助项目、残疾人机动车驾驶证补贴项目，充分调动、鼓励残疾人创业、就业、学习技能的热情，提高了贫困残疾人农村种养殖业的农业生产技能，为提高残疾人的脱贫致富能力奠定了良好的基础。

四 抓实健康扶贫，重视残疾人子女教育工作

由于残疾人属于特殊群体，抓实残疾人健康扶贫是一项重要的工作，除了实行基本的残疾人员医疗政策外，定期组织医疗队伍对残疾人进行检查，同时积极争取省、市资金，对一些残疾人进行帮扶。在残疾人子女教育问题上，实现基本义务教育保障，如遇义务教育年龄段子女因残疾不能上学的情况，及时联系当地教师进行上门送教，同时积极联系挂包帮和其他帮扶资金对残疾人子女上高中、大学等义务教育外的高等教育进行资金帮扶。

第三节 助残脱贫模式的主要成效

一 提升残疾人的人居环境，保障住房安全

以"七改三清"提升人居环境为目的，将昆明市残联的无障碍试点项目争取到禄劝县实施，给 847 户残疾人提供坡道建设、卫生间改造、扶手安装、院内及门外道路硬化、太阳能安装等服务，投入资金 430 万元；争取资金落实农村残疾人危房改造及对残疾人的帮扶救助。在禄劝县住建部门的协助下，县残联对 189 户农村残疾人危房进行改造，投入资金 214.2 万元；向上级争取实施到户扶贫项目 839 户，投入资金 128 万元。

二 保障残疾人健康和子女教育

禄劝县残联组织实施残疾儿童康复救助"七彩梦行动计划"，开展"0~6 岁残疾儿童抢救性康复工程"项目，开展筛查出有康复需求的残疾儿童 97 人，已送相应康复机构进行康复治疗，发放婴幼儿贝因美奶粉 238 桶，发放轮椅 222 台、助行器 15 副、腋杖 170 副、坐便椅 29 个、手杖 38 根，装配假肢 26 例，发放电动三轮车 33 辆，免费为 236

名低视力患者验配助视器，免费为7名6岁以下儿童安装人工耳蜗，免费为1523名精神病人做体检，为30名贫困精神病人免费提供药品，投入资金3万元。

积极争取省、市残疾人扶贫项目落地禄劝县。将省残联在昆明地区的"欢声笑语"项目争取到禄劝实施，免费为352名听力残障患者验配发放助听器，折合资金7.18万元；广泛开展各类残疾预防和康复知识宣传教育活动，促使残疾预防和残疾人的康复意识不断得到提高，残疾人精准康复工作扎实开展。

实施"阳光家园计划"，对智力、精神和重度残疾人实行托养服务，托养残疾人384人，投入资金48.68万元。实施大、中专残疾人学生及残疾人子女助学项目，落实帮扶人数95人，投入资金22.2万元。资助210名困难在校高中残疾学生及残疾人子女，帮扶资金22.65万元。联系爱心企业资助3名贫困残疾人子女上大学。

三 强化培训提能

残疾人脱贫增收离不开技能的提升。为此，县残联及时下拨培训资金，并认真组织各乡（镇、街道）开展好专职委员及残疾人生活技能及实用技术培训等工作。同时，还利用残疾人特色产业创业就业园平台，依据残疾人的残疾程度及就业特点，引导残疾人宜绣则绣、宜编则编、宜种则种，精心设置培训内容，将切实可行的生产技术、就业技能向残疾人群体推广，增强残疾人脱贫致富本领和自身发展能力。另外，还推荐残疾人参加计算机、电子商务、手机维修、美甲等培训。近三年来，有1294名残疾人得到培训，通过学习培训，他们的生产、生活技能确实提高了。

四 落实政策，兜底保障脱贫攻坚

自2016年执行困难残疾人生活补贴和重度残疾人护理补贴以来，有6658名农村残疾人被纳入最低生活保障并享受困难残疾人生活补助，有7680名残疾人享受重度残疾人护理补贴。对残疾人进行临时生活救助惠及87人，投入资金32.38万元。

五 拓宽残疾人就业渠道，为贫困残疾人增收

禄劝奇诺威肠衣有限公司已安置115名贫困残疾（肢体残疾、语言残疾、听力残疾）人及家属、87名建档立卡户在扶贫车间稳定就业，收入在2100元至6300元。自公司成立以来，累计就业500余人次。扶贫车间扩建以后，将为禄劝县残疾人及贫困户提供500~800人的就业岗位，为巩固残疾人脱贫再添新力量。为此，禄劝奇诺威肠衣有限公司先后得到了省、市、县各级领导的关注与好评，因稳定带动残疾人和建档立卡贫困户就业增收，先后被评为"禄劝残疾人创业就业示范基地"、"昆明市残联扶贫就业

示范基地"和"云南省残联扶贫就业示范基地",整个脱贫创建呈现企业蒸蒸日上、残疾人干劲十足的良好局面。

千方百计争取上级扶贫项目资金,为扶贫点谋划产业发展新路子。三年来,帮扶对联系挂包的云龙乡拥箐村委会懂刀下组投入4.5万元发展养蜂、则黑乡万德和打车村委会合作社投入34.2万元用于发展种植和养殖产业,投入10万元扶持贫困残疾人就业基地、投入26.9万元扶持带头发展产业的残疾人,慰问贫困残疾人、残疾人运动员和困难老党员,投入33万元扶持残疾人合作社和提供残疾人就业岗位的小企业,扶持861户贫困残疾人种养殖户,投入资金181万元。为75名残疾人落实并发放自主创业资金39.7万元,为58名残疾人落实机动车驾驶补助,投入资金13.65万元。安排205名不同种类的残疾人(含残疾人专职委员)就业,使20人成为农家书屋管理员,补助经费7.2万元。

通过对禄劝县30户典型残疾人脱贫户2018年享受政府帮扶的收入状况进行调查(见表18-1),结果表明,30户残疾人脱贫户2018年家庭纯收入平均为25879元,人均纯收入8514元,远超过2018年云南省贫困线标准(3500元)。从政府帮扶的扶贫效果来看,这30户残疾人脱贫户2018年在禄劝县政府的帮扶措施下,纯收入平均为16471元,占2018年家庭纯收入总数25879元/户的63.65%。从平均水平来看,即使不计其他方面的收入,只计政府帮扶的纯收入,这30户脱贫户(共109人)的人均纯收入亦达4533元,明显超过2018年云南省贫困线标准。可见,禄劝县残疾人扶贫成效是显著的。

表18-1　禄劝县典型残疾人脱贫户2018年收入情况

农户编号	家庭人口数(人)	残疾人数(人)	享受到的帮扶	家庭纯收入合计(元)	人均纯收入(元)	享受到的帮扶收入(元)	帮扶纯收入占家庭总纯收入的比例(%)
01	1	1	肠衣厂职工	15658	15658	15658	100.00
02	6	2	肠衣厂职工	40920	6820	16920	41.35
03	3	2	肠衣厂职工	18470	18470	18470	100.00
04	3	1	肠衣厂职工	39749	13249	15749	39.62
05	5	1	肠衣厂职工	59474	11895	59474	100.00
06	5	2	肠衣厂职工	19781	3956	15281	77.25
07	5	1	肠衣厂职工	62279	12456	14279	22.93
08	1	1	肠衣厂职工	22990	22990	22990	100.00
09	3	1	肠衣厂职工	12685	4228	12685	100.00
10	3	1	肠衣厂职工	16390	5463	11890	72.54
11	4	1	肠衣厂职工	15726	3931	11226	71.38

农户编号	家庭人口数（人）	残疾人数（人）	享受到的帮扶	家庭纯收入合计（元）	人均纯收入（元）	享受到的帮扶纯收入（元）	帮扶纯收入占家庭总纯收入的比例（%）
12	5	1	种养殖扶持	23000	4600	8000	34.78
13	4	1	种养殖扶持	24300	6075	16000	65.84
14	3	1	种养殖扶持	15000	5000	6000	40.00
15	4	2	种养殖扶持	16800	4200	3000	17.86
16	4	1	种养殖扶持	20000	4000	7000	35.00
17	4	1	种养殖扶持	18650	4663	2500	13.40
18	4	1	种养殖扶持	18000	4500	4000	22.22
19	4	2	种养殖扶持	21000	5250	3000	14.29
20	3	1	种养殖扶持	17500	5833	2000	11.43
21	2	1	肠衣厂职工	20000	10000	20000	100.00
22	4	1	肠衣厂职工	40000	10000	25000	62.50
23	3	1	肠衣厂职工	50000	16666	50000	100.00
24	5	1	肠衣厂职工	18000	3600	18000	100.00
25	1	1	肠衣厂职工	20000	20000	20000	100.00
26	4	1	肠衣厂职工	25000	5260	15000	60.00
27	4	1	肠衣厂职工	35000	8750	25000	71.43
28	4	1	肠衣厂职工	25000	6250	15000	60.00
29	3	1	肠衣厂职工	20000	6666	20000	100.00
30	5	1	肠衣厂职工	25000	5000	20000	80.00
平均	4	1		25879	8514	16471	63.65

第四节　助残脱贫模式的创新点

禄劝县在对残疾人脱贫攻坚中能够取得上述良好的成效，主要得益于该县不断开展实地走访、摸清家底、充分了解残疾人的需求和自身条件、积极实施残疾人精准帮扶策略。

一　结合残疾人身体情况，进行轮流式务工策略

残疾人随时会出现身体疼痛或者复发的情况，尤其是一、二级残障人员更为明显，因此，要不定时地进行复查。禄劝县奇诺威肠衣有限公司对残疾人员工进行间歇式上班分配，合理安排残疾人工作时间，并实行保底工资制，确保务工残疾人员的健康和基本的工资收益。

二　设置收容所，解决残疾人务工的后顾之忧

在禄劝县的残疾农户家庭中，出现了这样一种现象：一个残疾人需要一个健全者去照顾，许多残疾家庭有正常的劳动力，但家中的残疾人限制了健全者的劳动力，也就限制了健全人口外出务工，导致整个家庭的收入来源大幅度减少。为此，该县通过分乡镇、分村委会设置就近的残疾人托养所，不仅解决了残疾人的生活问题，还把残疾农户家中正常的劳动力解放出来，极大地提高了残疾农户的家庭收入。

第五节　助残脱贫模式的成功经验

一　抓好残疾人就业指导工作，拓宽残疾人就业渠道

坚持"集中与分散相结合"的残疾人劳动就业方针，开展残疾人培训、能力评估、就业登记、就业介绍等系列化服务工作，落实优惠政策，鼓励和引导更多的企业吸纳有劳动能力的残疾人就业；出台激励措施，动员社会力量兴办福利企业，集中安置残疾人就业；对残疾人自主创业的，加大政策资金扶持力度。

二　加强残疾人保障和服务工作

加大对发展残疾人事业的财政投入，鼓励开展残疾人日间照料和居家托养，将残疾人切实纳入社会救助、社会保险、医疗保险和社会福利体系，落实最低生活保障、医疗救助、康复救助等社会救助政策和措施，扩大社会保障体系在残疾人中的覆盖面，加大残疾人享受"低保""五保"等社会保障的力度。

三　引导支持社会资本建设集中托养机构

残疾人托养机构的建设和完善对于残疾人脱贫攻坚至关重要。残疾人托养不能仅仅停留在县级层面集中托养，县级层面集中托养满足不了全县残疾人的托养需求，同时也不便于偏远的残疾人的托养，要积极探索以"居家为基础、社区为依托、机构为支撑"的残疾人托养服务体系，同时鼓励社会力量兴办残疾人托养服务机构，可采取一次性建设补贴、以奖代补、购买服务等方式支持社会办托养机构，解决重度残疾人生活、护理、康复等需求。

四　扩大宣传范围，营造全民扶残助残的氛围

利用各类新闻媒体等平台，深入宣传《中华人民共和国残疾人保障法》，在全社会

尤其是党员领导干部中加强残疾人政策法规学习教育，增强扶残助残的自觉性。加强典型宣传，大力宣传残疾人自强模范，鼓励引导广大残疾人自立自强，积极宣传为残疾人事业做出积极贡献的先进单位和爱心人士，形成全社会都关心支持残疾人事业的良好氛围。

参考文献

［1］王新宪. 全面建设小康社会　残疾人要紧紧跟上［J］. 残疾人研究，2013（1）：10－11.

［2］郑功成，杨立雄. 中国残疾人事业发展报告［M］. 北京：人民出版社，2017：14－129.

［3］胡志军. 个案工作介入农村贫困残疾人脱贫能力提升研究——以吉安县 H 村为例［D］. 井冈山大学，2018：4－5.

［4］郭钰霞. 当代中国农村残疾人扶贫开发问题研究［D］. 吉林大学，2015：6－11.

［5］中国残疾人联合会. 中国残联解读《贫困残疾人脱贫攻坚行动计划（2016—2020 年）》［EB/OL］.（2017－03－03）［2020－02－29］. http://www. cdpf. org. cn/zcft/zcjd/201703/t20170303_583710. shtml.

［6］Zisheng YANG，Renyi YANG，Kaibo TIAN，et al. Reconstruction Mode of Rural Dilapidated Houses in Alpine and Gorge Area of Southwest China——A Case Study of Scientific Identification and Precision Reconstruction of Rural Dilapidated Houses in Luquan County，Yunnan Province［J］. Asian Agricultural Research，2019，11（2）：57－64.

第十九章
禄劝县傈僳族"整族推进"扶贫模式

第一节 研究目的与意义

消除（或减少）贫困，是人类社会发展的基本要求[1]。我国作为世界上最大的发展中国家，改革开放40多年来，持续开展了以农村扶贫开发为中心的减贫行动，在全国范围内开展有组织、有计划的大规模开发式扶贫，先后实施《国家八七扶贫攻坚计划（1994—2000年）》《中国农村扶贫开发纲要（2001—2010年）》《中国农村扶贫开发纲要（2011—2020年）》等中长期扶贫规划。中共"十八大"以来，中共中央把贫困人口脱贫作为全面建成小康社会的底线任务和标志性指标，做出一系列重大部署，以前所未有的力度推进，中国扶贫开发进入了脱贫攻坚新阶段。2015年11月，中共中央、国务院发布《中共中央　国务院关于打赢脱贫攻坚战的决定》，明确了脱贫攻坚的目标和标准，确立了精准扶贫精准脱贫的基本方略，建立了中国特色的脱贫攻坚制度体系[2]。2017年10月，中共十九大提出了坚决打赢脱贫攻坚战的战略目标，把精准脱贫作为决胜全面建成小康社会必须打好的三大攻坚战之一[3]；2018年6月，中共中央、国务院印发了《中共中央　国务院关于打赢脱贫攻坚战三年行动的指导意见》，再次庄严承诺"确保到2020年贫困地区和贫困群众同全国一道进入全面小康社会"[4]。目前，我国的脱贫攻坚战取得了决定性进展。据世界银行测算，按照人均每天支出1.9美元的国际贫困标准，过去40年来中国共减少贫困人口8.5亿多人，对全球减贫贡献率超过了70%[5]。按我国现行贫困标准，1978年至2017年，全国农村贫困人口由77039万人减少到3046万人，净减少73993万人，贫困发生率由97.5%下降到3.1%[6]。自2012年以来，中国每年有1000多万人稳定脱贫。位于我国西部金沙江高山峡谷区的禄劝彝族苗族自治县是一个集"山区、民族、农业、贫困"为一体的少数民族自治县，被列为全国592个国家扶贫开发工作重点县之一，其贫困面大，贫困程度深[7]。全县少数民族达23个民族，尤其以彝族、苗族、傈僳族等族人口较多。这些少数民族大多分布于山高坡陡、交通不便、信息闭塞、经济落后的山区，其贫困状况非常突出。为了实现打赢脱贫攻坚战的目标，近几年来，禄劝县深入贯彻落实习近平总书记提出的"全面实现小康，少数民族一个都不能少，一个都不能掉队。要以时不我待的担当精神，创新工作思路，加大扶持力度，因地制宜，精准发力，确保如期啃下少数民族脱贫这块硬骨头，确保各族群众如期实现全面小康"[8]的指示精神。2016年，该县制定了《禄劝彝族苗族自治县"脱贫摘帽"少数民族整族推进县级领导挂钩联系方案》，全力打好少数民族脱贫攻坚战。在"脱贫摘帽"少数民族整族推进中，涌现了云龙乡耐下村傈僳族"整族推进"精准扶贫、打造市级"民族团结示范村"等不少典型做法和案例，表明实施整体精准脱贫工程是解决少数民族群众可持续生存发展的根本手段和必由之路，值得其他贫困民族地区借鉴。基于多次实地调研、入户调查和县、乡、村干部访谈，本章对该乡典型村民小组——耐下村民小组傈僳族"整族推进"扶贫模式的具体做法、主要成效、成功经验以及推广应用举措进行挖掘、总结和凝练，旨在为云南省乃至其他省（区、市）少数民族集聚区精准扶贫与脱贫攻坚提供必要的参考和借鉴。

第二节　研究区域概况

云龙乡位于禄劝县西北部，最高海拔4224米，最低海拔872米，乡境内山高谷深，自然条件恶劣，"山高、坡陡、崖险、谷深"是该乡地形的基本写照。该乡大部分土地属于高海拔地区，土壤贫瘠，气候寒冷（属典型山区冷凉气候），交通不便，产业结构单一，经济发展受限。2014年前，当地各族群众仅靠种植玉米、马铃薯等传统农作物维持生计，收益低下，致使该乡贫困面很广，贫困程度很深，全乡建档立卡贫困户为787户、贫困人口为2492人，贫困发生率（这里指建档立卡贫困人口数占农业户籍人口总数的比例[9]）达12.22%。全乡所辖7个村委会中有6个为贫困村，其中有5个深度贫困村。云龙乡作为禄劝县少数民族人口占比较高的乡镇之一，同时也是贫困发生率较高的乡镇之一，其下辖的新山村、新合村、拥箐村也是禄劝县实施脱贫攻坚傈僳族整族扶贫工作的主战场。

云龙乡新山村委会耐下村民小组地处山区，是"直过民族"傈僳族的聚居地，该组共有农户44户200人，其中，建档立卡贫困户10户34人，贫困发生率达17.00%。由于民族构成的复杂性及"直过民族"区边远和封闭的空间地理特征，其成为不同于其他民族地区的一个特殊贫困区域。新中国成立后，云南"直过民族"虽然实现了从原始社会制度向社会主义制度的转变，但由于区位、历史、文化等多种原因，成为云南省脱贫攻坚中最难啃的"硬骨头"。与其他民族相比，"直过民族"具有"三个最"的特征：最贫困地区、最特殊族群、最弱势群体。如何带领傈僳族贫困群众走出贫困，实现持续增收和稳定脱贫，是耐下村至云龙乡全体共同面临的最大难题。为了脱贫攻坚这一宏伟的民生工程，2014 年以来，耐下村民小组在禄劝县委和县政府、云龙乡党委和政府、新山村委会"三委"的带领下，坚持贯彻落实习近平总书记"全面实现小康，少数民族一个都不能少，一个都不能掉队"的指示精神，结合当地少数民族众多、发展不平衡、贫困程度深的实际，以傈僳族贫困群众整族脱贫为重点，坚持"同步提升、同步发展"机制，突出"精准发动、精准施策"标准，立足"全域覆盖、全面脱贫"方法，着眼"民族和睦、社会和谐"目标，经过五年的脱贫攻坚持久战，形成了行之有效的"整族推进"扶贫模式。2018 年昆明市将该村命名为"民族团结进步示范村"，取得了较好的扶贫效果。截至 2018 年底，耐下村建档立卡贫困户全部达到了国家规定的脱贫标准，贫困发生率降为 0，实现了脱贫目标。

第三节　"整族推进"扶贫模式的具体做法

一　建立"一体"机制，合力脱贫攻坚

一是落实上级部署，吸纳县级资源。云龙乡充分利用县级政府在傈僳族脱贫攻坚的高位统筹、全面部署功能，按照禄劝县工作要求，同步开展"三个百日会战"，按照"一个少数民族一个县委常委包保，一个少数民族一套脱贫实施方案"，积极对接吸纳县级资源，通过配合大量调研、组织具体研究，确定了云龙乡"整族推进"的作战图和时间表，坚持同一机制、同一步骤、同一标准。2016 年，以"先行先试、精准施策"为主线，以"路、房、水、业"为重点，优化产业布局，组织外出务工，实施基础设施建设；2017 年，以"动态调整、全域覆盖"为主线，全面实施"稳定增收阵地战、危房改造歼灭战、人居环境提升战"三个会战，全面落实精准扶贫举措；2018 年，以"查缺补漏、问题清零"为主线，全面实施"指标核查纵深战、全面达标巩固战、百日冲刺收官战"三个会战，总结经验，乡级考核、贫困退出、考核验收准备工作全面完成。同时，积极对接市县资源，吸纳市县帮扶单位 4000 余万元资金定向投入基础设施、产业发展建设，实现上下一线、多方合力脱贫攻坚。耐下村按照云龙乡工作要求，结合当地特殊情况，因地制宜地积极推进上级作战时间表，成效显著。

二是动员乡镇力量，统一作战格局。基层干部是党委政府的代言人，是民族群众的主心骨，是党委政府和民族群众的连心桥。云龙乡坚持"各级书记共抓扶贫""各级干部同步推动"的脱贫攻坚工作格局，确定乡级领导直接挂钩、干部职工包村包户的一线作战机制，落实 7 名正科级领导包村，1 名正科级、6 名副科级领导挂村，77 名干部职工包户制度，签订军令状，落实责任书，压实"两级书记抓脱贫"责任，建立了脱贫摘

帽责任体系，充分调动云龙乡各级党员干部深入各村寨开展"两联系一共建双推进"、党员"五带头五创一流"活动，用统一部署凝聚力量，用实际行动带动傈僳族群众脱贫攻坚。

三是压实村级责任，发挥领导作用。云龙乡坚持选优配强贫困村、选派第一书记作为傈僳族行政村脱贫攻坚一线指导员，转换角色充当扶贫"宣传员""信息员""指导员"，坚持思想带动、行为发动、人脉驱动、资源推动，用真心实意帮扶到村到户，给傈僳族群众打开思维、传播技术，带领群众自力更生、艰苦奋斗。耐下村挂包干部把贫困群众看成自己亲人，与民建立心连心、情投意合的手足情，共同攻坚克难，市县单位帮扶、乡级领导挂钩、村上分片包保、干部职工包村包户、帮扶责任人真心实意，不仅工作做好了，群众满意度也大幅提高。

二 确立"三扶"脉络，精准施策发力

一是精准"扶志"，改变等、靠思想。云龙乡坚持扶贫先扶志气、扶思想、扶路子，将傈僳族群众的思想发动贯穿脱贫攻坚始终，通过持续落实县级政府"六个百家""十百千万"行动，带领全镇驻村扶贫工作队、驻村工作队员、各级党员干部职工，全面深入基层、深入村寨、深入农户。耐下村组作为傈僳族聚居村，语言交流上存在障碍，且村民居住分散，对脱贫政策宣传带来极大困难。集思广益，云龙出新招、干实事：召集熟悉傈僳语的同志，录制了云龙乡脱贫攻坚政策宣传傈僳语等多种少数民族语语音文件，通过覆盖到每一个村小组的"村村响"大喇叭，向群众反复播放，让脱贫攻坚政策入耳入心。耐下村通过村民大会、党员大会、入户走访、串门聊天，深入开展"双讲双评""三讲三评""六个百家""自强、诚信、感恩"主题实践活动，全面覆盖建档立卡户。不拘泥于形式的开展政策宣讲和解读，在田间地头、房前屋后将脱贫政策讲细、讲透，找实、找准困惑问题，做深、做通群众思想，引导群众正确看待扶贫、积极参与脱贫，摒弃"争、抢、当"贫困户行为，破除"等靠要"脱贫思想，激发群众脱贫致富的勇气，推进扶贫方略转化为广大少数民族贫困群体的自觉行动。

二是精准"扶技"，提升增收技能。在上级部门的指导支持下，耐下村结合自身特点，坚持把提升傈僳族增收能力作为脱贫攻坚的重点，针对部分傈僳族群众习惯于传统农耕，不想、不愿外出务工，务工增收难的问题，坚持以"授人以渔"的方式，鼓励督促本组村民参加上级组织开展的傈僳族新型职业农民培育、新型农民科技培训、农业科技骨干培训累计18场次，使脱贫攻坚过程成为民族群众素质提升的过程、成为增强民族群众自我发展的过程，着力提高傈僳族贫困群众的自我发展能力和创收增收技能。同时，为扩宽脱贫渠道，鼓励傈僳族群众积极外出务工，开展劳动力情况调查摸底，建立

傈僳族群众求职信息档案，组织傈僳族"订单式""定向式""定岗式"培训，举办"精准扶贫专场招聘会"等，该组成功输出 16 户 26 余人务工，确保家家户户外出有门路，多渠道多方位打开脱贫致富渠道。

三是精准"扶智"，阻断代际传递。云龙乡加大傈僳族教育扶持力度，落实少数民族教育发展工程，按时兑现各类就学补助，全乡享受"雨露计划"学生百余人次，享受水源区学生补助 758 人，享受"三免一补"政策学生 127 人。建立完善建档立卡贫困户子女从学前教育到大学教育"一条龙"全方位资助体系，彻底解决乡域内贫困学生上不起学的问题。稳定师资资源，根据路程远近、条件艰苦程度，每月为每位教师发放 500 元乡镇岗位津贴，500 元至 1950 元乡村教师生活补助和 800 元的自治县津贴。与云南民族大学签订招生合作协议，设立云龙中学少数民族班，定向招录、委培 19 名大学生（傈僳族 5 人），使傈僳族学生受教育程度大幅提升，有效阻断贫困代际传递。耐下村民小组确保义务教育阶段适龄青少年 100% 入学，严格落实各阶段各项政策。按规划 2018~2020 年，义务教育阶段享受"两免一补"、营养改善计划政策学生 12 人，高中阶段享受"雨露计划"政策学生 2 人，享受高等教育资助"通用语言及普通话推广"30 人次。

三　实施"全域"工程，实现持久脱贫

一是加快"三基共推"。云龙乡坚持"农房、交通、水利"等基础设施建设，为实现"全域覆盖、全面发展"，先行规划编制全乡脱贫巩固提升项目，形成分年度、分层级的任务清单、责任清单。在云龙乡的大框架下，耐母单下组进行全覆盖摸排，精准识别农村 C、D 级危房，坚持"以己为主、多方施策、一房一策"原则，严格"五个一"机制，签订军令状，建立包保制，严格技术标准，监理全程跟踪，严把质量安全。2017~2018 年实施 C、D 级农村危房改造 26 户，修缮加固 22 户，重建 4 户，其中四类重点 7 户：建档立卡 2 户，低保 4 户，贫困残疾人家庭 1 户。截至目前入住率达 100%，全村群众均实现安全稳定住房。打造出"云龙耐母"当傈僳族等"望得见青山、看得见绿水、记得住乡愁"的民族特色村寨，形成具有禄劝特色的一二三产融合发展产业模式，带动各族群众持续增收、稳定增收。耐下村实施"道路基础建设"工程，推进通村道路新（改扩）建、路面硬化、安全防护工程建设，基础设施明显改善，进村道路、村内道路硬化率达 100%。民族地区群众出行难、物资运输难、产品销售难问题得到有效解决，农村地区发展瓶颈得以基本破除。结合本组实际，投资 90 万元新建成 120 平方米村小组活动场所及篮球场一个，新建约 60 平方米公厕 1 间。实施"水利安全建设"工程，突出农村水质提升、饮水安全，让民族地区群众喝上安全水、放心水、健康水，实现农村安全饮水全覆盖。耐母单下组通过不懈努力，持续开展环境卫生整治工作，达到民族

团结、乡风文明、邻里和睦，村容整洁的社会主义新风尚进一步得到提升。

二是实施产业稳收工程。傈僳族是"直过民族"，耐母单下组作为傈僳族聚居村依旧保留了直过民族的一些特点，靠山吃山、靠水吃水，生产相对简单、特征较为突出，其以传统玉米、核桃、板栗等农产品生产为主，看天获收成，经济收入难以提高。县、乡、村基于实际情况和现实条件，狠抓产业发展，着眼"生态美、产业强、百姓富"目标，按照"一乡一业、一村一品、一户一策"思路，提高产业发展组织化程度，在传统种养殖基础上发展特色产业，通过乡农科站取点测土，实施以青椒、鲜销豌豆、葛根、蟠桃等为主的新型特色农产品种植。禄劝县培育少数民族专业合作社283个，其中傈僳族6个，耐母单下组共种植核桃43.60公顷、板栗79.13公顷、烤烟10.67公顷、鲜销豌豆22.33公顷，青椒新植13.33公顷，蟠桃新植3.33公顷，葛根新植0.67公顷，并依托1个乡级服务中心、7个村级服务点，实现电商平台外销，形成群众参与面广、见效快、收益高、链条长、增收可持续的特色现代产业体系。同时，依托独特的红色文化、悠久的民族文化、优美的自然风光、特有的高原生态，发展民族特色旅游产业，结合"扶贫贴息贷款"整合资金，打造出以"云龙耐母"当傈僳族民俗村寨为代表的民族民俗文化旅游、民居民宿旅游特色村寨，形成具有禄劝特色的一二三产融合发展产业模式，带动各族群众持续增收、稳定增收。通过上述措施的持续推进，云龙乡、耐下村有效增加了傈僳族群众家庭经济收入，并实现稳定创收增收、稳步脱贫致富。

三是实施医疗社保生态兜底工程。云龙乡健全傈僳族医疗卫生服务体系，建立大病、慢性病救助资金，完成4个标准化卫生室建设并投入使用，开展贫困户体检5次，全乡大病集中救治、重病兜底保障准确落实到位，慢病签约服务管理达1056户（贫困户100%全覆盖签约服务）。耐下村民小组落实低保政策，实现应保尽保，全组村民医保参达率100%，适龄村民参加养老保险率达100%，建档立卡贫困户家庭医生签约服务达100%。推进生态补偿工作，按时兑现所有村民小组公益林、退耕还林、农改林、地力补贴等各项生态补偿政策，为傈僳族群众生活品质建成兜底保障机制，有效提升幸福指数。

四　着眼"和谐"共建，致力民族和睦

一是共创生活和美。自脱贫攻坚工作开展以来，耐母单下组以脱贫攻坚为引领，以民族团结进步示范村为契机，以"七改三清"为抓手，着眼于傈僳族群众生产生活的迫切需要，突出民生改善，解决民族地区群众增收难、出行难、饮水难问题，保障群众吃饱穿暖的同时，开展移风易俗，倡导文明新风，变革生产生活习惯，改善生产生活环境。耐母单下组先后实施农业基础设施、民生水利工程等项目，持续开展环境卫生整治

工作，建成公厕 1 间，安装太阳能路灯 19 盏，硬化入村入户道路 2000 余米，粉刷具有民族特色的外墙、砂浆抹平、泥子粉刮白外墙约 14000 平方米。在省、市级财政的支持下，建设"2016 年美丽宜居乡村省级重点村"，成功打造"耐母单村美丽宜居乡村"。完善文化基础设施，该组新建文化活动室、篮球场，开展民族传统文化村落保护行动，传承和保护傈僳族传统文化，组织参与文艺汇演、民歌大赛等活动，为少数民族群众提供丰富多彩的文化服务。

二是共创民族和睦。县、乡、村各级紧紧围绕"共同团结奋斗，共同繁荣发展"主题，以改善各民族的生产生活条件，促进各民族团结进步，提高各族群众的幸福感和满意度为目标，把谋求民族经济发展和社会进步作为贯彻党的民族政策、维护民族团结的头等大事。耐母单下组积极落实禄劝县民族宗教政策，积极推进民族团结宣传教育，深入开展民族团结进步创建"六进"活动，引导各族群众在尊重差异、包容多样的基础上，讲好民族团结好故事、唱响民族团结主旋律，培养中华民族共同体意识，增强中华民族文化认同、民族团结工作取得长足发展。2018 年耐下村被市级命名为"民族团结进步示范村"。传承保护各民族文化，举办广场日活动、民族文化习俗展示、民族传统体育竞技、民族民间技艺比赛等富有特色的群众性活动，促进各民族文化的交流和交融，实现各民族文化共荣发展，巩固"平等、团结、互助、和谐"的民族关系，夯实民族和睦的思想共识。

三是共创社会和谐。发扬相濡以沫、和睦乡邻的传统美德，倡导扶危济困、守望相助的无疆大爱，借助禄劝县妇联、红十字会、共青团、统战等群团组织，汇聚社会各阶层力量，落实"万企帮万村""博爱送万家"等脱贫攻坚惠民工程。成立农村致富带头人帮扶协会，增强专业合作社、致富带头人的社会责任心，推动新型农村合作经济对贫困群众的带动力、覆盖面，形成"集体带个体""党员带群众""先富带贫困"的利益联结带动机制。强化村民自治，充分发挥村民（代表）大会的自治作用，通过完善乡规民约，把贫困对象识别、扶贫项目规划、农村危房改造、扶贫资金使用等纳入村民会议、群众监督范畴，营造脱贫攻坚人人参与、人人知晓、公平公正的良好氛围，提升群众满意度。开展"邻里守望"志愿服务活动，倡导和谐邻里关系，成立政府关爱基金，关爱留守老人、留守儿童、留守妇女，形成睦邻友好、崇德向善、遵德守礼、孝老敬老、和谐和睦的社会良好风尚。

第四节　"整族推进"扶贫模式的主要成效

一　农户增收情况

通过全乡 1.1 万人民群众近几年的辛苦努力，截至 2018 年底，累计实现脱贫 775 户

2463 人，剩余贫困人口 12 户 29 人，贫困发生率 0.3%，6 个贫困村全部脱贫出列，初步摸索出一条符合云龙实际的脱贫攻坚路子，建立起一套体现云龙特色的精准脱贫体系。

云龙乡坚持"因地制宜、一乡一品"，全力打造"重点特色产业"。发展种植业 2004.87 公顷，覆盖农户 2115 户；种植经济作物 900.67 公顷，覆盖农户 1765 户；种植经济林果 4222.07 公顷，覆盖农户 2803 户；发展养殖业牲畜 51523 只（头），家禽 159608 羽，覆盖农户 2567 户。

按照"支部＋合作社＋农户"的模式，成立合作社 7 个，实现了合作社对建档立卡贫困户带动的全覆盖，成立乡、村两级脱贫攻坚致富带头人帮扶协会 8 个，发展会员 77 人，投入帮扶资金 95.6 万元，带动贫困人口就业 2644 人次。

自 2016 年以来，累计完成转移培训 25 期，粘贴和发放招聘通知 9600 份，完成劳动力引导性培训 3397 人次（建档立卡贫困户 1687 人次），农村劳动力转移就业 3280 人次（建档立卡贫困户 1192 人次），实现转移就业收入 4068 万元。精准安排乡村公共服务岗位，针对"无业可扶、无法离乡、无力脱贫"的建档立卡贫困劳动力和一般户"七类重点人群"，设立村庄保洁员、水利管护员、生态护林员、道路养护员等村组公共服务岗位 152 个，保证户均增收 6000 元，全乡贫困人口人均纯收入均超过国家扶贫标准。

二 典型脱贫户"整族推进"模式的扶贫效果

耐母单下组，隶属云龙乡新山村委会，地处山区，是"直过民族"傈僳族聚居地，是一个民风淳朴、村风和谐的民族团结进步示范村组。该组共有农户 44 户 200 人，其中建档立卡贫困户 10 户 34 人，贫困发生率达 17.00%。经过 5 年来的不懈帮扶，截至 2018 年底，建档立卡贫困户全部达到脱贫标准，贫困发生率为 0，实现了脱贫目标。

作为脱贫攻坚中的典型傈僳族村组，该组产业发展成效明显，通过各项政策扶持，挂包帮单位和职工结对帮扶，共种植核桃 43.60 公顷、板栗 79.13 公顷、烤烟 10.67 公顷、鲜销豌豆 22.33 公顷，青椒新植 13.33 公顷，蟠桃新植 3.33 公顷，葛根新植 0.67 公顷；劳务输出取得实效，通过劳务输出政策宣传、用工企业介绍和召开专场招聘会等形式，该组 16 户 26 余人外出务工。

通过对该乡深度贫困村新山村委会耐下村组全部典型脱贫户 2018 年产业收入状况进行调查（见表 19－1），结果表明，10 户脱贫户平均值 2018 年家庭纯收入 39774 元，人均纯收入 11479 元，远超过 2018 年云南省贫困线标准（3500 元）。从这 10 户脱贫户（共 34 人）的人均纯收入来看，最低为 5930 元，最高达 19688 元，明显超过 2018 年云南省贫困线标准。可见，"整族推进"模式的扶贫成效是显著的。

表 19 - 1　云龙乡耐母单下组贫困户 2018 年产业收入状况调查

单位：人，元

调查农户编号	家庭人口数	家庭纯收入合计	家庭人均纯收入
01	2	18248	9124
02	4	54172	13543
03	2	15822	7911
04	4	78752	19688
05	3	41786	13929
06	4	23719	5930
07	2	25540	12770
08	4	47662	11916
09	5	60691	12138
10	4	31347	7837
平均	3	39774	11479

对全乡 787 户（2492 人）建档立卡户逐户考核和验收结果表明，到 2018 年 12 月底，云龙乡已脱贫 775 户（2463 人），剩余贫困户仅 12 户（29 人），贫困发生率降至 0.30%，较 2015 年的 12.22% 降低了 11.92 个百分点，6 个贫困村（含 5 个深度贫困村、1 个省级贫困村）均达到了云南省规定的贫困村退出标准，已顺利退出（见表 19 - 2）。

表 19 - 2　云龙乡 2018 年末与 2015 年贫困发生率的对比

村委会	历年累计建档立卡贫困人口		2014 年末农业户籍人口数（人）	2015 年贫困发生率（%）	2018 年末未脱贫人口数		2018 年末贫困发生率（%）	备注
	户数（户）	人数（人）			户数（户）	人数（人）		
拥箐村	152	447	1444	13.29	3	5	0.35	深度贫困村
金乌村	22	62	214	22.9	0	0	0.00	省级贫困村
云利村	75	218	805	8.32	0	0	0.00	深度贫困村
联合村	95	348	703	10.37	2	10	1.42	深度贫困村
古宜村	142	468	1958	10.57	0	0	0.00	
新山村	158	494	2783	8.8	6	12	0.43	深度贫困村
新合村	143	455	1710	11.29	1	2	0.12	深度贫困村
总计	787	2492	9617	12.22	12	29	0.30	

第五节 "整族推进"扶贫模式的成功经验

一 整体划一，上下一心

耐母单下组取得的脱贫成效得益于云南省各级领导力量不遗余力地帮扶，尤其在禄劝县"落实整族包保机制，实施同步共享工程"的统一指挥下，始终坚持贯彻习近平总书记"全面实现小康，少数民族一个都不能少，一个都不能掉队"的要求，围绕少数民族"同步脱贫，共享小康"工程，从县级政府到村社小组、从党员领导干部到一般群众、从自身造血到外部输血、从自力更生到资源吸纳，采取超常规的手段推进扶贫工作，为加快傈僳族地区脱贫攻坚整合力量、压实责任、统一标准、精准施策、全域发力，使得傈僳族脱贫取得阶段性成果。

二 扶志扶技，自我造血

耐母单下组将精准"扶志"作为扶贫的首要战略，在脱贫政策宣传、扶志气、扶思想、扶贫路子上不遗余力，特别是作为傈僳族聚居村，为了解决宣传思想工作中的语言交流障碍、居民居住分散等问题，集思广益，创新"扶志"思路，在乡政府号召下召集熟悉傈僳语的同志，录制了脱贫攻坚政策宣传傈僳语等多种少数民族语语音文件，利用覆盖到每一户村民的"村村响"大喇叭，向群众反复播放，让脱贫攻坚政策入耳入心。同时，耐下组结合自身情况，不拘泥于形式的开展政策宣讲和解读，把"三讲三评"开到田间地头、房前屋后，让群众与村组干部、驻村工作队、挂包干部职工互讲互评，讲出心声民意、评出动力决心。

"扶志"为脱贫扫清思想障碍，"扶技""扶智"更是实现傈僳族群众打赢脱贫攻坚持久战、实现自我造血的重要法宝。耐下组明确"授人以鱼，不如授人以渔"，通过技能培训、招工点建设等，为傈僳族走向自我脱贫致富路开阔了窗口。加大基础教育覆盖面、完善村级中小学基础设施建设、给予贫困家庭充分的上学补助等，在真正意义上推进了傈僳族学生受教育程度大幅提升，有效阻断贫困代际传递，成为傈僳族脱贫致富走向持久、实现独立的重要路径。

三 全域共建，持续脱贫

针对傈僳族"直过民族"的特点，县、乡、村精准识别脱贫障碍、全面规划脱贫战略、稳步推进脱贫工程，用"三个百日会战"，一步一个脚印，稳扎稳打，通过相继实施少数民族素质提升工程、产业稳收工程、务工增收工作、教育发展工程、健康保障工程、安全饮水工程、民房改造工程、社会带动工程，推进"民族团结进步示范村"建设，分步骤有序实现傈僳族群众安居温饱、基础设施、产业发展、社会事业、素质提高、生态环境保护与建设等各方面长效改观。同时，在"立足当前改变一代人，着眼长远培养一代人"的民族工作思路指引下，加强教育、文化、卫生等社会事业服务体系建设，强化技能和职业培训，增强傈僳族群众的发展意识、市场意识、科技意识、竞争意识，培育以特色生态民族旅游业为主的产业发展体系，从根本上建立可持续脱贫致富的长效机制，确保实现了脱贫攻坚跨越式发展和可持续发展两大目标。正是这种近期目标与远期规划相结合、重点突破与整体推进相结合、经济产业发展与社会民生保障相结合、社会帮扶与自力更生相结合的方式，激发了云龙乡耐下村傈僳族脱贫致富的自我原生动力，推动全域社会经济发展走上了可持续与循环的发展道路。

第六节 "整族推进"扶贫模式的推广应用举措

近几年来，耐母单下组逐渐摸索出一条富有贫困地区少数民族特色扶贫之路。我国正处于脱贫攻坚阶段、脱贫工作白热化时期，剩下难以攻克的"硬骨头"亟待解决，而耐下组成功的"整族推进"模式并非不可复制，在相同或相似条件的地方也适合"整族推进"模式。同时，经验和启示在本质上是相通的，只要抓住该模式的核心思路，抓住持续发展的关键，便可结合实际借鉴"整族推进"模式。

一 "精准造血"是解决少数民族贫困问题的根本

首先，扶贫必须要有"精准度"，对于与耐下小组类似的深处内山、自然条件恶劣、土地稀少贫瘠、交通不便且产业结构单一的少数民族贫困区，扶贫更要瞄准贫困群众、抓好产业规划、结合实际环境、做好代际脱贫战略。通过"精准识别"少数民族困难群众及扶贫障碍，"精准帮扶"到村到户、因户施策，"精准管理"解决核心问题、保证长效，建立少数民族贫困区行之有效的技术脱贫、产业脱贫、政策脱贫方略，"精准扶贫"破解了是什么、怎么做的难题。

其次，传统的"输血式"扶贫方式弊病已久，"整族推进"强调的全员投入、长久规划、以人为本的思路，以扶志为主，扶技、扶智与扶贫相结合的脱贫策略，对于地处深山、靠山吃山、靠水吃水的少数民族地区群众具有明显的价值优势。"扶志"打开思想封锁，"扶技"激发创业激情，"扶智"用整族基础教育、职业教育方面的持续投入及代际整体能力素质的拔高阻断贫困的代际传递，这是一种坚持从群众中来、到群众中去的扶贫战略。

让贫困少数民族群众有实干的想法、实干的条件、实干的激情，是打赢脱贫攻坚战、实现脱贫致富的原生动力，任何"输血式"的扶贫方式都不如"授人以渔"，主动"自我造血"。实践证明，因地制宜、实事求是的"精准造血"，是实现少数民族贫困地区标本兼治、长效致富的根本手段。

二 上下一体、整体规划是长效脱贫的实现路径

耐下村近年来的脱贫发展得益于省、市、县、乡一套行之有效的扶贫机制体系，通过完整的政府垂直扶贫政策体系，进一步明确了战略任务、战略重点、战略步骤和战略措施，并根据实际需要调整并不断完善不适应的政策措施。同时，在整合政府扶贫资源方面，云龙乡"县级对口帮扶""镇村书记共抓扶贫""全体干部同步推动""社会资源直接输入"提高了扶贫资源利用效率，最大限度地实现了脱贫攻坚资金使用、项目开发的利用效率。

着眼于少数民族区域产业特色、生态特色、民族特色的"整族推进"扶贫策略，在全面调动社会各界力量来集中扶贫的同时，尤其注重脱贫攻坚的全面建设、全域脱贫、持久工程。"三个百日会战"通过精准规划、分步实施、以点带面、以线拉整实现了区域基础设施建设大提升、特色产业资源新引进、医疗教育民生全保障，成为实现长效脱贫的方法论和有力抓手，为少数民族整族脱贫提供了可持久脱贫和可持续发展的美好图景。

参考文献

[1] 王小林．贫困测量：理论与方法（第二版）［M］．北京：社会科学文献出版社，2016：1－282．

[2] 中共中央，国务院．中共中央　国务院关于打赢脱贫攻坚战的决定［M］．北京：人民出版社，2015：1－32．

[3] 习近平．决胜全面建成小康社会　夺取新时代中国特色社会主义伟大胜利——在中国共产党第十九次全国代表大会上的报告［M］．北京：人民出版社，2017：1－71．

[4] 中共中央，国务院．中共中央　国务院关于打赢脱贫攻坚战三年行动的指导意见［M］．北京：人民出版社，2018：1－39．

[5] 国务院新闻办公室．改革开放40年中国人权事业的发展进步（白皮书）［N］．人民日报，2018－12－12（13－15）．［The State Council Information Office of the People's Republic of China. Progress in Human Rights over the 40 Years of Reform and Opening Up in China.

People's Daily，2018 － 12 － 12（13 － 15）］

［6］国家统计局住户调查办公室．中国农村贫困监测报告 － 2018［M］．北京：中国统计出版社，2018：1 － 36.

［7］Zisheng YANG，Renyi YANG，Kaibo TIAN，et al. Reconstruction Mode of Rural Dilapidated Houses in Alpine and Gorge Area of Southwest China——A Case Study of Scientific Identification and Precision Reconstruction of Rural Dilapidated Houses in Luquan County，Yunnan Province［J］．Asian Agricultural Research，2019，11（2）：57 － 64.

［8］中共中央党史和文献研究院．习近平扶贫论述摘编［M］．北京：中央文献出版社，2018：6 － 7.

［9］YANG Zi － sheng. Discussion on Calculation Method of Poverty Incidence in the Exit Evaluation of Poverty － Stricken Counties and Villages［J］．Agricultural Science & Technology，2017，18（9）：1766 － 1769.

第二十章
寻甸县"三讲三评"激发内生动力扶贫模式

第一节　研究目的与意义

脱贫攻坚现已进入决胜阶段，尚未脱贫的区域均属于自然条件极差、发展水平极低的地区，如何让这些地区摆脱贫困，应该用怎样的扶贫模式解决脱贫攻坚难题，关乎我国能否打赢脱贫攻坚战，兑现向全世界做出的庄严承诺。

从脱贫攻坚动力产生的主体来看，有两方面推动力：一个是外来推动力，另一个是农户内生发展动力，即"输血"和"造血"。从短期来看，贫困地区因历史发展等原因，依靠内生动力无法摆脱贫困，需要外力推动奠定基础，进而激发其内生动力在新的条件下发展；从长期来看，除极少数农户由于残疾、年龄等因素无法依靠自身生产脱贫外，绝大多数农户要维持脱贫成果，进一步改善生活，只依靠外力推动是不可持续的，必须依靠其内生动力。因此，为使脱贫攻坚成效可持续，经得起历史检验，内生动力是根本。特别在脱贫攻坚决胜期，由于贫困户生存条件恶劣，自身劳动技能不足，思想觉悟不高，通过怎样的扶贫模式激发其内生动力以摆脱贫困是必须认真探讨的课题。

近年来，随着我国脱贫攻坚工作不断向前推进，不仅为全球减贫做出了重要贡献，也为在实践中如何激发贫困群众内生动力积累了宝贵经验。许多学者和党政干部对激发内生动力的相关问题进行了分析和探讨。万维在对渭源县秦祁乡脱贫攻坚工作总结的基础上，提出以精神文化激励人、以智力扶贫带动人、以乡风文明感染人、以基层组织引领人的多措并举激发贫困群众内生动力的扶贫模式[1]；代大梅认为，要充分调动贫困群众脱贫致富的积极性、主动性、创造性，唤起贫困群众自我脱贫的斗志，使其实现从"要我脱贫"向"我要脱贫"的积极转变，并且创新扶贫机制，激发内生动力[2]；曲海燕在对内生动力概念进行讨论的基础上，分析了内生动力不足的成因，并给出精神文明建设、扶贫干部培训交流、贫困人口参与程度、贫困人口主体地位、激励等5个方面的实现途径[3]；林闽钢在对发达国家和发展中国家激发贫困家庭自我发展能力的措施进行分析梳理后，提出激活贫困者内生动力在政策设计上要以贫困者为核心，在扶贫中要实现贫困治理从被动到主动，根本改变贫困群体被动参与、象征参与或无参与的现状[4]；李霞等总结出贫困户内生动力不足是由思想、本领、环境、政策 4 个方面引起的，提升内生动力的路径应该在完善基础设施、做好政策落实、发展特色产业、加大人力资本投入、提升自身素质这 5 个方面[5]；薛刚也分析了内生动力不足的原因，其表现为外在帮扶措施与贫困群众内在需求错位、群众参与不足、勤劳脱贫氛围未形成、群众意愿不强[6]；舒莞香认为内生动力不足是脱贫意识、条件、能力和帮扶措施 4 个方面的问题造成的，需要从扶智、提升群众"造血"能力、精准谋划、加强宣传入手[7]；左停等从空间理论视角下建议拓展贫困农户的发展空间，营造多主体交流合作的空间，增强可选择的、培育性的、非强制性的扶贫政策供给[8]。

综合分析近年来有关精准扶贫激发内生动力问题的文献可以发现，其研究基本放在了对激发内生动力的重要性研究、内生动力的理论基础、内生动力不足的原因、如何激发内生动力的方法措施和实现路径等方面，而少有对我国实施精准扶贫政策以来典型贫困县就激发内生动力问题形成的成功模式的系统研究和经验分析。寻甸县地处云南省东北部，是一个集"民族、贫困、山区、老区"四位一体的国家级贫困县，属于我国乌蒙山区 38 个连片开发县之一，2014 年全县贫困发生率达 26.93%。经过几年的精准扶贫工作，2017 年末全县贫困发生率降至 0.35%，在全省率先脱贫，并能持续稳固脱贫成果，2018 年贫困发生率又降至 0.25%，这虽然涉及众多的成功因素，但与其独特的"三讲三评"激发内生动力扶贫模式是分不开的。本章对寻甸县"三讲三评"激发内生动力的成功扶贫模式进行系统研究，并将其中的宝贵经验进行分析凝练，找寻该模式的内在机理，并对推广该模式的可行性进行探讨，以期为我国脱贫攻坚事业和全球减贫提供参考和借鉴。

第二节　"三讲三评"模式的由来

"三讲三评"激发内生动力活动由寻甸县独创并逐步推广到昆明市和云南省。

2017 年 11 月 15 日，中共寻甸回族彝族自治县委组织部，寻甸县"挂包帮""转走访"工作联席会议办公室印发了《关于开展脱贫攻坚"双讲双评"活动的实施方案》（寻组联发〔2017〕27 号），并正式将其发放给各乡镇（街道）党委（党工委）、县委各部委、县级国家机关各办局党组（党委）和总支（支部）、各人民团体党支部、特色产业园区党工委、各国有公司，要求从 2017 年第 4 季度开始实施"双讲双评"活动。"双讲双评"的对象是各级各部门选派到各贫困村（社区）的党总支第一书记和驻村扶贫工作队员、全县建档立卡贫困户，"双讲双评"的内容是"讲帮扶措施、评帮扶成效"（第一书记和驻村扶贫工作队员）、"讲脱贫情况、评内生动力"（建档立卡贫困户）。自2017年10月份试点启动"双讲双评"活动以来，寻甸县将扎实开展"双讲双评"活动作为全面决战决胜脱贫攻坚的有力抓手，压实讲评责任，突出讲评实效，扎实推进"双讲双评"活动，为全县如期打赢脱贫攻坚战奠定了坚实基础。

2017年12月7日，昆明市农村扶贫开发工作领导小组办公室，昆明市"挂包帮""转走访"工作联席会议办公室印发了《关于在贫困县区开展脱贫攻坚、"双讲双评"活动的通知》（昆贫领办〔2017〕19号），要求东川区、禄劝县、寻甸县、倘甸与轿子山两区管委会、市级各帮扶（挂联）单位在贫困县区驻村（社区）第一书记、驻村工作队员和贫困户中广泛开展"双讲双评"活动。

2018年7月11日，针对一些地方不同程度存在畏难厌战情绪、"等靠要"思想等问题，为促进驻村工作队员充分发挥作用，督促村组干部主动履职担当，激发建档立卡贫困户勤劳脱贫的内生动力，中共云南省委组织部印发了《关于在贫困村开展"三讲三评"工作的通知》（云组通〔2018〕51号）。"三讲三评"的对象是驻村工作队员、村组干部、建档立卡贫困户，内容是"讲帮扶工作情况（驻村工作队员）、评帮扶成效（村组干部、建档立卡贫困户）""讲履职情况（村组干部）、评履职情况（驻村工作队员、建档立卡贫困户）""讲脱贫情况（建档立卡贫困户）、评内生动力情况（驻村工作队员、村组干部）"。由此，寻甸县独创的"双讲双评"激发内生动力模式由寻甸县率先推动实施，并先后上升到昆明市和云南省层面，并从"双讲双评"演化为"三讲三评"，成为全省在脱贫攻坚中的一大亮点。

寻甸县从最初探索"双讲双评"激发内生动力模式上升到省级层面的"三讲三评"模式，探索出了一套符合基本县情和贫情的具体工作模式。工作由乡镇（街道）党（工）委统筹，并由乡镇（街道）挂包贫困村的领导班子成员负责落实。每一轮都对驻村工作队员、村组干部、建档立卡贫困户全覆盖讲评，并下沉到村民小组一级，乡镇（街道）挂包贫困村的领导班子成员每月到所挂包贫困村1次以上，每次带领村干部深入2~3个村民小组主持开展"三讲三评"工作。

第三节　"三讲三评"激发内生动力的具体做法

一　讲评的"程序"

做好前期准备。村组干部、驻村扶贫工作队员要对照"讲评"内容，紧扣群众关心的事，特别是巩固提升脱贫摘帽工作中的难点和问题，广泛听取意见和建议，找准讲评重点，想好解决问题的办法和措施，做好讲评准备工作，理好讲评提纲。村（社区）党总支、驻村工作队要引导贫困户围绕"讲脱贫情况"的主要内容，细致梳理自身脱贫情况，诚实讲述自己的脱贫历程。村（社区）召开会议，研究确定"三讲三评"工作会召开时间、地点、参会人员、讲评方式等，及时通知参会人员。

召开"讲评"会议。驻村工作队员讲帮扶工作情况，村组干部、建档立卡贫困户对其帮扶成效情况进行评议；村组干部讲履职情况，驻村工作队员、建档立卡贫困户对其履职情况进行评议；建档立卡贫困户讲脱贫情况，驻村工作队员、村组干部对其脱贫内生动力情况进行评议。

开展民主测评。在讲评工作会上，结合实际进行民主测评，按照"好、较好、一般、差"4个等次，分别对驻村工作队员、村组干部、建档立卡贫困户量化打分。在此基础上，由乡镇（街道）挂包贫困村的领导班子成员进行逐一点评，并提出下一步努力方向。

二 "讲评"的内容

"讲帮扶措施、评帮扶成效"。讲评主体为驻村工作队员，要做到"五必讲"，即讲政策宣讲情况，讲解决问题情况，讲队员管理情况，讲近期工作情况，讲未来的发展思路，并要求不讲群众不关心的事，不讲不利于团结的话，不讲无原则的话，不讲自己不懂的政策，不讲无法实现的承诺。

"讲履职情况、评工作成效"。讲评主体为村（社区）党总支书记、副书记，村（居）委会主任、副主任，村务监督委员会主任，村（居）民小组长、党支部书记。要做到"六必讲"，即讲战斗堡垒作用，讲本村的主要变化，讲公平公正履职，讲惠民政策落实，讲人居环境提升，讲脱贫巩固措施，并要求不讲班子之间的矛盾和主观不努力的问题。不讲违反政策的话，不讲可能激化矛盾的赌气话。不讲难以实现的理想和一时无法实现的宏伟蓝图，不讲与本村脱贫或群众亟须解答问题无关的政策。不讲不担当的话，不讲假大空的套话。

"讲脱贫情况、评内生动力"。讲评主体为建档立卡工作实施以来的全部建档立卡贫困户。要做到"五应说"，即说家庭基本情况，说怎样当上贫困户，说自己脱贫的措施，说脱贫摘帽内心感受，说脱贫计划和意愿，并要求分片包组的队员及村组干部积极引导，做好贫困户的工作，让他们敢于大胆发表自己的意见，要引导贫困群众不说历史遗留问题、家庭矛盾、邻里纠纷，没有依据的大额欠款等。

"讲评"的自选内容。在各乡镇（街道）范围内充分排查，根据各村的不同实际，区分特困村、发达村、软弱涣散村等，排出"讲评"重点，按不同类别的村分类讲、分别评。特困村主要讲经济社会发展思路和方法，带领群众致富路子；评村内致富带头人，通过学方法、跟着干，让更多的百姓过上好日子；发达村主要讲如何整合资源、凝聚力量，使人居环境得到改善提升、丰富群众精神文化生活、持续巩固发展成果的思路和想法；软弱涣散村主要讲如何提升基层党组织的组织力，强化政治功能和服务功能，履行直接教育党员、管理党员、监督党员和组织群众、宣传群众、凝聚群众、服务群众的职责情况。

三　民主评测和结果运用

评定"讲评"等次。会后，由乡镇（街道）挂包贫困村的领导班子成员组织对驻村工作队员、村组干部、建档立卡贫困户测评结果进行统计，召开会议集体研究，确定本季度驻村工作队员、村组干部、建档立卡贫困户的讲评等次。对讲评结果实行"星级评定"管理，对于综合得分在95分及以上的授予"五星"，评定为"好"，综合得分在90分及以上、95分以下的授予"四星"，评定为"较好"，综合得分在90分以下、80分及以上的授予"三星"，评定为"一般"，综合得分在80分以下的不授星，评定为"差"。

"讲评"结果运用。驻村工作队员和村组干部应根据讲评情况、民主测评情况，制定整改措施，采取适当形式进行公示，接受基层党员群众的监督，切实加强整改；驻村工作队员和村组干部的讲评、测评、整改情况，还要作为年度考核、召回撤换、评先评优的重要依据；原则上，驻村工作队员和村组干部两个季度及以上被评定为"五星"的，年度考核才能评为"优秀"，两个季度及以上被评定为"三星"及以下的，实行召回、撤换。在村（社区）公示栏和村民小组显著位置，制作贫困户"讲脱贫情况、评内生动力"光荣榜（红榜）及后进榜（黄榜），对于脱贫积极性高，每季度被评定为"五星"的贫困户在红榜上进行公示，对于脱贫动力不足、"等靠要"思想严重，被评定为"三星"及以下的贫困户在黄榜上进行公示，充分发挥群众监督作用，营造"自强不息、诚实守信、脱贫光荣"的浓厚氛围。根据实际情况，驻村工作队员和村组干部指导帮助建档立卡贫困户制定整改措施，抓好跟踪落实，激发脱贫致富的内生动力。

第四节　"三讲三评"激发内生动力模式的主要成效

2017年底，寻甸县成功高质量脱贫摘帽。在成功的背后，"三讲三评"工作的开展起到了至关重要的作用。截至2018年5月底，寻甸县16个乡镇（街道）174个村（居）委会累计组织开展"双讲双评"（后称为"三讲三评"）工作会场1643次，参加讲评干部、驻村扶贫工作队员5257人次，参与讲评群众55862人次。通过一场场讲评活动，讲出了党员干部在决战脱贫攻坚工作中以身作则、率先垂范的使命感，讲出了贫困群众自力更生、艰苦奋斗的内生动力，讲出了团结奋斗、攻坚克难的"精气神"，讲出了互帮互助、和谐发展的美好前景，为全县顺利打赢脱贫攻坚战奠定了坚实基础。

一　提升了群众的满意认可度

在讲评会上，扶贫干部与贫困群众相互点评，互提建议，增进了感情，找到了脱贫摘帽的共同语言。贫困群众更加理解和支持村（社区）党总支、驻村工作队员、村组干部的工作，扶贫干部也看到了贫困群众脱贫摘帽的信心和决定，心往一处想，劲往一处使，同频共振决战脱贫攻坚。通过一轮轮的讲评，寻甸县贫困群众满意认可度持续提升，在省市脱贫成效考核中，由 2016 年的 96% 提升到 98.51%，提升了 2.51 个百分点。

二　调动了一线扶贫干部的工作积极性

将一线扶贫干部"三讲三评"群众满意度测评结果作为季度测评、评先评优、选拔任用的重要依据，让一线扶贫干部工作成效接受党员群众和挂钩帮扶单位的监督，有效提升了驻村工作队和村组干部的工作效率。同时，"三讲三评"活动邀请驻村队员、定点挂联帮扶单位参加，既让第一书记、驻村队员看到不足和差距，又让定点挂联帮扶单位看到了帮扶工作的不足，将压力逐级传导，凝聚起贫困群众、村组干部、驻村队员、帮扶单位的工作合力。

三　激发了贫困群众的内生动力

通过综合评议贫困户脱贫情况，开门点评贫困户自身脱贫动力，批评教育后进脱贫户，深入细致地交心谈心，让贫困户深切体会到自身存在的问题和不足，知耻而后勇，增强发展动力。

四　让村组干部在脱贫攻坚中找准位置

将第一书记、村组干部纳入测评范围，通过扶贫实绩的真实反映，增强了第一书记、村组干部的工作积极性，督促村组干部找准脱贫攻坚工作位置，带领群众真抓实干脱贫摘帽，有效提升村党组织凝聚力，破解基层党组织软弱涣散难题。

第五节　典型村"三讲三评"活动开展情况

寻甸县金所街道新田社区（原称新田村）于 2019 年 3 月 9 日晚上 8 点整在马嘎村（现新田社区下的村民小组）党员活动室召开了"三讲三评"工作会。社区"三委"成员，驻村队员，马嘎村建档立卡户，C、D 级危房改造户，村小组长等共 70 余人参加了会议（见图 20 - 1 和图 20 - 2）。会上，还对驻村工作队员和村组干部进行了测评（见

图 20－3 和图 20－4）。

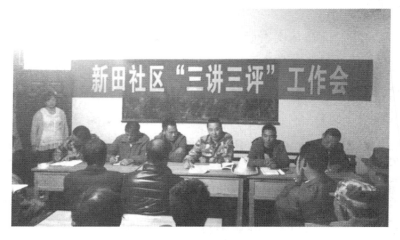

图 20－1　“三讲三评”工作会现场，驻村第一书记卢绍俊同志发言

图 20－2　村民李春云（前排右二）带头发言

附件 4

寻甸县驻村工作队员“三讲三评”测评汇总表

金所　乡镇（街道）　新田　村

序号	测评对象基本信息							测评结果			
	姓名	年龄	民族	派出单位及职务(职称)	队长	队员	派出时间	测评得分	评定等次	授予星级	备注
1	卢绍俊	46	汉族	昆明市人防办（主任科员）	✓		2018年3月	97	好	五星	
2	方正军	47	彝族	寻甸县发改局粮食局（主任科员）		✓	2018年8月	97	好	五星	
3	张华	58	回族	寻甸县发改局粮食局（工作人员）		✓	2018年8月	97	好	五星	
4											
5											
6											
7											
8											
备注	满分 100 分，对于综合得分 95 分及以上的授予“五星”，评定为“好”，综合得分 90 分及以上、95 分以下的授予“四星”，评定为“较好”，综合得分 90 分以下、80 分及以上的授予“三星”，评定为“一般”，综合得分 80 分以下不授星，评定为“差”。										

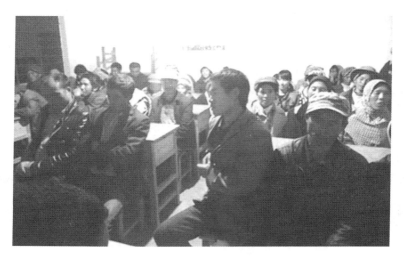

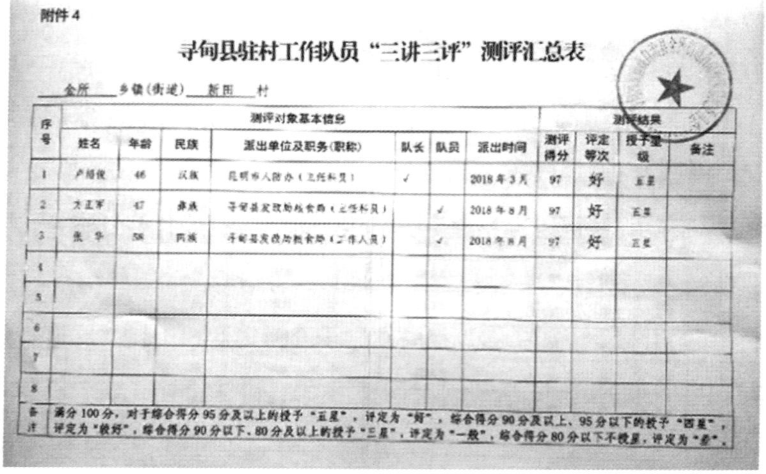

图 20－3　驻村工作队员测评表

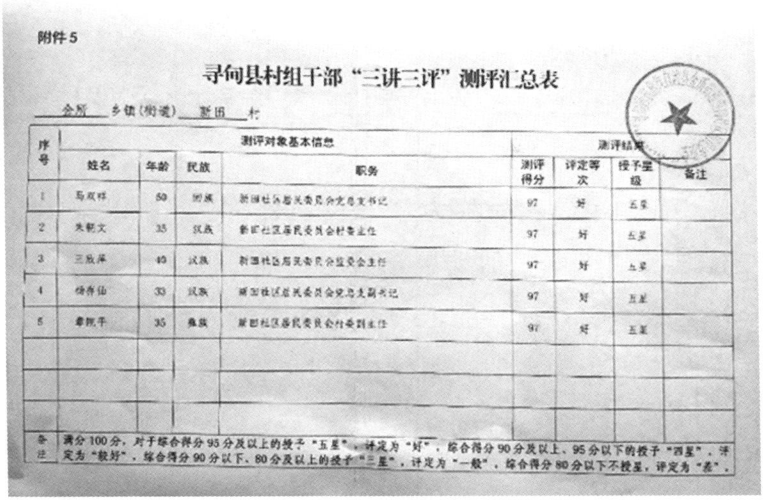

附件5

寻甸县村组干部“三讲三评”测评汇总表

金所 乡镇(街道) 新田 村

序号	测评对象基本信息				测评结果			
	姓名	年龄	民族	职务	测评得分	评定等次	授予星级	备注
1	[illegible]	50	回族	新田社区居民委员会党总支书记	97	好	五星	
2	[illegible]	35	汉族	新田社区居民委员会村委主任	97	好	五星	
3	[illegible]	40	汉族	新田社区居民委员会监委会主任	97	好	五星	
4	[illegible]	33	汉族	新田社区居民委员会党总支副书记	97	好	五星	
5	[illegible]	35	彝族	新田社区居民委员会村委副主任	97	好	五星	
备注	满分100分，对于综合得分95分及以上的授予“五星”，评定为“好”，综合得分90分及以上、95分以下的授予“四星”，评定为“较好”，综合得分90分以下、80分及以上的授予“三星”，评定为“一般”，综合得分80分以下不授星，评定为“差”。							

图 20－4　村组干部测评表

为开实、开好这次会，社区干部和驻村队员做了精心准备，对马嘎村存在的问题提前进行了研判。为避免空话、套话、胡话，根据村情，有针对性地把要讲的政策和下一步要采取的措施用群众听得懂的语言拟写了题为《脱贫致富奔小康，坚定信念跟党走》的发言稿。会上，驻村第一书记以近几年马嘎村在路、房、水、吃、穿、医、教等7个方面看得见、摸得着的巨大变化为切入点，生动宣传了“两不愁三保障”的内容；宣讲了为落实“两不愁三保障”这一最根本的脱贫指标，包括驻村队员在内的各级党员干部是如何用心用情工作履职的，来启发群众的感恩之心；以讲述村中脱贫致富能手如何顺势而为，自强勤奋的发展事迹来激发群众的内生动力。

在群众发言环节，村民李春云带头发言，激动地说道：“过去我家在村子里各方面都算得上是最差的，最穷的，就以盖房子来说，要是政府没有盖房补助（C、D级危房改造补助），我家要4年后才攒得够这4万块钱，最少要10年后才盖得起这样的房子，我们要感党的恩啊！”回族村民马老仙说道：“党的扶贫政策这么好，你看看我们村的路，过去一下雨就穿着水鞋高一脚低一脚地踩烂泥巴，现在你看看，越是下雨这个路越是华堂，越是干净，党的政策好，我们感恩呢。”彝族村民黄开秀提出意见：“党和政府关心我们马嘎村，给我们村里送来了洗衣机、电饭煲（社会公益捐赠物资），我们非常感谢，但是我们家也很困难，为什么一样东西都不发给我家，下次如再有这种好事嘛，要先给我们家发一件呢。”

党支部书记最后就马嘎村这几年在脱贫路上如何攻坚克难、各种扶贫政策如何落实做了一一梳理，并就下一步工作计划做了讲说：一是积极推动包括生产道路修缮在内的一批民生项目；二是补齐短板，建立健全包括社会公益捐赠物资分发以及社区居委会各项工作事前、事中、事后的监管、监督等制度；三是加强基层党建工作，充分发挥好基层党组织在脱贫致富攻坚战役中的战斗堡垒作用。

第六节　"三讲三评"激发内生动力的机制分析

寻甸县自开展"双讲双评"（后称为"三讲三评"）工作以来，群众的内生动力得到了显著提升，并且通过"讲评"活动更充分地了解了国家政策，在脱贫过程中有了更强的获得感。从全过程来看，寻甸县的这一套程序之所以能取得显著的成效，是因为其已经形成了一套激发农户内生动力的机制体系，并在学术上有理论依据。

一　建立了沟通平台

自精准扶贫工作开展以来，基层公共部门工作存在的一大障碍就是与群众的沟通障碍。政策往往是自上而下的，而由于群众知识文化有限，以及政策传递过程中由沟通障碍造成的信息失真，都会导致最终扶贫不精准，群众满意度不高的现象。另外，公共部门的唯一价值取向应该是公共利益，但在实际执行中，由于沟通障碍，一些具体政策并没有以公共利益为出发点，这是因为贫困户与基层公共部门工作人员的沟通不畅而存在博弈，公共利益无法判定。"三讲三评"就给出了很好的解决方案，实际上是搭建起了贫困群众与公共部门的沟通平台，在平台中取得了互信，扫除了沟通障碍，有利于传达准确的信息，使脱贫更加精准。

二　激励与监督

通过搭建贫困户与公共部门的沟通平台，能更好地针对一些地方不同程度存在的畏难厌战情绪、"等靠要"思想等问题，促进驻村工作队员充分发挥作用，督促村组干部主动履职担当。其中包括了贫困户对驻村工作队员、村组干部工作情况的监督，也包括了驻村工作队员、村组干部对农户是否主动参与脱贫攻坚、是否为享受政策说谎话、"等靠要"的监督，还包括了贫困户之间的相互监督，使贫困户之间形成良性竞争，互相督促和激励。这形成了一个良好的积极向上的氛围，激励着贫困户自力更生，艰苦奋斗，从思想上脱贫，有利于脱贫攻坚的稳定和可持续性。

第七节　"三讲三评"激发内生动力模式的经验与借鉴

一　多项活动融合一体

在开展"三讲三评"工作中，把村民小组党支部"三会一课"、主题党日、安排脱贫攻坚等工作任务有机融合起来，以此为抓手规范村民小组活动场所管理和使用，促进村民小组党支部规范化建设，实现基层党建与脱贫攻坚"双推进"、思想教育与工作部署"双融合"。

二　准备工作要充分

在开展前，村（社区）党总支、讲评会议主持人要对开展讲评工作的村组进行研判。重点研判这个村组存在什么问题，要讲哪些政策，采取哪些措施，真正让群众把他们想讲的问题讲出来，把群众的诉求解决好，做足会前准备工作。

三　组织形式要贴近群众生活

在组织形式上，村（社区）党总支、讲评会议主持人要对召开的讲评工作方式进行研判，针对不同的村组或需要解决的问题，灵活采取多种形式，多开院坝会、火塘会、户主会、家庭会、专题会等，群众喜欢哪种形式就采取哪种形式，方便群众，贴近群众。在实际中，有的村委会将村民晚上的广场舞与"三讲三评"融合，这样开展更能走近群众，效果更佳。

四　节奏把控要得当

主持人要根据参会人员、讲评对象及需要在讲评时讲清的问题所需时间的长短，控制好讲评时间，不把讲评时间拖得太长，做到会场可掌可控，把讲评工作开展得有声有色。在发言时，要尽量讲群众听得懂的语言，讲群众关心的政策和事，讲群众想听的话，多让群众发言，多评多议，防止干部"一言堂"，防止照本宣科，讲大话、空话、套话。

五　时间和地点选择要恰当

要尽量方便群众，讲评工作尽量进到村组中，到群众中，因地制宜地选择群众家中院坝内、火塘边等地点进行讲评。在时间上，要尽量选在晚上或农闲时节，少占用群众白天的劳动时间。在方式上，要突出实效，能口头讲清楚的尽量口述，该简化的程序一律简化，除规定外的表册一律不再增加讲评材料。

参考文献

［1］万维．多措并举激发贫困群众内生动力［J］．发展，2019，（3）：52－53．

［2］代大梅. 激发贫困群众脱贫致富内生动力的途径［J］. 改革与开放，2019，（2）：38－39.

［3］曲海燕. 激发贫困人口内生动力的现实困境与实现路径［J］. 农林经济管理学报，2019，18（2）：216－223.

［4］林闽钢. 激活贫困者内生动力：理论视角和政策选择［J］. 社会保障评论，2019，3（1）：119－130.

［5］李霞，李敏. 精准扶贫战略下桂北农村的农民内生动力问题研究［J］. 河南广播电视大学学报，2018，31（2）：28－32.

［6］薛刚. 精准扶贫中贫困群众内生动力的作用及其激发对策［J］. 行政管理改革，2018，（7）：51－55.

［7］舒莞香. 如何激发贫困群众发展的内生动力［J］. 农家参谋，2019，（4）：14.

［8］左停，田甜. 脱贫动力与发展空间：空间理论视角下的贫困人口内生动力研究——以中国西南一个深度贫困村为例［J］. 贵州社会科学，2019，（3）：140－148.

后　记

　　昆明市虽然是云南省的省会城市，在市境内的北部地区却分布着全国知名的三个国家级贫困县（区）——东川区、禄劝彝族苗族自治县和寻甸回族彝族自治县，这使昆明市成为我国省会城市中有国家级贫困县（区）的九个省会城市之一，而且昆明市所辖的这三个国家级贫困县（区）具有贫困面广、贫困程度深、扶贫难度大、减贫任务艰巨的基本特点。其中，东川区为全国著名的深度贫困县（区），禄劝彝族苗族自治县和寻甸回族彝族自治县均为我国少数民族山区较为贫困的国家扶贫开发工作重点县。这三个国家级贫困县（区）基本是集"山区、民族、老区、农业、贫困"为一体的区域。在历史的长河中，汉、回、彝、苗、傈僳等20多个民族在这三个县（区）的土地上生生不息，团结交融，结成深厚的友谊，形成各民族绚烂多彩的文化，开辟出美丽的家园。这些地区的人们都有着一种不屈不挠、不卑不亢、敢为人先的精气神，在各县（区）不同历史时期的发展建设中发挥着举足轻重的作用，更在新时期脱贫攻坚的火热征程中，做出星辉熠熠的成就。

　　这个时代，是中国大家庭同舟共济、万众一心奔小康的时代，是中华民族扬眉吐气、屹立于世界民族之林的时代。2015年11月27日，习近平同志在中央扶贫开发工作会议上强调，"消除贫困、改善民生、逐步实现共同富裕，是社会主义的本质要求，是我们党的重要使命"，"脱贫攻坚战的冲锋号已经吹响。我们要立下愚公移山志，咬定目标、苦干实干，坚决打赢脱贫攻坚战，确保到2020年所有贫困地区和贫困人口一道迈入全面小康社会"。2017年10月18日，习近平同志在中共十九大报告中指出："坚决打赢脱贫攻坚战……要动员全党全国全社会力量，坚持精准扶贫、精准脱贫，坚持中央统筹省负总责市县抓落实的工作机制，强化党政一把手负总责的责任制，坚持大扶贫格局，注重扶贫同扶志、扶智相结合，深入实施东西部扶贫协作，重点攻克深度贫困地区脱贫任务，确保到二〇二〇年我国现行标准下农村贫困人口实现脱贫，贫困县全部摘帽，解决区域性整体贫困，做到脱真贫、真脱贫。""扶贫—脱贫—小康"，已成为中华大家庭的座右铭。

昆明市三个国家级贫困县（区）130多万干部群众，上承党中央、云南省、昆明市的脱贫接力棒，下接本县（区）、乡镇、村、户、个人的扶贫任务，群策群力，众志成城，围绕"增收、脱贫、致富"的目标，秉持"小康路上一个都不能掉队"的信念，与亿万中华儿女同呼吸、共命运，撸起袖子加油干，着力在昆明北部山区的土地上实践掘进，脱贫攻坚，创造美好生活，使各县（区）整体的经济、社会、文化、教育、卫生等发生了翻天覆地的变化。在决战决胜脱贫攻坚、全面建成小康社会的征程中，三个县（区）人民迈出了新步伐，跑出了加速度，写下了新篇章，创造了奇迹，成功摘掉戴了30多年的国家级贫困县（区）这顶"穷帽子"。2018年9月29日，云南省人民政府印发《云南省人民政府关于批准寻甸县等15个县退出贫困县的通知》（云政发〔2018〕53号），正式批准寻甸县退出贫困县，成为全省首批贫困县退出摘帽县；2019年4月30日，云南省人民政府下发文件《云南省人民政府关于批准东川区等33个县（市、区）退出贫困县的通知》（云政发〔2019〕15号），批准东川区和禄劝县退出贫困县序列，成为全省第二批贫困县退出摘帽县。三县（区）的山更绿了，水更清了，路更宽了，屋更敞亮了，笑靥更灿烂了。

作为精准扶贫第三方评估团队的一员，我最早了解这三个县（区）贫困状况，系通过国家和地方政府委托的一系列调研项目。

禄劝县调研项目。2017年1月，受国务院扶贫开发领导小组办公室（简称国务院扶贫办）和中国科学院地理科学与资源研究所委托，我率领云南财经大学精准扶贫第三方评估团队承担了"2017年国家精准扶贫工作成效云南省第三方评估"项目和"2016年贫困县脱贫情况普查和三个贫困县退出专项评估试点项目：2016年禄劝县脱贫情况及退出评估调查"（简称"2016年禄劝县退出评估"）项目。"2017年国家精准扶贫工作成效云南省第三方评估"项目涉及云南省7个县的抽样调查，其中之一就是禄劝县。"2016年禄劝县退出评估"项目是2017年1月国家确定对全国三个贫困县（市）（井冈山市、兰考县、禄劝县）退出进行评估试点。通过这两个项目的实地调查和评估工作，我们对禄劝县的贫困状况和扶贫难度有了深入的了解和认识。2017年9月，我们承担了云南省人民政府扶贫开发办公室委托的调研项目"全省122个县（市、区）贫困对象动态管理工作质量考评"，具体负责8个州（市）、51个县（市、区）的调研与考评任务，其中之一是禄劝县。2017年12月，禄劝县人民政府扶贫开发办公室委托我们开展了"禄劝县2017年贫困退出预评估检查"项目。2018年9月，禄劝县人民政府委托我们开展了规模较大的"禄劝县农业人口生活状况摸底调查与动态监测"项目，进一步查找出了该县精准扶贫精准脱贫中存在的主要问题和短板，其中的"动态监测"任务于2018年12月进行。

寻甸县调研项目。2017 年 4 月，我主持云南省人民政府扶贫开发办公室委托的调研项目"云南省贫困人口摸底调查"，该项目涉及全省 20 个县的贫困人口摸底调查，其中之一就是寻甸县。通过调研，我发现寻甸县贫困面广、贫困程度深，脱贫攻坚任务很重。2017 年 6 月，中共昆明市委办公厅、昆明市人民政府办公厅发函委托我校承担"昆明市寻甸贫困退出摘帽预评估"项目，按照该项目工作计划，我于 2017 年 7～9 月率领近 1500 名师生对全县 12.9 万户农户开展了认真细致的摸底调查，查找出了寻甸县精准扶贫精准脱贫中存在的主要问题和短板。2017 年 12 月和 2018 年 3 月，我又先后两次组织调研团队对该县存量问题户和短板进行动态监测。此外，寻甸县人民政府于 2017 年 12 月委托本调研团队开展了"寻甸县 2017 年贫困退出预评估检查"项目。

东川区调研项目。早在 2016 年"五一"期间，受国务院扶贫办的委托，我率队奔赴东川区铜都街道、乌龙镇、阿旺镇等地开展精准扶贫工作成效第三方评估试点，初步了解了东川区的贫困状况。2017 年 9 月，我们承担的云南省人民政府扶贫开发办公室委托的"全省 122 个县（市、区）贫困对象动态管理工作质量考评"项目任务中，包括了东川区的贫困对象动态管理调研与考评任务。2018 年 8 月，东川区人民政府委托我们开展了规模较大的"昆明市东川区农业人口生活状况摸底调查与动态监测"项目，对东川区全部农户（约 7 万户，包括建档立卡贫困户和一般农户）开展了深入细致的实地入户调查，查找出了东川区精准扶贫精准脱贫中存在的主要问题和短板。

以上这些项目的开展，不仅让我们调研团队融入昆明市三个国家级贫困县（区）的脱贫攻坚战中，同时也让我看到了三县（区）人民"摆脱贫穷，奔向小康"的坚定信念和进取精神；看到了三县（区）干部群众"脱一层皮当美白，掉一块肉当减肥"的拼搏精神；看到了三县（区）不仅实干、苦干、拼命干，以"咬定青山不放松，撸起袖子加油干"的忘我和担当精神聚全县（区）之力决战脱贫攻坚，而且会干、能干、创新干，"用心用情用脑用智慧"全心投入，汇全民之智打造三县（区）示范，同时着力构建"扶志、扶智、扶心、扶行"的深远帮扶格局。终于，三县（区）人民把戴在头顶上 30 多年的"贫困帽子"光荣地摘了下来，扔进历史的橱窗里，完成了历史赋予的精准脱贫这一神圣使命。

与世界消除贫困时间表（2030 年）相比，我国脱贫目标整整提前了 10 年，而与全国脱贫摘帽时间表（2020 年）相比，昆明市提前到 2018 年（整整提前了 2 年）实现贫困县（区）全部摘帽，解决了市域内的整体贫困，这是脱贫攻坚领域取得的前所未有的巨大成就，也是昆明市脱贫攻坚战的奇迹。为了从学术科研的角度把昆明市脱贫攻坚的特色和创新之处、成功经验、优秀脱贫模式和典型案例写出来，形成具有鲜明特色的昆明脱贫模式，分享给全省、全国乃至世界其他贫困地区，2018 年 10 月，中共昆明市委农村工作领导小组办公室委托云南财经大学精准扶贫与发展研究院开展专项课题"世界减贫背景下的昆明市脱贫模式研究"。在中共昆明市委农村工作领导小组办公室的支持下，经过近1年的努力工作，项目组顺利完成了调查研究任务，形成了这本研究成果。

本书得到了我国多位著名专家的鼓励和支持，我国著名自然资源科学家、中国工程院院士石玉林先生专门题词给予热情鼓励，发展中国家科学院（TWAS）院士、国际地理联合会农业地理与土地工程委员会主席、中国科学院精准扶贫评估研究中心主任、教育部长江学者特聘教授刘彦随先生热情为本书作"序"。本书的撰写工作得到了禄劝县、寻甸县和东川区扶贫开发领导小组、三县（区）人民政府扶贫开发办公室、三县（区）脱贫攻坚指挥部、三县（区）相关部门及各乡镇（街道）党委和政府的鼎力支持与协助，提供了丰富的基础资料和原始素材，并为课题组人员开展实地调研提供了便利条件。本书的出版得到了社会科学文献出版社的大力支持，将本书列入"中国减贫系列丛书"出版计划；经济与管理分社恽薇社长和总编室蔡莎莎老师给予热情支持和帮助；责任编辑孔庆梅老师、文稿编辑程彩彩老师在本书的编辑加工、印装等诸多方面做了大量的辛勤工作，确保了本书的顺利出版。在此，特向所有鼓励、关心和支持本书撰写与出版的单位和相关人士表示衷心的感谢！

云南财经大学精准扶贫与发展研究院

杨子生

2019 年 8 月 30 日于昆明

杨子生

图书在版编目（CIP）数据

世界减贫背景下的昆明市脱贫模式 / 杨子生等主编
. -- 北京 : 社会科学文献出版社，2020.3
（中国减贫研究书系. 案例研究）
ISBN 978 - 7 - 5201 - 6251 - 7

Ⅰ. ①世… Ⅱ. ①杨… Ⅲ. ①扶贫模式 - 研究 - 昆明
Ⅳ. ①F127.741

中国版本图书馆 CIP 数据核字（2020）第 029103 号

中国减贫研究书系·案例研究

世界减贫背景下的昆明市脱贫模式

主　　编／杨子生　刘　智　拉玛·兴高　熊瑞丽　赵学农

出 版 人／谢寿光
组稿编辑／恽　薇
责任编辑／孔庆梅
文稿编辑／程彩彩

出　　版／社会科学文献出版社·经济与管理分社（010）59367226
　　　　　　地址：北京市北三环中路甲 29 号院华龙大厦　邮编：100029
　　　　　　网址：www. ssap. com. cn
发　　行／市场营销中心（010）59367081　59367083
印　　装／三河市东方印刷有限公司

规　　格／开　本：787mm × 1092mm　1/16
　　　　　　印　张：18　字　数：357 千字
版　　次／2020 年 3 月第 1 版　2020 年 3 月第 1 次印刷
书　　号／ISBN 978 - 7 - 5201 - 6251 - 7
定　　价／128.00 元